Dieter Wunderlich
Verführerische Frauen

PIPER

Zu diesem Buch

Von Kleopatra bis Charlotte von Stein, von Wallis Simpson bis Prinzessin Diana. In jeder Epoche gab es verführerische Frauen, die einflussreiche Männern betörten.

Dieter Wunderlich, geboren 1946 in München, Diplompsychologe, war von 1973 bis 2001 im Management eines großen internationalen Unternehmens tätig. Seit 1999 hat er sich mit Büchern wie »EigenSinnige Frauen«, »WageMutige Frauen« und »AußerOrdentliche Frauen« als Autor sorgfältig recherchierter Biographien einen Namen gemacht. Er lebt in Kelkheim am Taunus.
Weiteres zum Autor: www.dieterwunderlich.de

Dieter Wunderlich

Verführerische Frauen

Elf Porträts

Piper München Zürich

Mehr über unsere Autoren und Bücher:
www.piper.de

Von Dieter Wunderlich liegen bei Piper vor:
Verführerische Frauen
EigenSinnige Frauen
WageMutige Frauen
AußerOrdentliche Frauen

Originalausgabe
Juli 2012
© Piper Verlag GmbH, München 2012
Umschlaggestaltung: semper smile, München
Umschlagfoto: Condé Nast Archive / Corbis
ullstein bild – dpa
Satz: Kösel, Krugzell
Gesetzt aus der Warnock Pro
Papier: Munken Print von Arctic Paper Munkedals AB, Schweden
Druck und Bindung: CPI – Clausen & Bosse, Leck
Printed in Germany   ISBN 978-3-492-27274-2

Inhaltsverzeichnis

Kleopatra (69 v. Chr. – 30 v. Chr.)
Tragödie am Nil 7

Heloise (um 1100 – um 1164)
Leidenschaft und Entsagung 37

Agnes Bernauer (um 1410 – 1435)
Mord aus Staatsräson 52

Charlotte von Stein (1742 – 1827),
Christiane Vulpius (1765 – 1816)
Goethe zwischen »Seelenfreundin« und »Bettschatz« ... 65

Frieda von Richthofen (1879 – 1956)
»Frau der Zukunft« 89

Wallis Simpson (1896 – 1986)
Die große Liebe des Königs 121

Zelda Fitzgerald (1900 – 1948)
Ein Leben wie im Roman 148

Christine Keeler (*1942)
Der Profumo-Skandal 164

Petra Kelly (1947 – 1992)
Die Tragödie einer egomanen Idealistin 184

Prinzessin Diana (1961–1997),
Camilla Mountbatten-Windsor (*1947)
Die Schöne, die Forsche und der Prinz 202

Monica Lewinsky (*1973)
Sex im Weißen Haus 244

Kleopatra

(69 v. Chr. – 30 v. Chr.)

TRAGÖDIE AM NIL

Kleopatra war mit drei Kulturen vertraut: Die griechischstämmige Königin, die als Pharaonin in Ägypten regierte, verbündete sich mit dem Römischen Reich und strebte danach, die Geschicke des gesamten Imperiums an der Seite eines römischen Machthabers mitzubestimmen. Zwei Liebhaber sollten ihr dabei behilflich sein: Cäsar und Antonius.

Im Juni 51 v. Chr. gab der Palast in Alexandria den Tod des ägyptischen Herrschers Ptolemaios XII. bekannt. Wahrscheinlich war er bereits einige Monate zuvor gestorben, die Regierung hatte die Meldung jedoch zunächst zurückgehalten. Ptolemaios XII. hatte zwar in seinen in Rom und Alexandria hinterlegten Testamenten seine 18-jährige Tochter Kleopatra VII. und ihren acht Jahre jüngeren Bruder Ptolemaios XIII. als zukünftiges Herrscherpaar bestimmt, aber die ehrgeizige Pharaonentochter beanspruchte die Herrschaft für sich allein.

Die griechischstämmige Dynastie der Ptolemäer war von Ptolemaios I. Soter (367/66 – 283/82 v. Chr.) gegründet worden, einem der Feldherrn und Nachfolger Alexanders des Großen, der nach seinem Sieg über das Perserreich Ägypten erobert und zwischen Donau, Nil und Indus ein Weltreich gegründet hatte, bevor er 323 v. Chr. im Alter von 32 Jahren starb. Weil keiner der Diadochen und Epigonen mächtig genug war, um sich als Alleinherrscher durchzusetzen, zerbrach das von Alexander dem Großen geschaffene Imperium nach seinem Tod schließlich in Teilstaaten, die sich gegenseitig bekriegten.» Von den drei hellenistischen Großmächten im Osten der Mittelmeerwelt – dem makedonischen Königreich der Antigoniden, dem Reich der Seleukiden mit seinem Zentrum in Syrien und dem Reich der Ptolemäer am Nil – war die Ptolemäerherrschaft wirtschaftlich und politisch besonders fest begründet.«[1]

Als Ptolemaios XII. 80 v. Chr. den ägyptischen Thron bestieg, konnte er nicht ahnen, dass er der letzte männliche Herrscher seiner Dynastie sein würde. Traditionsgemäß regierte er nicht allein, sondern zusammen mit einer Schwestergemahlin. Kleopatra VI. Tryphaina fiel jedoch nach zehn Jahren in Ungnade. Kurz zuvor hatte Ptolemaioss XII. mit einer anderen Frau – die möglicherweise aus einer vornehmen einheimischen Familie stammte, also keine Griechin war – eine Tochter gezeugt, die 69 v. Chr. in Alexandria geboren wurde und den Namen Kleopatra (VII.) erhielt.

58 v. Chr. floh Ptolemaios XII. wegen eines Volksaufstandes nach Rom – vermutlich mit seiner elfjährigen Tochter Kleopatra. Währenddessen riss seine verstoßene Ehefrau Kleopatra VI. mit der gemeinsamen Tochter Berenike IV. in Ägypten die Macht an sich. Zuflucht fanden Ptolemaios XII. und Berenikes jüngere Halbschwester Kleopatra VII. auf einem Landgut in der Nähe von Rom, das Pompeius gehörte.

Der Feldherr Gnaeus Pompeius Magnus hatte 66 v. Chr. König Mithridates VI. von Pontos besiegt und damit begonnen, den Osten des Römischen Reiches neu zu ordnen. Während er 64 v. Chr. das Seleukidenreich eroberte und Syrien zur römischen Provinz machte, scheiterte Julius Cäsar bei dem Versuch, sich ein Mandat zur gewaltsamen Umwandlung des Ptolemäerreichs in eine römische Provinz zu verschaffen. Damit blieb Ägypten der letzte noch nicht von den Römern besetzte Nachfolgestaat des ehemaligen Alexander-Reiches.

60 v. Chr. bildeten die erfolgreichen Feldherren Cäsar und Pompeius mit dem begüterten Politiker Marcus Licinius Crassus das erste Triumvirat*. Aus politischen Gründen verheiratete Cäsar seine Tochter Julia mit Pompeius und vermählte sich in dritter Ehe mit Calpurnia, der Tochter eines einflussreichen Senators. Für das Jahr 59 v. Chr. wurde der 41-Jährige zum Konsul gewählt. Als Ptolemaios XII. nach Rom kam, begann Cäsar gerade mit der Eroberung Galliens.

Ptolemaios XII., der bereits vor seiner Vertreibung aus Ägypten unvorstellbar hohe Summen Schmiergeld aufgewendet hatte, um offiziell zu den Freunden und Verbündeten des römischen Volkes gezählt zu werden, musste nun erneut römische Politiker bestechen. Denn das war die einzige Chance, seine Herrschaft wiederherzustellen.

Seine Feinde in Ägypten blieben allerdings nicht untätig. Sie schickten vielmehr eine hundertköpfige Gesandtschaft nach Rom, die versuchen sollte, den Senat auf ihre Seite zu ziehen. Doch Ptolemaios XII. ließ viele Unterhändler bei der Ankunft in Puteoli (heute: Pozzuoli) ermorden und die übrigen bestechen. Ein politischer Gegner des Triumvirats empörte sich zwar über das Verbrechen, aber Ptolemaios' Schmiergelder sorgten dafür, dass der Senat die Klage ignorierte. Der Delegationsleiter, der dem Massaker entkommen war, fand im Senat ebenfalls kein Gehör und fiel schließlich einem Giftanschlag zum Opfer.

---

* »So entstand der Bund zwischen den drei mächtigsten Gefolgschaftsführern der Stadt. Hielten sie zusammen, so war ihrem Einfluss nichts gewachsen. Das war das sogenannte erste Triumvirat (60 v. Chr.), eine private Absprache, die zunächst geheim blieb. Die drei verpflichteten sich zu gemeinsamem Vorgehen; nichts sollte unternommen werden, was nicht alle drei guthießen.« (Hans Oppermann: *Julius Caesar in Selbstzeugnissen und Bilddokumenten*, Rowohlt Taschenbuch Verlag, 1968, S. 44 f.)

Nachdem Ptolemaios XII. sich so in Rom Rückhalt verschafft hatte, reiste er ab und wartete in Ephesos darauf, nach Alexandria zurückkehren zu können. Er benötigte viel Geduld: Denn erst 55 v. Chr. veranlasste Pompeius den römischen Statthalter in Syrien, Aulus Gabinius, in Ägypten einzumarschieren und Ptolemaios XII. wieder als Herrscher einzusetzen. Der junge Reiteroffizier Marcus Antonius soll Gabinius dazu überredet haben, sich über anderslautende Senatsbeschlüsse hinwegzusetzen. Als Gabinius seinen Auftrag erledigt hatte, stationierte er zum Schutz von Ptolemaios XII. Truppen in Ägypten, von denen wir noch hören werden.

Kleopatra VI. war inzwischen gestorben, und Berenike wurde von ihrem Vater zum Tod verurteilt und hingerichtet. Als Mitregentin setzte Ptolemaios 52 v. Chr. seine Tochter Kleopatra VII. ein.

Nachdem die 18-Jährige ihrem verstorbenen Vater auf den Thron gefolgt war, weihte ein Tempelpriester im Juli 51 v. Chr. eine ihr gewidmete Stele, auf der ihr Bruder Ptolemaios XIII. nicht erwähnt wurde, was auf eine Alleinherrschaft Kleopatras hindeutet. In der alten Königsstadt Memphis wurde sie als weiblicher Pharao wie eine Göttin angebetet und in ihrer multikulturellen, von Alexander dem Großen gegründeten Residenzstadt Alexandria als griechische (ptolemäische) Königin verehrt. Anders als die Ptolemäer-Könige vor ihr beherrschte Kleopatra neben der griechischen Sprache auch die ihrer ägyptischen Untertanen. (Sie soll darüber hinaus hebräisch, arabisch, syrisch, äthiopisch, persisch und medisch gesprochen haben.) Wie ihre Vorgänger war sie auf den Rückhalt in der Priesterschaft angewiesen, die sich wiederum ihre privilegierte Stellung von ihr absichern ließ. Dabei musste Kleopatra ihre Gunst sorgfältig ausgewogen auf die zahlreichen ägyptischen und griechischen Kultgemeinschaften verteilen. »Eine halbe Million Menschen leben in dieser Metropole [Alexandria], Griechen und Römer,

Ägypter und Nubier, Gallier und Juden, die in 2500 Tempeln und Kultstätten ihre Gottheiten verehren.«[2]

»Als Kleopatra auf den Thron kam, schien die Dynastie der Ptolemäer am Ende. Wichtige Teile des Territoriums wie Syrien, Kyrene und Zypern waren verloren. Die Würde des Königshauses war mit dem ›Flötenspieler‹* als Diener der Römer auf einem Tiefpunkt angekommen. Ägypten galt nahezu als römische Provinz. Kleopatra jedoch [...] bewahrte die Selbstständigkeit Ägyptens gegenüber den römischen Generalen.«[3]

In der Zeit, als Kleopatra die ägyptische Herrschaft antrat, traf Marcus Calpurnius Bibulus als neuer Statthalter in Syrien ein. Weil aber seine Truppen zu schwach waren, um die Parther zurückzudrängen, schickte er seine beiden Söhne zu Kleopatra mit der Bitte, ihm die von Gabinius in Ägypten zurückgelassenen Legionäre zur Verfügung zu stellen. Die »Gabiniani«, von denen viele mittlerweile in Ägypten Familien gegründet hatten, wollten allerdings ihr angenehmes Leben nicht aufgeben und ermordeten deshalb die beiden Abgesandten. Dieses Verbrechen gab Kleopatra eine willkommene Gelegenheit, Tatkraft und Entschlossenheit zu demonstrieren: Sie befahl daher unverzüglich, die Mörder zu ergreifen und sie Bibulus zur Aburteilung zu übergeben.

Kleopatra war aber nicht unangefochten. Vielmehr intrigierten der Eunuch Potheinos, der mächtigste Minister Ägyptens, General Achillas und Theodotos von Chios, der Rhetoriklehrer von Ptolemaios XIII., gegen ihre Alleinherrschaft. Offenbar gelang es den drei Verschwörern, der Königin nicht nur eine Beteiligung ihres Bruders an der Regierung aufzuzwingen, sondern Ptolemaios XIII. auch den Primat zuzugestehen.

Nach dem Gallischen Krieg, der mit der Einrichtung der römischen Provinz Gallia (transalpina) endete, wurde Cäsar am

---

* Ptolemaios XII. trug den Spottnamen Auletes (Flötenspieler).

7. Januar 49 v. Chr. vom Senat in Rom aufgefordert, vor der Rückkehr auf die Apenninen-Halbinsel seine Streitkräfte zu entlassen. Der Feldherr weigerte sich jedoch und überschritt drei Tage später mit einer seiner zehn Legionen den Rubikon, den Grenzfluss zwischen der römischen Provinz Gallia cisalpina und dem Stammland. Wenn er dabei tatsächlich »alea iacta est« (der Würfel ist gefallen) rief, wie es in der Überlieferung heißt, meinte er wohl die Entscheidung für einen Bürgerkrieg. »Dieser Schritt über den Rubikon symbolisiert den gewaltsamen Übergang von der Republik zur Monarchie.«[4]

Pompeius, der Rom im Auftrag des Senats verteidigen sollte, floh daraufhin mit einigen Senatoren nach Brundisium (Brindisi) und weiter nach Griechenland. Ägypten hielt erst einmal weiter zu Pompeius und unterstützte ihn mit 50 Kriegsschiffen und 500 Gabiniani. Cäsar schlug jedoch das senatorische Heer am 9. August 48 v. Chr. bei Pharsalos in Thessalien vernichtend.

Kurz zuvor hatte Potheinos Kleopatra aus Alexandria vertrieben. Sie war zunächst nach Oberägypten und später nach Palästina geflohen. Aber statt sich mit ihrer Entmachtung abzufinden, warb sie Söldner an, um ihre Rückkehr mit Waffengewalt zu erzwingen. »Wenn es da heißt, dass sie in Palästina Söldner gesammelt habe, dann bedeutet das, dass eine 20-Jährige auf eigene Faust einen Haufen aus höchst wilden Gesellen zusammengestellt habe, die sie natürlich an sehr kurzem Zügel führen musste.«[5]

Pompeius suchte mit den Resten seiner Flotte Zuflucht bei den verbündeten Ptolemäern. Als er sich der ägyptischen Küste näherte, kamen ihm General Achillas und zwei Offiziere der Gabiniani in einem Ruderboot entgegen. Er nahm an, dass sie ihn an Land bringen wollten, doch stattdessen erdolchten sie ihn. Und ägyptische Kriegsschiffe griffen seine Flotte an, die sich daraufhin sofort zurückzog. Als Cäsar, der Pompeius mit zehn

Kriegsschiffen verfolgt hatte, kurz darauf in Ägypten anlegte, überreichte ihm ein Hofbeamter sogleich das Haupt des Ermordeten. Die Hoffnung, Cäsar werde rasch wieder abreisen, erfüllte sich allerdings nicht, denn er benötigte dringend finanzielle Mittel für die Fortsetzung des Bürgerkriegs, und hier sah er nun eine Möglichkeit, sich diese zu beschaffen: Wegen der von Ptolemaios XII. bei einem Gefolgsmann Cäsars in Rom aufgenommenen Kredite war Ägypten in Rom verschuldet, und diese ausstehenden Gelder wollte Cäsar jetzt eintreiben. »Ägyptens Reichtum sah er mit begierigem Blick und hoffte auf einen Vorwand, ihn sich anzueignen.«[6]

Inzwischen kehrte Kleopatra aus dem Exil zurück. Armee und Flotte ihres Halbbruders versperrten ihr jedoch sowohl den Land- als auch den Wasserweg nach Alexandria. Deshalb ließ sie sich eines Tages nach Einbruch der Dunkelheit in einem Kahn in die Stadt rudern und in einem Bettsack* verborgen an den Wachen vorbei in den Palast tragen.

Erhobenen Hauptes trat sie dann vor Cäsar. Mit dem mutigen Streich, ihrem selbstsicheren Auftreten, ihrer Klugheit und ihrem Aussehen beeindruckte sie ihn. »Verführt sie ihn? Erobert er sie? Oder ist es beiderseits Liebe auf den ersten Blick?«[7] Der griechische Historiker Cassius Dio schrieb dazu: »Sie war ja überhaupt eine Frau von einzigartiger Schönheit und damals in der Blüte ihrer Jugend besonders berückend. Auch führte sie eine sehr gepflegte Sprache und verstand es, jedermann auf gewinnende Art zu begegnen. Herrlich war es, sie anzusehen und ihr zu lauschen, und so konnte sie jeden, selbst einen liebessatten Mann in bereits vorgerücktem Alter, sich gefügig machen.«[8]

Bei Plutarch heißt es: »Ihre Schönheit, so hören wir, war nicht so unvergleichlich, dass sie den, der die Königin erblickte, sofort in ihren Bann zog. Aber die Anmut, die sie ausstrahlte,

---

* Nicht in einem aufgerollten Teppich, wie es oft heißt.

war unwiderstehlich. Ihre Persönlichkeit und ihre Worte übten eine besonders Anziehungskraft aus, dazu gesellte sich eine Charakterstärke, die in all ihren Worten und Taten fühlbar wurde und der sich niemand, der ihr begegnete, entziehen konnte. Es war ein Genuss, den Klang ihrer Stimme zu vernehmen.«[9]

Das Auftauchen Kleopatras eröffnete Cäsar die Möglichkeit, Ägypten mittels einer ihm persönlich ergebenen Königin zu kontrollieren. Daher setzte er sie wieder neben Ptolemeios XIII. als Herrscherin ein, gab die vor zehn Jahren von Rom eroberte Insel Zypern an Ägypten zurück und ließ Kleopatras jüngere Schwester Arsinoë IV. und ihren elfjährigen Bruder Ptolemeios XIV. als Regenten der Mittelmeerinsel ausrufen.

Potheinos und General Achillas widersetzten sich allerdings den Neuregelungen, da sie Kleopatras Rache fürchteten. Achillas marschierte deshalb mit einer »bunt zusammengewürfelten Truppe aus Gabiniern, Flüchtlingen, Guerillas, Kriminellen, ehemaligen Seeräubern und entlaufenen Sklaven«[10] auf, der Cäsars Streitmacht zahlenmäßig weit unterlegen war. (Seinen 4000 Soldaten standen 24 000 feindliche gegenüber.) »Was die bessere Ausbildung der Römer anbelangt, so mochte sie in einer Feldschlacht zählen, nicht aber im Straßenkampf.«[11]

Cäsar setzte Arsinoë, ihre beiden Brüder und Potheinos im Palast gefangen und verschanzte sich dort mit ihnen und Kleopatra, die auf seinen Schutz angewiesen war. »Wenn Kleopatra aus dem Palast blickte, konnte sie im Hafen 72 Schiffe der königlich ägyptischen Flotte sehen, die doppelt so stark war wie die Flottille Caesars. Jetzt unternahm Achillas alles, um sich in den Besitz der ägyptischen Schiffe zu setzen. Wenn es ihm gelang, bedeutete das die Unterlegenheit Cäsars zur See, und seine Nachrichtenverbindungen zur Außenwelt wären abgeschnitten.«[12]

Trotz seiner quantitativen Unterlegenheit gelang es Cäsar letztlich aber doch, die ägyptische Flotte in einem kurzen Gefecht zu überwältigen und die gekaperten Schiffe in Brand zu setzen.* Außerdem eroberte er den Leuchtturm auf der Insel Pharos, von dem aus die Einfahrt in den Hafen kontrolliert werden konnte.

Arsinoë gelang es, mit ihrem Erzieher, dem Eunuchen Ganymedes, aus dem Palast zu entkommen. Sie floh zu Achillas und wurde daraufhin zur Gegenkönigin ausgerufen. Nach einem Streit mit dem General ließ sie diesen jedoch töten und setzte Ganymedes als Befehlshaber ein. Auch Potheinos, der mehrmals vergeblich versucht hatte, Cäsar zu vergiften, wurde hingerichtet. Ptolemaios XIII. ließ man dagegen frei. Cäsar spekulierte wohl darauf, dass Ptolemaios sich trotz der großmütigen Geste gegen ihn erheben würde, denn in diesem Fall hätte er auch in den Augen der Öffentlichkeit allen Grund gehabt, ihn zu beseitigen. Jedenfalls löste der 13-Jährige König Ganymedes ab und übernahm das Kommando über die ägyptische Armee. Mit Unterstützung von Mithridates von Pergamon gewann Cäsar im März 47 v. Chr. dann die Entscheidungsschlacht gegen die zahlenmäßig weit überlegene ägyptische Armee. Ptolemaios XIII. floh und ertrank, als sein überladenes Schiff im Nil unterging, und Alexandria kapitulierte.

Cäsar hätte Äypten nun ohne Weiteres annektieren können. Er tat es aber nicht, weil er wohl befürchtete, dass längerfristig ein politischer Gegner als Statthalter dieser reichen Provinz hätte profitieren können. Stattdessen bestätigte er Kleopatra als Königin und ernannte ihren zwölfjährigen Bruder, Ptolemaios XIV., zum Mitregenten. Arsinoë wurde gefangen genommen.

Nach dem Sieg im Alexandrinischen Krieg, so heißt es in der Legende, seien Cäsar und Kleopatra an Bord einer Prunkbarke den Nil hinaufgefahren. »So romantisch auch die Vorstellung

---

* Später hieß es, dabei sei auch die berühmte Bibliothek von Alexandria vernichtet worden, aber das entspricht nicht den historischen Tatsachen.

einer solchen Liebesfahrt unter ägyptischer Sonne sein mag, sie hat wohl nie stattgefunden.«[13]

Auf jeden Fall hatte der 52-Jährige, für sein »intensives Liebesleben«[14] berüchtigte Römer aber noch während der Belagerung im Palast eine Affäre mit der 31 Jahre jüngeren Königin begonnen. Die Romanze lenkte ihn jedoch nicht von seinen ehrgeizigen politischen Zielen ab.

Im April 47 v. Chr. verließ Cäsar daher Ägypten. Einige Wochen später besiegte er Pharnakes II., den König des Reiches Pontos am Schwarzen Meer, und prahlte: »Veni, vidi, vici!«* Ende des Jahres brach er nach Nordafrika auf, wo sich Metellus Scipio, der Befehlshaber von Pompeius' dezimierten Truppen, mit König Juba I. von Numidien verbündet hatte. Beide unterlagen Cäsar im Frühjahr 46 v. Chr. in der Schlacht bei Thapsus.

Kleopatra, die nach Cäsars Abreise aus Ägypten ein Heiligtum in Alexandria für ihn hatte errichten lassen, gebar 47 v. Chr. einen wahrscheinlich von ihm gezeugten Sohn, dem sie seinen Namen in griechischer Übersetzung gab: Kaisar. Mit dem einjährigen Kind, ihrem Brudergemahl Ptolemaios XIV. und einem imposanten Hofstaat reiste sie nun nach Rom. Ob sie noch rechtzeitig vor den vier Triumphzügen ankam, mit denen Cäsar gefeiert wurde, ist ungewiss. Bei einer der Prozessionen führte er auf jeden Fall ihre Schwester Arsinoë gefesselt mit. Anschließend schickte er sie ins Exil nach Kleinasien.**

Cäsar, der sich inzwischen vom Senat für zehn Jahre diktatorische Vollmachten hatte erteilen lassen, brachte Kleopatra in einer Villa in seinen ausgedehnten Gartenanlagen jenseits des Tibers (Trastevere) unter, erneuerte den mit ihrem Vater geschlossenen Freundschaftsvertrag, reihte sie in die »Freunde

---
* Ich kam, sah und siegte.
** Der Althistoriker Manfred Clauss schreibt, Arsinoë sei wieder als Herrscherin auf Zypern eingesetzt worden und erst später nach Kleinasien weitergereist (Manfred Clauss: *Kleopatra*. C. H. Beck, 1995, S. 44 f.).

und Bundesgenossen des Römischen Volkes« ein und ließ im Tempel der Venus Genetrix eine vergoldete Statue von ihr aufstellen. Und Kleopatra entfaltete eine glänzende Hofhaltung. »Kleopatra vermittelte der ›high society‹ Roms, die sich regelmäßig in ihrem Salon traf, einen Eindruck davon, was königliche Ausstrahlung und Reichtum sein konnten. Die Pracht ihrer Gartenfeste und Empfänge sowie der Luxus ihrer Bankette hatten sich schnell herumgesprochen. Bei solchen Anlässen hielt ihr Lieblingsphilosoph Philostratos seine stilistisch sorgfältig ausgearbeiteten Reden und führte Streitgespräche, an denen sich auch Kleopatra beteiligte.«[15]

Obwohl Cäsar (in dritter oder vierter Ehe) mit Calpurnia verheiratet war, führte er eine eheähnliche Beziehung mit Kleopatra. Dass Cicero und andere Senatoren sich über sein Lotterleben und den Hochmut der ägyptischen Königin ereiferten, war ihm egal.

Ende 46 v. Chr. brach Cäsar nach Spanien auf und beendete dort im folgenden Frühjahr mit einem Sieg in der Schlacht bei Munda einen Aufstand der beiden Söhne des Pompeius. Nach fast einem Jahr Abwesenheit kam er zurück und nahm die Liebesbeziehung mit Kleopatra wieder auf.

Seine diktatorischen Vollmachten ließ er sich nun auf Lebzeiten übertragen. »Jetzt wurde unmissverständlich zum Ausdruck gebracht, dass er nicht daran dachte, jemals seine Herrschaft wieder aufzugeben. [...] Die Diktatur, ihrem Wesen nach eine vorübergehende Einrichtung, sollte ständig werden. Das war praktisch nichts anderes als die Monarchie oder die ›Tyrannis‹. Caesar hatte sich demaskiert oder vielmehr erwiesen, dass man nicht mit Unrecht in ihm immer den Feind der Republik erblickt hatte.«[16]

Er beabsichtigte, im März 44 v. Chr. zu einem Feldzug gegen die Parther aufzubrechen. »Ohne Rücksicht auf seinen geschwächten Gesundheitszustand plante er eine umfangreiche militärische Operation im Orient, ein Unternehmen, das alle seine bisherigen Kriegszüge in den Schatten stellen und ihm die Bedeutung Alexanders des Großen verleihen sollte. Um den Sieg der Parther über Crassus vor neun Jahren zu rächen, hatte er sich nicht weniger vorgenommen als die Eroberung des gesamten Partherreichs.«[17]

Eine Gruppe von Republikanern verschwor sich allerdings, um seinen Plan zu durchkreuzen, zumal der Diktator Gerüchten zufolge die Hauptstadt des römischen Imperiums nach Alexandria verlegen wollte. Zwei Tage vor dem geplanten Aufbruch, am 15. März, ging Cäsar mit seinem Mitkonsul Marcus Antonius zur Senatssitzung ins Theater des Pompeius. Einer der Insurgenten verwickelte Antonius in ein Gespräch, um ihn abzulenken. Währenddessen stürzten sich seine Mitverschwörer mit Dolchen auf Cäsar. »Auch du, mein Sohn?«, soll Cäsar gesagt haben, als er Marcus Junius Brutus unter den Männern erkannte.* 23 Stiche töteten ihn. »Wahrscheinlich hat er mit der Möglichkeit gerechnet, ermordet zu werden, und hat ihr mit Fatalismus und Verachtung entgegengesehen.«[18]

Der Mordanschlag vereitelte Kleopatras ambitionierten Plan, sich in einer noch zu definierenden Stellung neben Cäsar an der Herrschaft im Imperium Romanum zu beteiligen und zugleich Ägypten eigenständig zu regieren. »Der beste politische Führer, den Rom je hervorgebracht hatte, war tot, und Kleopatra hatte ihren Geliebten, Schutzherrn und Freund verloren, der allein die Erfüllung ihrer ehrgeizigen Pläne hätte garantieren können.«[19] Plötzlich stand Kleopatra allein da, zumal sie wegen ihres orientalischen Herrscherverständnisses den Republikanern verhasst war und sich mit ihrem hochfahrenden Wesen mehr Feinde als Freunde gemacht hatte. Mutig blieb sie jedoch

---

* Manche vermuten, dass Antonius bereits im Voraus von dem geplanten Attentat wusste und es absichtlich nicht verhinderte.

noch einige Zeit in Rom, um die politische Entwicklung vor Ort zu beobachten.

Nun ergriff Antonius die Initiative. Er bemächtigte sich des Staatsschatzes und ließ sich von Calpurnia die Dokumente und das Privatvermögen ihres Mannes aushändigen. Bei der Leichenverbrennung am 20. März hetzte Antonius dann das Volk mit einer demagogischen Trauerrede gegen die Republikaner auf und brachte den Pöbel dazu, die Häuser der Attentäter zu stürmen.

Der Tumult veranlasste Kleopatra abzureisen und sich in Sicherheit zu bringen. Bald nach ihrer Ankunft in Ägypten starb Ptolemaios XIV. Vermutlich hatte Kleopatra ihn vergiftet, um zu verhindern, dass ihr Brudergemahl zum Kristallisationskern einer Oppositionsbewegung wurde, wie es schon einmal geschehen war. Als Mitregenten setzte sie ihren drei Jahre alten Sohn Kaisar mit dem Königsnamen Ptolemaios XV. ein. Dabei verhehlte sie nicht, dass sie ihn als Erben des römischen Alleinherrschers Cäsar betrachtete.

Aufmerksam verfolgte sie die Nachrichten über die weitere Entwicklung in Rom und beobachtete, wie Antonius die Anhänger des ermordeten Diktators zum Krieg gegen die Attentäter aufstachelte. Der mittlerweile etwa 40-jährige Antonius gehörte zu den Ausnahmetalenten unter den römischen Politikern. Nachdem er 55 v. Chr. als Reiteroffizier maßgeblich mitgeholfen hatte, Kleopatras Vater wieder als ägyptischen Herrscher einzusetzen, war er zu Cäsar nach Gallien gezogen und hatte sich mit ihm angefreundet. In der Schlacht bei Pharsalos hatte er dann den linken Flügel von Cäsars Heer befehligt. Während Cäsar aber Pompeius nach Ägypten verfolgt hatte, war Antonius nach Rom zurückgekehrt, um dort für Ruhe und Ordnung zu sorgen. Weil ihm das nur ungenügend gelungen war und er nicht nur ein ausschweifendes Leben geführt, sondern sich überdies auf Kosten des unterlegenen Kriegsgegners bereichert hatte, war die

Freundschaft mit Cäsar abgekühlt. Erst 44 v. Chr. versöhnten sie sich wieder und traten zusammen als Konsuln an.

»Die beachtliche Intelligenz des Antonius führte manchmal nicht zu den erwarteten Resultaten, weil er faul war und es ihm an psychologischer Einsicht mangelte. Er war ein schlechter Menschenkenner. Man übersah jedoch gern seine Fehler, wenn er einem mit seiner imponierenden, muskulösen Gestalt gegenüberstand und seinen natürlichen Charme und Sinn für Humor ausstrahlte, wobei er die ganz unrömische Fähigkeit besaß, auch über sich selbst lachen zu können.«[20]

Antonius begeisterte vor allem seine Soldaten. Denen gefiel »sein prahlerisches Wesen, seine ordinäre Redeweise, seine Neigung, sich an öffentlichen Trinkgelagen zu beteiligen und sich beim Essen zu seinen Männern zu setzen oder die Mahlzeiten stehend an einem gemeinsamen Esstisch einzunehmen«[21].

Unversehens tauchte in Rom ein Rivale auf: Octavian, ein 19-jähriger Großneffe Cäsars, den dieser statt seines leiblichen Sohnes Kaisar testamentarisch adoptiert und als privaten Haupterben eingesetzt hatte. »Es bedeutete [...] eine für einen so jungen Menschen erstaunliche Entscheidung, dass er sich entschloss, nach Rom zu gehen und die Erbschaft anzutreten. [...] Seine nächsten Angehörigen rieten ihm in Anbetracht der Gefahren, die mit alledem verbunden waren, ausdrücklich davon ab. Er ließ sich nicht beirren.«[22]

Weil Octavian sich in Rom aber nicht sicher fühlte, verließ er die Stadt und warb illegal ein Heer an. Daraufhin verständigten sich die Republikaner mit ihm. »Der Handel, den hierbei beide Parteien eingingen, war ein Geschäft auf Gegenseitigkeit: Octavian stellte seine militärische Macht zur Verfügung und erhielt dafür die Legitimierung seiner angemaßten Feldherrnstellung, der Senat verlieh ihm diese in Form eines (außerordentlichen) propätorischen Imperiums und in Verbindung damit die Senatszugehörigkeit nebst dem Privileg, die Ämter zehn Jahre vor der gesetzlichen Zeit bekleiden zu dürfen; die Republikaner aber waren durch den neuen Feldherrn und seine Soldaten instandgesetzt, nun gegen Antonius vorzugehen.«[23]

Über alle Gegensätze hinweg vereinbarten Octavian und Antonius im Oktober 43 v. Chr. mit Cäsars Gefolgsmann Marcus Aemilius Lepidus die Bildung eines zweiten Triumvirats, das sich gegen die Republikaner richtete.

Kleopatra unterstützte die Cäsarianer und verbündete sich mit Publius Cornelius Dolabella. Der Prokonsul war im Oktober 44 v. Chr. zu der ihm zugeteilten Provinz Syria aufgebrochen, dort jedoch auf den Widerstand des Cäsar-Mörders Gaius Cassius Longinus gestoßen, den einige römische Senatoren anstelle von Dolabella als syrischen Statthalter einsetzen wollten und der die Provinz aus diesem Grund für sich beanspruchte. Dolabella erkannte Kaisar als Mitregenten der ägyptischen Königin an, und Kleopatra stellte ihm die vier in Ägypten stationierten römischen Legionen zur Verfügung. Allerdings vermochte auch dies nicht, Dolabellas Niederlage zu verhindern. In aussichtsloser Lage befahl er daher im Juli 43 v. Chr. einem seiner Soldaten, ihn mit dem Schwert zu töten.

Nach seinem Sieg gegen Dolabella beabsichtigte Cassius zunächst, gegen Kleopatra zu marschieren. Angesichts dieser Bedrohung spielte sie kühl kalkulierend mit dem Gedanken, sich den Republikanern anzuschließen, und ihr Statthalter auf Zypern stellte Cassius – mit oder ohne ihre Zustimmung – Kriegsschiffe zur Verfügung. Erst als Cassius von seinem Mitverschwörer Brutus in Kleinasien zu Hilfe gerufen wurde und deshalb die geplante Invasion Ägyptens unterließ, konnte Kleopatra aufatmen. Statt die Seiten zu wechseln, schickte sie nun eine Kriegsflotte zur Unterstützung von Antonius und Octavian los, die jedoch durch einen Sturm zerstört wurde.

Aber auch ohne die ägyptische Flotte gelang es den Cäsarianern, die Tyrannenmörder Brutus und Cassius im Spätherbst

42 v. Chr. bei Philippi in Makedonien zu besiegen. »Hell erstrahlte der Ruhm des Antonius, während Octavian infolge eines ausgeprägten Mangels an militärischer Fähigkeit am Siege keinen Anteil hatte. Als unbestrittener Sieger von Philippi wurde Antonius mit einem Schlage der mächtigste Mann des Reiches und sein berühmtester Feldherr.«[24]

Von Philippi kehrte Octavian nach Italien zurück, um die Kriegsveteranen zu versorgen und sich um den Westen des Imperiums zu kümmern. Antonius übernahm währenddessen im Triumvirat die Verantwortung für den Osten. Kleopatra tat also gut daran, sich um Antonius' Wohlwollen zu bemühen. Wäre der Osten nicht Antonius, sondern Octavian zugefallen, hätte Kleopatra es sicherlich schwerer gehabt, denn ihr Sohn Kaisar stellte einen potenziellen Konkurrenten für Cäsars Adoptivsohn dar.

Die vorübergehende Unentschlossenheit der ägyptischen Königin war Antonius natürlich nicht entgangen. Daher bestellte er sie in sein Hauptquartier in Kilikien ein. Sie kam auf einer Prachtgaleere mit purpurfarbenen Segeln und vergoldetem Heck. »Kleopatra selbst lag unter einem Baldachin aus Goldbrokat als Aphrodite gekleidet [...], und zu beiden Seiten vervollständigten als Cupidos gekleidete Knaben, die ihr Kühlung zufächelten, das Bild. Als Besatzung begleiteten sie die schönsten Mädchen ihres Hofstaats als Nereiden und Grazien; [...] Betäubender Wohlgeruch stieg aus zahllosen Weihrauchgefäßen auf und wehte vom Schiff zum Flussufer hinüber. Eine große Menschenmenge begleitete die königliche Prozession; [...] Überall verbreitete sich die Nachricht, Aphrodite sei gekommen, um sich bei einem Gelage zur Freude Asiens mit Dionysos zu vereinigen.«[25]

Statt Antonius in seinem Lager aufzusuchen, lud sie ihn zu mehreren Festmählern auf ihr Schiff ein und bewirtete ihn pompös. »Das Geschirr war vollständig aus Gold und mit Edelsteinen edelster Machart besetzt, auch die Wände waren mit purpurn und golddurchwirkten Teppichen geschmückt. Kleopatra stellte für Antonius und die, die er mitbringen wollte, zwölf Speiseliegen zu je drei Gästen bereit. Als er von der Pracht völlig erschlagen war, lächelte sie nur und sagte, das sei ein Geschenk für ihn, und lud ihn für morgen noch einmal ein mit seinen Freunden und seinen Offizieren. Da schmückte sie das Bankett noch weit mehr aus [...].«[26] Plutarch berichtete über die Gelage: »Da nun Kleopatra auch in den Scherzen des Antonius den Soldaten und den schlichten Mann erkannte, bediente auch sie sich ihm gegenüber alsbald ungehemmt und rückhaltlos dieses Tones.«[27]

Dass Kleopatra sich und Antonius als Aphrodite und Dionysos stilisierte, verlieh ihrer Beziehung eine religiöse Bedeutung, die das Volk faszinierte. Einige Autoren unterstellen Kleopatra, sie habe Antonius ebenso wie zuvor Cäsar aus Berechnung verführt. Der Biograf Wolfgang Schuller vermutet hingegen, dass ihre Einstellung gegenüber beiden zwar zuerst durchaus von politischen Überlegungen bestimmt war, sie sich dann aber tatsächlich in beide Männer verliebte. »Diese Liebe ist ein Faktum, das selbst der illusions- oder besser gefühlloseste Historiker berücksichtigen muss.«[28]

Obwohl Antonius von Kleopatra tief beeindruckt war, blieb er zunächst noch misstrauisch und stellte sie auf die Probe, indem er ihr den inzwischen gefangen genommenen Statthalter von Zypern überstellte, der den Gegnern Kriegsschiffe überlassen hatte. Um Antonius' Argwohn zu zerstreuen und zu demonstrieren, dass sie zuverlässig auf seiner Seite stand, zögerte Kleopatra nicht, den Mann zu opfern. Sie ging sogar noch einen Schritt weiter und drängte Antonius, ihre in einem Tempel in Ephesos lebende Schwester Arsinoë töten zu lassen.

Ein ganzes Jahr lang blieb Kleopatra im kilikischen Feldlager der Römer. »Unglücklicherweise begann Antonius, sich den Genüssen des Fleisches zu ergeben, statt seine harte Pflicht zu erfüllen und in den Krieg zu ziehen. Trotz seiner charismatischen

Fähigkeit, Menschen zu führen, hatte Antonius etwas von einem Hedonisten.«[29]

Im Winter 41/40 v. Chr. kehrte Kleopatra schließlich nach Alexandria zurück – und Antonius kam mit, um das ausschweifende Leben mit ihr fortzusetzen. Antonius »vergaß völlig, dass er eigentlich ein Reich regieren sollte«.[30]

»Während Antonius in Alexandrien Feste feierte, schmiedeten seine [dritte] Gattin Fulvia und sein Bruder Lucius Pläne, wie sie Octavian stürzen könnten. Dieser war in Rom nicht glücklich geworden: Es war nur noch ein Rumpfsenat von Abenteurern und Heerführern übrig geblieben, Arbeitslosigkeit schaffte Unruhe unter der Arbeiterschaft, die *populares* verfügten über keine rechte Organisation, Sextus Pompeius [Sohn von Pompeius Magnus] blockierte die Nahrungsmittelzufuhr, das Geschäftsleben war wegen der Unsicherheit völlig gelähmt, Besteuerung und Beschlagnahme hatten fast jedes Vermögen ruiniert, und viele Menschen lebten in einer hemmungslosen und ausschweifenden Schwelgerei, da ja das Morgen auf jeden Fall eine Geldentwertung, weitere Konfiskationen oder gar den Tod bringen konnte.«[31] Diese Situation nutzten Fulvia und Lucius, um Krieg gegen Octavian zu führen. Aber dessen Feldherr Marcus Agrippa belagerte Lucius in Perusia so lange, bis dieser endlich aufgab. Octavian schickte Fulvia – die wenig später starb – und Lucius lediglich ins Exil, ließ jedoch am 15. März 40 v. Chr. in Perusia mehr als 300 Senatoren, Ritter und Stadträte hinrichten, die seine Gegner unterstützt hatten.

Etwa zur gleichen Zeit ermahnte Kleopatra ihren prominenten Gast, sich wieder etwas mehr auf seine Pflichten zu besinnen. Antonius hörte auf sie und verließ Ägypten. Im Herbst traf er sich mit Octavian in Brundisium (Brindisi), und sie bestätigten sich gegenseitig die Aufteilung ihrer Verantwortungsbereiche. Octavian sollte weiterhin für den Westen des Imperiums zuständig sein, Antonius für den Osten. Lepidus speisten sie mit der Provinz Africa ab. Um das Abkommen von Brundisium zu bekräftigen, heiratete Antonius Octavians verwitwete Schwester Octavia. So sollte ein weiterer Bürgerkrieg verhindert werden. Außerdem übernahm Octavia neben der Erziehung ihrer drei Kinder aus erster Ehe auch die der beiden Söhne von Fulvia und Antonius.

Unterdessen brachte Kleopatra ein von Antonius gezeugtes Zwillingspaar zur Welt: Alexandros Helios und Kleopatra Selene. Prunkvoll empfing sie Ende 40 v. Chr. in Alexandria den jüdischen König Herodes, der vor den bis Judäa vorgestoßenen Parthern geflohen war. Vergeblich versuchte sie ihn zu überreden, sich unter ihren Schutz zu stellen. Stattdessen reiste er nach Rom, wo das Triumvirat versprach, ihm gegen die Parther beizustehen. Diese Entwicklung missfiel Kleopatra, denn sie hätte ihr Reich gern nach Palästina ausgeweitet, aber gegen einen von Rom gestützten Klientelkönig konnte sie das nicht wagen. Noch enttäuschender war für sie, dass sich Antonius im Herbst 39 v. Chr. mit Octavia in Athen niederließ und den Osten des Imperiums von dort aus verwaltete, statt mit ihr zusammen in Alexandria zu residieren.

Im Frühjahr 37 v. Chr. reiste Antonius dann mit Octavia nach Tarent, um mit Octavian über die geplanten Kriege gegen die Parther zu beraten und sich über eine Verlängerung des Triumvirats zu verständigen. Das Abkommen wurde durch die Hochzeit des ältesten Sohnes aus der Ehe von Fulvia und Antonius mit Octavians Tochter Julia besiegelt. Auf der Rückreise begleitete Octavia ihren Ehemann bis Korkyra (Korfu). Von dort aus kehrte sie nach Rom zurück, während Antonius im Winter 37/36 v. Chr. nach Syrien weiterreiste. Statt jedoch von dort aus gegen die Parther zu ziehen, holte er Kleopatra zu sich nach Antiochia. (Wenn wir dem Althistoriker Eckart Olshausen glauben dürfen, heirateten die beiden dort trotz Antonius' bestehender Ehe mit Octavia »in aller Form«[32]. Aber dafür gibt es keine Belege, und wenn es so gewesen wäre, hätte es sich um Bigamie gehandelt.) Antonius überließ Kleopatra Syrien, Kyrenaika (Libyen), den östlichen Teil der Insel Kreta und den Süden von Kilikien. Ihr Reich vergrößerte sich dadurch beträchtlich, aber statt ihre neuen Herrschaftsgebiete zu annektieren, regierte sie dort als römische Klientelkönigin.

Erst im Frühjahr 36 v. Chr. brach Antonius zum Feldzug gegen die Parther auf. Kleopatra begleitete ihn bis zum Euphrat, und auf dem Rückweg besuchte sie Herodes. Gerüchten zufolge versuchte sie ihn zu verführen, was anscheinend nicht gelang. Statt sich mit ihr einzulassen, spielte Herodes vielmehr mit dem Gedanken, sie zu töten, doch seine Berater rieten ihm wohl davon ab.

Bald darauf brachte Kleopatra einen dritten Sohn zur Welt: Ptolemaios Philadelphos. Ende des Jahres kehrte Antonius erfolglos vom Partherfeldzug zurück und wartete in Phönikien deprimiert auf Kleopatra. Er fürchtete ihre Verachtung wegen seines Scheiterns. Doch als Kleopatra im Januar 35 v. Chr. eintraf, freute sie sich über das Wiedersehen und hielt ihm seinen Misserfolg nicht vor. Plutarch beschrieb die Beziehung der beiden folgendermaßen: »[Kleopatras] Blick strahlte auf, wenn er kam; ging er weg, so war er hinschmelzend und tief betrübt. Sie richtete es so ein, dass er sie oft weinen sah, wischte aber die Tränen ab und suchte sie zu verbergen, als wollte sie, dass er es nicht bemerkte. Die Schmeichler eiferten sich für sie und schalten Antonius einen harten, gefühllosen Mann, der eine Frau in den Tod treibe, die einzig und allein an ihm hinge. Octavia habe sich aus politischen Gründen ihres Bruders wegen mit ihm verbunden und genieße den Vorzug, seine Ehefrau zu heißen; Kleopatra hingegen, die Königin über so viele Menschen, heiße nur die Geliebte des Antonius, und sie lehne diesen Namen nicht ab, halte ihn nicht für unter ihrer Würde, solange es ihr nur vergönnt sei, ihn zu sehen und mit ihm zu leben; würde ihr das versagt, so würde sie es nicht überleben. Auf diese Weise machte sie den Mann schließlich so schwermütig und weibisch, dass er aus Angst, Kleopatra möchte sich das Leben nehmen, nach Alexandria zurückkehrte.«[33]

Dort bereitete Antonius einen weiteren Feldzug gegen die Parther vor. Octavian schickte seine Schwester Octavia mit 2000 Infanteristen, Geld und Ausrüstung zu ihrem Ehemann Antonius. Damit brüskierte er seinen Schwager, denn er hatte das Zehnfache an Soldaten versprochen. In Athen erhielt Octavia denn auch eine Nachricht, mit der Antonius sie aufforderte, nach Rom zurückzureisen.

Statt gegen die Parther zu ziehen, beorderte er im Sommer 35 v. Chr. König Herodes nach Laodikeia in Phrygien, und zwar aus folgendem Grund: Im Jahr davor war Herodes widerstrebend einem Wunsch seiner mit Kleopatra konspirierenden Ehefrau Mariamne nachgekommen und hatte seinen Schwager Aristobulos zum Hohepriester erhoben. Weil er den 16-Jährigen einige Zeit später ertränken ließ, überredete Kleopatra Antonius, den König dafür zur Rechenschaft zu ziehen. Ihre Hoffnung, auf diese Weise Judäa doch noch in ihre Hand zu bekommen, erfüllte sich allerdings nicht, denn Antonius sprach den jüdischen Klientelkönig frei. (Später ließ Herodes Mariamne und deren Söhne töten.)

Im nächsten Jahr zog Antonius nach Westarmenien und unterwarf seinen früheren Verbündeten, den armenischen König Artavasdes II., dem er die Schuld am Scheitern des letzten Partherfeldzugs gab. Bei seinem Triumphzug in Alexandria – nicht in Rom! – führte Antonius den König in goldenen Ketten mit. Kleopatra, die das Spektakel von einem auf einer silbernen Plattform errichteten goldenen Thron aus verfolgte, empörte sich darüber, dass Artavasdes ihr die Proskynese als Geste der Ehrerbietung und Unterwerfung verweigerte. (Später ließ sie ihn köpfen.)

Anschließend bestätigte Antonius Kleopatra und ihren Sohn Kaisar als Herrscherpaar in Ägypten, Zypern und der Kyrenaika. Dem gemeinsamen Sohn Alexandros Helios sprach er alles (noch zu erobernde) Land östlich des Euphrats zu, und dessen jüngeren Bruder Ptolemaios Philadelphos ernannte er zum Herrscher des Gebiets zwischen Euphrat und Hellespont. Damit befand sich Kleopatra am Zenit ihrer Macht. Mit den »Schenkungen von Alexandria« verschleuderte der Triumvir keine römischen Eroberungen, wie seine Gegner in Rom behaupteten, denn er selbst blieb der oberste Machthaber. »Man kann die Vorgänge der Jahre 37 und 34 zusammenfassen und zunächst für beide Fälle schon bei Betrachtung der äußeren Ereignisse sagen, dass sich Antonius selbstverständlich immer das letzte Wort vorbehalten hatte. Er war es, der aus eigener Machtvollkommenheit Kleopatra und ihre Kinder in die jeweiligen Positionen einsetzte, und wer unmündige Kinder unter zehn Jahren zu, man muss schon sagen, Fantasiekönigen machte, hatte selbstverständlich auch die Macht, sie jederzeit wieder abzusetzen. Es kam ja hinzu, dass es ein traditionelles römisches Herrschaftsmittel war, nicht überall direkte Herrschaft auszuüben, wie es in den römischen Provinzen der Fall war.«[34]

Allerdings näherte sich Antonius selbst einigen orientalischen Anschauungsweisen und war im Begriff, mit den von ihm beziehungsweise Cäsar gezeugten drei Söhnen Kleopatras eine neue Dynastie zu gründen. »Es scheint außer Zweifel zu stehen, dass Antonius, der vielleicht zu Beginn ein aufrichtiger ›Caesarianer‹ und römischer Patriot gewesen ist, sich immer mehr von der Königsidee und dem Wunder seiner Göttlichkeit hat betören und fesseln lassen.«[35] »Antonius führte sich [...] im Osten immer mehr wie ein König auf. Er verfügte frei über die Provinzen, um sie dem Königreich der Kleopatra einzuverleiben. Dies stand an sich nicht im Widerspruch zu der traditionellen Politik Roms, ganz nach Belieben Vasallenstaaten zusammenzufassen.

Aber es war für Octavius ein Leichtes, in seiner Propaganda diese Maßnahmen als Verrat hinzustellen, als Tat eines Mannes, der vollkommen im Bann der ägyptischen Königin stehe, mit der er zusammenlebte.«[36]

Diese Entwicklungen gossen Öl in das Feuer von Antonius' Kontrahenten. »Die gegnerische Propaganda stützte sich auf alteingefahrene Vorurteile – Kleopatra war eine Frau, war eine Fremde, war eine Ägypterin. Daraus ließen sich Vorwürfe der sexuellen Verworfenheit und Vergleichbares ableiten. Damit ließ sich der römische Patriotismus wirksam auf den Plan rufen.«[37]

Octavian stilisierte sich im Gegensatz dazu als Bollwerk gegen die schädlichen Einflüsse aus dem Orient und prangerte Antonius' angebliche Verdorbenheit an. »Diese Propaganda war höchst wirkungsvoll.«[38]

Weil Antonius und Kleopatra wussten, dass der Konflikt mit Octavian nicht auf Dauer mit Vereinbarungen geregelt werden konnte, bereiteten sie sich auf eine Fortsetzung des Bürgerkriegs vor und zogen 33 v. Chr. mit 16 Legionen und 800 Schiffen nach Ephesos. Im April 32 v. Chr. verlegten sie dann ihr Hauptquartier nach Samos. »Und während ringsum fast der ganze Erdkreis von Seufzen und Klagen erfüllt war, erschallte diese einzige Insel viele Tage lang von Flöten- und Saitenspiel, füllten sich die Theater und wetteiferten die Chöre miteinander.«[39]

Nachdem Gaius Sosius, einer der beiden römischen Konsuln des Jahres 32 v. Chr., im Senat eine leidenschaftliche Rede gegen Octavian gehalten hatte, fürchteten er und sein Mitkonsul Gnaeus Domitius Ahenobarbus in Rom um ihr Leben. Daher flohen sie und einige weitere Senatoren zu Antonius nach Kleinasien, während Octavian – dessen Machtposition durch einen allerdings in der römischen Verfassung gar nicht vorgesehenen Treueid der Bevölkerung gestärkt war – zwei neue Konsuln proklamierte. Die beiden übergelaufenen Konsuln rieten Antonius dringend, die hochmütige ägyptische Königin fortzuschicken, um Octavians

Propaganda die Grundlage zu entziehen, doch davon wollte Antonius nichts wissen. Statt eine Trennung von Kleopatra auch nur zu erwägen, erklärte Antonius seine Ehe mit Octavia im Mai für geschieden und überwarf sich dadurch zugleich, und diesmal endgültig, mit seinem Schwager. Sosius und Domitius waren entsetzt darüber und wandten sich von ihm ab.

Während Antonius und Kleopatra ihr Luxusleben fortführten und auf der Akropolis in Athen je eine Ehrenstatue für sich errichten ließen, verschaffte sich Octavian widerrechtlich das Testament, das Antonius im Tempel der Vestalinnen hinterlegt hatte. Um die Empörung über Antonius weiter zu schüren, gab er einige (wahrscheinlich zum Teil gefälschte) Passagen daraus öffentlich bekannt und behauptete beispielsweise, Antonius wolle sich nach seinem Tod nicht in Rom, sondern in Alexandria bestatten lassen. Noch im selben Jahr erklärte Octavian der ägyptischen Königin – nicht etwa Antonius – den Krieg. Daraufhin ließ Antonius 100 000 Fußsoldaten, 12 000 Reiter und Tausende von Pferden auf 500 Kriegsschiffen nach Griechenland bringen und stellte mit Kleopatras Unterstützung in monatelanger Anstrengung eine Armee aus Römern, Ägyptern und Soldaten aus 13 verbündeten Königreichen auf. Den Winter 32/31 v. Chr. verbrachten Antonius und Kleopatra in Patras.

Octavians Feldherr Agrippa segelte im März 31 v. Chr. mit seiner Flotte über das Ionische Meer, eroberte den strategisch wichtigen Flottenstützpunkt der Gegner in Methoni in Messenien und vertrieb die gegnerische Besatzung von der Insel Korfu. Dann riegelte er den Golf von Ambrakia bei Actium ab und versperrte der dort ankernden feindlichen Flotte den Weg ins Ionische Meer. Viele der in seichten Gewässern beziehungsweise einem Lager auf der flachen Halbinsel Actium eingeschlossenen Soldaten erkrankten in dem ungewohnten Sumpfklima. Um das Heer in eine gesündere Gegend zu führen, hätten Antonius und Kleopatra ihre Schiffe aufgeben müssen. In dieser verzweifelten

Lage liefen immer mehr Soldaten zum Feind über; selbst Hinrichtungen von Deserteuren änderten daran nichts.

Ende August hielten die Belagerten einen Kriegsrat ab. Einige der Teilnehmer traten dafür ein, eine Entscheidungsschlacht an Land zu riskieren. Am Ende setzte Kleopatra ihren Plan durch, die feindlichen Linien auf dem Wasser zu durchbrechen. Weil es wegen der grassierenden Seuche an Ruderern mangelte, verbrannten Antonius und Kleopatra die Schiffe, die sie nicht bemannen konnten. Die Großsegel nahmen sie mit an Bord, obwohl diese bei einem Seegefecht eher hinderlich waren. Doch Hoffnung auf einen Sieg hatten sie sowieso keine mehr.

Die Seeschlacht bei Actium begann am 2. September. Wie befürchtet, hatten Antonius und seine Verbündeten keine Chance, sich gegen die Übermacht zu behaupten. Am Nachmittag durchbrach Kleopatra mit 60 Schiffen die feindlichen Linien und floh samt der Kriegskasse nach Süden. Antonius folgte ihr – und brütete drei Tage in dumpfer Verzweiflung vor sich hin.

Die Legionen an Land, die bei der Seeschlacht nur Zuschauer gewesen waren, überließen das Lager auf der Halbinsel Actium nach dem verlorenen Gefecht dem Feind und marschierten nach Nordosten. Als sie nach einer Woche eingeholt wurden, floh Antonius' Feldherr und die Streitmacht kapitulierte kampflos.

Während Kleopatra und Antonius nach Ägypten zurückkehrten, schlossen sich König Herodes und alle anderen Klientelkönige dem Sieger von Actium an. In der aussichtslosen Lage wollte sich Antonius in sein Schwert stürzen, aber seine Getreuen brachten ihn davon ab. Kleopatra bewies einen stärkeren Durchhaltewillen als er. Sie ließ politische Gegner töten, konfiszierte deren Besitz und reorganisierte mit dem Geld ihre Streitkräfte. Außerdem verhandelte sie mit potenziellen Bundesgenossen wie den Medern und erklärte ihren 16-jährigen Sohn Kaisar und Antyllus, den ältesten Sohn von Fulvia und Antonius, feierlich für volljährig. Danach ließ sie Octavian ausrichten, dass sie bereit sei, zugunsten der beiden jungen Männer abzudanken, doch darauf ließ der Sieger von Actium sich nicht ein. In dieser verzweifelten Lage schickte Kleopatra Kaisar mit seinem Erzieher und einem Teil des Schatzes nilaufwärts, um dann weiter durchs Rote Meer nach Indien zu segeln. Ihre eigene Flucht bereitete sie vor, indem sie Schiffe auf dem Landweg vom Mittelmeer zum Golf von Suez transportieren ließ. Der Nabatäerkönig Malchos überfiel jedoch den Hafen von Heroonpolis und verbrannte die Schiffe.

Octavian segelte Anfang 30 v. Chr. von Brundisium nach Rhodos, wo ihm Herodes die Treue schwor. Als Octavian Ägypten angriff, stellte Antonius sich ihm an der Spitze von Kleopatras Streitkräften entgegen. Vor der ägyptischen Stadt Pelusium im Osten des Nildeltas gelang es ihm sogar, Octavians Reiterei in die Flucht zu schlagen. Plutarch schilderte das Geschehen: »Er machte einen Ausfall, schlug Octavians Reiterei nach glänzendem Kampf in die Flucht und verfolgte sie bis zum Lager. Stolz auf den Sieg kam er in den königlichen Palast, küsste Kleopatra noch in seiner Rüstung und stellte ihr den Soldaten vor, der am tapfersten gekämpft hatte. Dem schenkte sie als Siegesprämie einen goldenen Panzer und einen Helm. Der Mann nahm das und lief in der folgenden Nacht zu Octavian über.«[40]

Mit dem Sieg bei Pelusium vermochte Antonius die endgültige Niederlage allerdings nicht abzuwenden. »Am [...] 1. August segelte die Flotte des Antonius aus dem Hafen von Alexandria nach Osten, um die Schiffe des Gegners in der Schlacht zu stellen. Sein Heer hatte er auf einer Anhöhe zwischen dem Hippodrom und den Stadtmauern aufgestellt. Doch die Flotte kapitulierte kampflos, und seine Reiter ergaben sich. Schließlich zog sich auch die Infanterie in regelloser Flucht zurück.«[41]

Als Octavian in Alexandria einmarschierte, verbarrikadierte sich Kleopatra mit den kostbarsten Stücken aus ihrer Schatzkammer in ihrem Mausoleum neben dem Isistempel. In dieser verworrenen Situation erhielt Antonius die Nachricht, Kleopatra habe Selbstmord verübt. Daraufhin befahl er seinen Männern, ihn zu töten. Da keiner es wagte, Hand an ihn zu legen, stürzte er sich selbst in sein Schwert. Trotz seiner schweren Verletzung lebte er noch, als sich herausstellte, dass es sich bei der Nachricht von Kleopatras Tod um eine Falschmeldung gehandelt hatte. Plutarch erzählte, dass Antonius sich verzweifelt zu Kleopatras Grabkammer tragen und zu einem Fenster hinaufziehen habe lassen und in den Armen seiner Geliebten verblutet sei.

Die stolze Königin wollte sich rechtzeitig das Leben nehmen, damit Octavian sie nicht nach Rom verschleppen und bei einem Triumphzug demütigen konnte. Die Wirkung verschiedener Gifte hatte sie bereits an inhaftierten Verbrechern ausprobiert. Doch Octavian durchschaute ihre Absicht und schickte seine Männer, um Kleopatra am Selbstmord zu hindern. Während der Dichter Gaius Cornelius Gallus zum Schein durch eine verschlossene Tür mit Kleopatra verhandelte, drang der Ritter Gaius Proculeius unbemerkt mit zwei Helfern durch ein Fenster in das Mausoleum ein, überwältigte Kleopatra und nahm sie gefangen.

Nach der von Octavian zugelassenen prunkvollen Bestattung ihres Lebensgefährten versuchte Kleopatra sich in der Gefangenschaft totzuhungern, aber als Octavian drohte, ihre Kinder umzubringen, fing sie wieder zu essen an. Am 12. August soll es einem Bauern gelungen sein, in einem mit Feigen gefüllten Weidenkörbchen eine ägyptische Kobra an den Wachen vorbeizuschmuggeln. Als Octavian ein Schreiben von Kleopatra gebracht wurde, ahnte er sofort, dass etwas geschehen würde. Aber er kam zu spät: Die 39-Jährige lag bereits tot auf dem Bett, und ihre beiden Zofen starben gerade.

Der Tod durch den Schlangenbiss ist sicherlich eine Legende. Als Erklärung dafür mag gelten, dass die Uräusschlange (die ägyptische Kobra) damals in Ägypten als Verkörperung der Göttin Isis galt. Wenn nun jemand durch ihren Biss ums Leben gekommen sei, so der Althistoriker Christoph Schäfer, habe man dies als Vereinigung mit der Göttin interpretiert. Wahrscheinlich starben Kleopatra und ihre Zofen in Wirklichkeit nicht durch Schlangenbisse, sondern durch die orale Einnahme eines Giftgemisches. Einige Historiker halten es auch für denkbar, dass Octavian Kleopatra heimlich ermorden ließ, weil sie mitleiderregend aussah und es deshalb kontraproduktiv gewesen wäre, sie im Triumphzug mitzuführen. In einer Variante dieser Hypothese verfolgte Octavian dieses Ziel nicht durch einen direkten Mordanschlag, sondern indem er ihren Suizid zuließ. Wie auch immer, auf jeden Fall ordnete er eine feierliche Bestattung der Toten neben Antonius an.*

Kleopatras geflohenen Sohn Kaisar lockte Octavian in der Folge mit falschen Versprechungen nach Alexandria zurück und ermordete ihn dann, denn solange ein leiblicher Sohn Cäsars lebte, konnte er sich als Adoptivsohn des toten Alleinherrschers nicht sicher fühlen. Auch Antyllus, der älteste Sohn von Fulvia und Antonius, wurde getötet. Die drei Kinder von Kleopatra und Antonius brachte Octavian allerdings zu seiner Schwester Octavia nach Rom.

Die 300-jährige Herrschaft der Ptolemäer war damit zu Ende. Octavian zog Ägypten als römische Provinz ein und ernannte Gaius Cornelius Gallus zum *praefectus Aegypti*. Bei seinem Triumphzug in Rom führte er ein Bildnis von Kleopatra mit. In einem mehrtägigen Staatsakt begründete Octavian Mitte Januar 27 v. Chr. das Prinzipat und nahm den neuen Ehrennamen Augustus an. Faktisch wurde Rom damit zum Kaiserreich.

»Bei Actium begann eine 300 Jahre währende Periode westlicher Vorherrschaft. Hätten die Verlierer gesiegt, wäre es zu

---

* Der ägyptische Archäologe Zahi Hawass behauptete im April 2009, er habe das Grab von Kleopatra und Antonius in der Tempelanlage Taposiris Magna bei Alexandria entdeckt.

einer Partnerschaft der beiden großen Bevölkerungsgruppen innerhalb des Imperiums gekommen. Die Römer wären dabei von Antonius als oberstem Herrscher und die Griechen von Kleopatra repräsentiert worden.«[42] Kleopatra hatte von Anfang an darauf gesetzt, dass Rom nicht länger Republik sein, sondern einen Alleinherrscher hervorbringen würde. Ihr Vorhaben, an der Seite dieses Machthabers in einer noch festzulegenden Weise das Imperium Romanum mitzuregieren, konnte sie jedoch nicht verwirklichen, weil Cäsar ermordet wurde und Antonius im Bürgerkrieg gegen Octavian unterlag. Wolfgang Schuller glaubt nicht, dass Kleopatras Ziel überhaupt realisierbar gewesen wäre: »Es wäre der Quadratur des Kreises nahe gekommen, gleichzeitig selbstbewusste Königin zu sein und sich in eine ganz anders geartete republikanische Kultur einzuordnen, selbst wenn diese Republik auf eine Monarchie hinstrebte. Das persönliche Verhältnis zu Caesar und zu Antonius mit den gemeinsamen Kindern war eine zu schwache Basis, um dieses Defizit auszugleichen. Selbst wenn Caesar nicht ermordet oder wenn Antonius nicht besiegt worden wäre, selbst wenn jeder eine Art Monarchie aufgerichtet hätte, hätte das auf die Dauer nicht ausgereicht. Dass sie das nicht gesehen hat, lag an der Überschätzung dieses persönlichen Verhältnisses.«[43]

Nach Kleopatras Tod hörten die Versuche nicht auf, ihr Verhalten und ihren Charakter zu beurteilen. »Das [...] überlieferte Bild der Kleopatra ist so propagandistisch verzerrt, dass selbst die kritische Wissenschaft bisher keinen Weg gefunden hat, ein gediegenes, vertrauenswürdiges Porträt von ihr zu zeichnen.«[44] Den Verleumdungen und negativen Bewertungen waren nun Tür und Tor geöffnet. »Die Vielseitigkeit der Diffamierungskampagnen, die von der augusteischen Dichtung gerne aufgenommen und weitergesponnen wurden, war ein fruchtbarer Boden für alle Ausformungen der Gestalt.«[45] Plinius der Ältere verunglimpfte Kleopatra beispielsweise als »Regina meretrix« (Königin Hure).

Flavius beschrieb sie als »eine sexuell unersättliche, macht- und geldgierige Frau«[46]. In Wirklichkeit war sie nicht lasterhaft. Ihr größter Fehler war wohl ihr Hochmut, mit dem sie einflussreiche Männer zu ihren Feinden machte. Ihre Stärken aber waren Klugheit und Mut, Selbstbewusstsein, Zielstrebigkeit, Tatkraft und Entschlossenheit. Ob diese Femme fatale unvergleichlich schön war, ist umstritten, aber sie verfügte zweifellos über Charisma und betörte die Männer durch ihre angenehme Stimme, ihren Charme und ihren starken Charakter. »Zwar hat in ihr die Ptolemäerdynastie noch ein letztes Mal eine grandiose Persönlichkeit hervorgebracht, zwar war sie klug, tatkräftig, bezaubernd, aber eben auch hochmütig, grausam, rücksichtslos, von unheimlich anmutender Selbstdisziplin und Willensstärke. Historisch stand sie auf verlorenem Posten. Aber dass sie sich diesem Schicksal mit ihrer ganzen widersprüchlichen Individualität und im Entscheidenden nicht kalt rechnend entgegengestemmt hat, das ist in der Folgezeit zu selten wahrgenommen worden, aber das macht, wie Friedrich Schiller und Rudolf Borchardt gesehen haben, ihre politische und menschliche Größe aus.«[47] »Kleopatra, die Armeen besiegte und mächtige Männer verführte, bleibt ein Symbol der ultimativen Frau; sie personifiziert die Verschmelzung von Action-Heldin und Sexualobjekt.«[48]

Kleopatra und ihre tragischen Liebesbeziehungen mit zwei herausragenden Römern inspirierten viele Künstler. Als Beispiele seien die Tragödie *Antonius und Kleopatra* (1606/07) von William Shakespeare, die Oper *Julius Caesar in Ägypten* (1723) von Georg Friedrich Händel, das Gemälde *Das Gastmahl der Kleopatra* (1733/34) von Giovanni Battista Tiepolo und die Komödie *Caesar und Kleopatra* (1899) von George Bernard Shaw genannt. Mehr als 100 Filme wurden über Kleopatra gedreht, darunter *Cleopatra* von Cecil B. DeMille mit Claudette Colbert in der Titelrolle (1934) und *Cleopatra* von Joseph L. Mankiewicz mit Liz Taylor (1963).

Heloise

(um 1100 – um 1164)

——•◆•——

LEIDENSCHAFT UND ENTSAGUNG

Heloise, eine ebenso hübsche wie gebildete Französin, wurde heimlich die Geliebte des renommierten Philosophie-Professors Peter Abaelard. Für beide war es die erste sexuelle Erfahrung. Nachdem Heloise ein Kind geboren hatte, wurde Abaelard von Mitgliedern ihrer Familie entmannt. Daraufhin zogen sich die Liebenden getrennt voneinander ins Kloster zurück.

1116 holte der Kanonikus Fulbert, der als Subdiakon von Notre-Dame in Paris fungierte, seine vermutlich verwaiste Nichte Heloise zu sich in sein stiftsherrliches Haus im Osten der Seine-Insel. Heloise wurde 1100 oder wenige Jahre zuvor geboren. Wer ihr Vater war, ist nicht überliefert. Bei der Mutter könnte es sich um Hersendis von Champagne gehandelt haben, die Tochter eines angevinischen Aristokraten und spätere Priorin der Abtei Fontevrault. Heloise fiel als Lateinschülerin im Benediktinerinnen-Kloster Sainte-Marie von Argenteuil durch ihren Eifer und ihren scharfen Verstand auf. Sie eignete sich eine erstaunlich umfassende Bildung an und beherrschte außer ihrer französischen Muttersprache noch Latein, Griechisch und Hebräisch. »Ihre Wissbegier ist grenzenlos, denn sie wollte nicht nur das ganze Rund der Freien Künste mit der Dialektik an der Spitze studieren, sondern auch [...] die Theologie.«[1] Als Frau blieb ihr zwar ein Studium versagt, aber ihr Onkel Fulbert förderte ihre Weiterbildung. »Er liebte sie zärtlich und wollte darum nichts versäumen, was ihrer geistigen Ausbildung förderlich war.«[2]

Die Studenten drehten sich sicherlich nach dem hübschen, zwischen 16 und 19 Jahre alten Mädchen um. »Gehörte sie schon ihrem Äußern nach nicht zu den letzten, so war sie durch den Reichtum ihrer Bildung weitaus die erste.«[3] – Dieses Kompliment stammt allerdings nicht von einem Studenten, sondern von Peter Abaelard, dem Bischof Gilbert von Paris kurz zuvor die Leitung der Domschule anvertraut hatte.

Peter Abaelard war 1079 in Le Pallet östlich von Nantes als ältester Sohn des Ritters Berengar und dessen Ehefrau Lucia zur Welt gekommen. Vermutlich im Einverständnis mit seinem Vater verzichtete er mit 16 Jahren zugunsten eines jüngeren Bruders auf sein Erstgeburtsrecht und begann als Wanderscholar Philosophie zu studieren. Er übte sich auch in der Kunst des wissenschaftlichen Disputs (Dialektik). Der öffentliche Diskurs wurde zu dieser Zeit vom Universalienstreit beherrscht, nämlich der Frage, ob Allgemeinbegriffe (Universalien) lediglich gedankliche Abstraktionen sind (so die Nominalisten) oder auch außerhalb des Denkens in der Wirklichkeit existieren (so die Realisten). In dieser Auseinandersetzung entschied Abaelard sich für den Nominalismus.

1102 gründete er in Melun, südöstlich von Paris, eine eigene Schule. »So wuchs meines Ruhmes wegen mein Selbstvertrauen immer mehr, und ich ruhte nicht, bis ich meine Schule so schnell wie möglich nach Corbeil verlegt hatte, um die Angriffe [gegen Konkurrenten] leichter vermehren zu können.«[4] Als Abaelard 1105 einen psychischen Zusammenbruch erlitt, kehrte er zu seiner Familie in die Bretagne zurück und erholte sich dort drei oder vier Jahre lang. Dann zog er wieder nach Paris und eröffnete bald darauf eine Schule im Kreuzgang des Klosters auf der Montagne Sainte-Geneviève. »Erst mit dem großen Aufblühen der Schule von Sainte-Geneviève beginnt wirklich die Geschichte des linken Pariser Seineufers, des Ufers der Intellektuellen.«[5]

1114 übernahm Abaelard den Dialektik-Lehrstuhl auf der Île de la Cité in Paris und zwei Jahre später die Leitung der Domschule. Als Heloise zu ihrem Onkel nach Paris kam, kannte sie Abaelard vom Hörensagen und begegnete ihm wohl auch auf der Straße. In einem Brief an ihn erinnerte sie sich später daran: »Wenn du dich öffentlich hören ließest, wer kam da nicht eilends, dich anzustarren? Und wenn du abtratest, da reckten sie ihre Hälse und stierten dir nach. Alle Frauen, verheiratet oder nicht, verzehrten sich in leidenschaftlicher Gier, wenn du fern warst, und ihr Blut ging schneller, warst du zugegen.«[6] Das deckte sich mit der Selbsteinschätzung des Egozentrikers: »Mein Name war damals hoch gefeiert, und ich stach im Reiz meiner Jugend und Schönheit hervor, sodass ich keine Zurückweisung fürchten zu müssen glaubte, wenn ich eine Frau meiner Liebe würdigte, mochte sie sein, wer sie wollte.«[7] Dabei war der übereifrige Gelehrte noch nie mit einer Frau zusammen gewesen. Erst Heloise ließ ihn erglühen (»in amorem totus inflammatus«[8]). »Sie, die sich mit allem geschmückt sah, was Liebhaber anzulocken pflegt, gedachte ich nun [...] zur Liebe an mich zu fesseln.«[9]

Dabei glaubte er, leichtes Spiel zu haben, gerade weil Heloise für Bildung aufgeschlossen war. Um seinem Ziel näher zu kommen, ließ sich Abaelard 1117 von Fulbert als Pensionsgast aufnehmen. Die Sache entwickelte sich in der Folge besser, als er zu hoffen gewagt hatte: Denn der arglose Kanoniker bat den berühmten Professor, seine Nichte zu unterrichten. »Er überließ mir Heloise ganz und gar zur Erziehung und bat mich obendrein dringend, ich möchte doch ja alle freie Zeit, sei's bei Tag oder bei Nacht, auf ihren Unterricht verwenden, ja, wenn sie sich träge und unaufmerksam zeige, solle ich mich nicht scheuen, sie zu züchtigen.«[10]

Heloise, die in der Liebe ebenso unerfahren wie der 20 Jahre ältere Professor war, leistete keinen Widerstand. »Unter dem Deckmantel der Wissenschaft gaben wir uns ganz der Liebe hin; die Unterrichtsstunden verschafften uns die Gelegenheit zu den geheimnisreichen Gesprächen, wie sie Liebende herbeisehnen; die Bücher waren geöffnet, aber in den Unterricht mischten sich mehr Worte der Liebe als der Philosophie, mehr Küsse als weise Sprüche; nur allzu oft verirrte sich die Hand von den Büchern weg zu ihrem Busen, und eifriger als in den Schriften lasen wir eins in des andern Augen; ja, um jeden Verdacht unmöglich zu machen, ging ich einige Male so weit, dass ich sie züchtigte. [...] Die ganze Stufenleiter der Liebe machte unsre Leidenschaft durch, und wo die Liebe eine neue Entzückung erfand, da haben wir sie genossen.«[11]

»Gleich bei der ersten Begegnung gelobt ihm Heloise jene ausschließliche Liebe, die bis zu ihrem letzten Atemzug die ihrige sein wird – eine glühende Liebe, die nicht abkühlen oder abnehmen wird, denn Heloise ist ein kompromissloses Wesen. Sie ist zu jung, zu naiv, zu verliebt, um zu verstehen, dass der Einzug Abaelards unter ihr Dach und in ihr Gemach das Ergebnis recht niedriger Überlegungen ist, dass der Beweggrund für diesen Einzug nicht aus einem Gefühl herrührt, das dem ihren gleichkommt. Sie liebt. Sie wird ihr ganzes Leben lieben. Abaelard wird verschiedene Phasen durchlaufen und in seiner Art, zu lieben, eine Entwicklung durchmachen. Nicht so Heloise.«[12] Sie ließ sich bereitwillig von ihm deflorieren und wurde seine Geliebte. Später schrieb er an sie: »Du weißt, in welche Schamlosigkeiten wir durch meine zügellose Gier gerieten. Ich wälzte mich geradezu wie ein Tier in diesem Morast, sogar in der Karwoche und an den höchsten Festtagen, ohne auf die mahnende Stimme des Schamgefühls und der Gottesfurcht zu hören.«

Offenbar gebrauchte Abaelard auch Gewalt, um die Geliebte gefügig zu machen: »Ich ging sogar so weit, Dich durch Drohungen und Schläge des öfteren gefügig zu machen, wenn Du nicht mithalten wolltest, wenn Du Dich zur Wehr setztest, soweit es deine schwache Kraft zuließ, und wenn Du, das schwache Weib, mich batest, einmal zu verzichten. Die Glut meiner Gier hatte mich mit Dir geradezu zusammengeschmiedet; ich dachte nicht mehr an Gott, ich dachte nicht mehr an mein besseres Selbst, so tief untergetaucht war ich in den armseligen Genüssen, die zu schmutzig sind, als dass ich sie ohne Erröten auch nur nennen kann.«[13]

Wegen seiner amourösen Verstrickungen vernachlässigte Abaelard sogar seine beruflichen Pflichten: »Und je mehr mich diese Lust ergriffen hatte, desto weniger hatte ich mehr Zeit und Muße für Philosophie und Schule. Es war mir im Innersten zuwider, vor meine Schüler hinzutreten [...]. Meine Vorträge zeigten mich gleichgültig und matt, sodass ich nichts mehr mit Genialität, sondern alles mit Routine vortrug; ich war nur noch ein Rezitator vergangener Einfälle.«[14] Statt sich weiter auf seine wissenschaftlichen Aufgaben zu konzentrieren, begann Abaelard damit, Liebeslieder für Heloise zu dichten.

Fulbert weigerte sich lange Zeit, die kursierenden Gerüchte über eine unschickliche Beziehung seiner Nichte mit dem berühmten Professor ernst zu nehmen. Schließlich ertappte er aber das Liebespaar in flagranti und warf daraufhin den Pensionsgast zornig aus dem Haus. »Allein die Trennung befestigte nur das Band unserer Herzen, und unsere Liebe wurde umso glühender, je mehr die Befriedigung ihr fehlte.«[15]

Einige Zeit später stellte Heloise fest, dass sie schwanger war, und schickte heimlich einen Boten mit der Nachricht zu Abaelard. »Keine Spur von Angst oder Bestürzung ist bei ihr zu spüren, sondern lediglich eine gewisse Ratlosigkeit.«[16] Abaelard wartete, bis Fulbert über Nacht außer Haus war, und nutzte diese

Gelegenheit, um Heloise zu entführen und sie zu seiner Schwester Dionysia in die Bretagne zu bringen. Dort gebar Heloise 1118 einen Sohn, dem sie den Namen Petrus Astrolabius gab. Nach der Geburt des Kindes ritt Abaelard zurück nach Paris, suchte Fulbert auf und bat ihn um Verzeihung. »Ich beteuerte ihm, dass niemand über meine Tat befremdet sein könne, der die Macht der Liebe erfahren und in Erinnerung behalten habe, wie abgrundtief von Anbeginn der Welt an selbst die größten Männer durch Frauen zu Fall gebracht worden seien.«[17] Er erklärte sich auch bereit, Heloise zu heiraten, bestand jedoch darauf, dass die Ehe geheim bleiben müsse, da er um seinen Ruf als Gelehrter besorgt war. In dem Glauben, sich mit Fulbert versöhnt zu haben, kehrte er in die Bretagne zurück, um seine Braut abzuholen.

Heloise protestierte allerdings gegen seine Abmachung mit ihrem Onkel. Sie liebte Abaelard, wollte ihn aber nicht heiraten, denn sie zog »die Liebe der Ehe, die Freiheit dem Zwang vor«[18]. Außerdem wusste sie, dass in seiner Profession der Zölibat zwar nicht vorgeschrieben, aber karrierefördernd war, und befürchtete, dass ihr Onkel das Versprechen, die Ehe geheim zu halten, brechen würde. »Nichts – Gott weiß es – habe ich je bei Euch gesucht als Euch selbst; Euch nur begehrte ich, nicht das, was Euer war«, schrieb sie Abaelard später in einem Brief. »Kein Ehebündnis, keine Morgengabe habe ich erwartet; nicht meine Lust und meinen Willen suchte ich zu befriedigen, sondern den Euren, das wisst Ihr wohl. Mag der Name Gattin heiliger und ehrbarer scheinen, ist doch ein anderer Name meinem Herzen immer süßer gewesen, der Eurer Geliebten oder sogar, lasst es mich sagen, der Eurer Konkubine, Eurer Dirne.«[19]

Régine Pernoud vergleicht die Liebe, die Heloise für Abaelard empfand, mit der höfischen Liebe, die von der umworbenen Frau nicht erwidert werden durfte, für die der Minnesänger keine Belohnung erwartete und die »sich in gewisser Weise von ihrer eigenen Hingabe nährt[e]«.[20] »Rilke [...] hat in Heloise die unendliche Überlegenheit der Frau verherrlicht, die dem Mann alles opfert, während dieser – ein windiger Despot – nicht einmal merkt, dass ein Opfer gebracht wird.«[21]

Abaelard erinnerte sich später, mit welchen Argumenten Heloise versucht hatte, ihm die geplante Eheschließung auszureden: »Denkt nur an die Lage, in die Euch eine rechtmäßige Verbindung brächte. Was für ein Durcheinander! Schüler und Kammerzofen, Schreibtisch und Kinderwagen! Bücher und Hefte beim Spinnrocken, Schreibrohr und Griffel bei den Spindeln! Welcher Mann kann sich [...] mit dem Studium der Philosophie abgeben und dabei das Geschrei der kleinen Kinder, den Singsang der Amme, der sie beruhigen soll, die geräuschvolle Schar männlicher und weiblicher Dienstboten hören?«[22]

Am Ende wurde Heloise doch von Abaelard umgestimmt und folgte ihm nach Paris. Den Sohn ließen sie bei Dionysia zurück. Dieses Desinteresse gegenüber Kindern war im Mittelalter nicht ungewöhnlich. In Paris wohnte Heloise wieder bei ihrem Onkel, und Abaelard logierte im Domherrenhof. Selbst nach der Trauungszeremonie, an der nur einige verschwiegene Verwandte der Braut teilnahmen, trafen die Liebenden sich nur selten, und das heimlich. Aber späteren Briefen ist zu entnehmen, dass ihre Leidenschaft füreinander nicht geringer geworden war: »Zuerst genossen wir die Freuden einer verstohlenen Liebe, und unfein aber deutlich gesagt, wir buhlten miteinander [...]. Wir setzten verstattete Liebe an die Stelle der verbotenen, wir deckten die schmachvolle Buhlerei mit dem Mantel einer ehrbaren Ehe.«[23]

Doch Heloise war nun nicht länger die naive Schülerin, die den Professor bewunderte. »Ihre Persönlichkeit hat sich in eben dem Maß gefestigt, in dem sie geliebt worden ist; die Tat, durch die Abaelard sich Befriedigung verschaffen wollte, hat in ihr die Frau [...] zur Reife gebracht, und in dieser neuen Begegnung ist es nicht mehr er, der den Ton angibt, sondern sie, Heloise.«[24]

Alle Heimlichkeit nützte nichts, denn wie von Heloise befürchtet, verriet Fulbert schon bald das Geheimnis. Sie begehrte dagegen auf, indem sie ihn vor anderen der Lüge bezichtigte und beteuerte, unverheiratet zu sein. Nach diesem Zerwürfnis mit dem Onkel ließ sich Heloise 1118 von ihrem Ehemann ins Kloster Sainte-Marie von Argenteuil bringen und dort als Laienschwester aufnehmen. Abaelard kehrte zwar nach Paris zurück, besuchte Heloise aber bald im Kloster – und bedrängte sie, bis sie ihm »in einem Winkel des Refektoriums« zu Willen war. Das geht aus einem seiner späteren Briefe an Heloise hervor: »Du erinnerst Dich noch, welch schändliche Dinge wir an diesem ehrwürdigen Ort trieben, der unter dem Schutz der heiligen Mutter Gottes steht.«[25]

Noch im selben Jahr wurde Abaelard eines Nachts von zwei Verwandten Fulberts und einem bestochenen Diener im Schlaf überfallen. Während zwei der Verschwörer den Gelehrten festhielten, schnitt ihm der dritte das Gemächt ab.* Die Angst- und Schmerzensschreie des Verletzten gellten durch die Nacht, sodass die Nachbarn vor dem Haus zusammenliefen. Auch Bischof Gilbert zeigte sich über die Tat entsetzt. Zwei der drei Verbrecher wurden schließlich aufgegriffen und nicht nur wie Abaelard kastriert, sondern außerdem geblendet. Obwohl Fulbert leugnete, die Männer zu dem grausamen Verbrechen angestiftet zu haben, enthob ihn der Bischof vorübergehend seines Amtes und beschlagnahmte seinen Besitz. Abaelard fand sich offenbar mit seinem Schicksal ab, ohne mit Gott zu hadern: »Wie gerecht war doch Gottes Strafe, die mich an dem Teil meines Körpers schlug, mit dem ich gesündigt hatte!«[26]

Nach diesem grausamen Vorfall nahm Heloise 1119 – also im

---

* Peter Abaelard wurde bei vollem Bewusstsein kastriert. Dass er nicht verblutete, deutet darauf hin, dass die Attentäter das Skrotum abgeschnürt hatten, bevor sie es abtrennten. Ob sie auch eine Penektomie durchführten, wissen wir nicht. »Sie beraubten mich der Körperteile, mit denen ich begangen hatte, worüber sie klagten.« *(Abaelardi ad Amicum Suum Consolatoria)*

Alter von etwa 20 Jahren – den Schleier und legte in Argenteuil vor dem Pariser Bischof Gilbert schluchzend die Profess ab. Offenbar hatte Abaelard sie zu diesem Schritt gedrängt, denn später hielt sie ihm vor: »Nicht Frömmigkeit, sondern Dein Befehl allein hat mich in blühender Jugend zur Düsternis des Klosterlebens hingezogen.«[27] Eberhard Horst, der Autor eines Buches über das berühmteste Liebespaar des Mittelalters, unterstellt Abaelard, er habe Heloise keinem anderen Mann gegönnt und sie aus diesem Grund dazu gebracht, Nonne zu werden.

Erst nachdem Heloise das Gelübde abgelegt hatte, entsagte auch Abaelard der Welt und zog sich ins Reichskloster Saint-Denis nördlich von Paris zurück. Doch ebenso wenig wie bei seiner Frau war es religiöser Eifer, der ihn zu diesem Schritt motivierte: »Ich gestehe, dass mich eher ein Gefühl der Scham als die Berufung den Schatten eines Klosters suchen ließ.«[28] Schon bald nach seiner Aufnahme in Saint-Denis empörte Abaelard sich über das ausschweifende Leben seiner Mitbrüder, die sich jedoch von einem, der durch seine eigene Sittenlosigkeit einen Skandal ausgelöst hatte, nichts sagen lassen wollten. Sein reformatorischer Eifer stieß sie eher ab. Um ihren Anfeindungen zu entgehen, zog Abaelard sich in eine Einsiedelei zurück: in das zum Kloster Saint-Denis gehörende Priorat Maisoncelles-en-Brie bei Provins. Dort scharte er erneut Schüler um sich. Seine Gegner wollten das nicht zulassen und strebten deshalb seine Verurteilung als Häretiker an, damit ihm in Zukunft jede Lehrtätigkeit verwehrt bleibe. Auf dem eigens einberufenen Konzil in Soissons, 100 Kilometer nordöstlich von Paris, warf man Abaelard vor, in seiner Trinitätslehre die Existenz von drei Göttern zu postulieren. Ohne die Anschuldigungen näher geprüft zu haben, zwangen die Kirchenführer Abaelard dazu, ein Exemplar seiner Schrift *Tractatus de Unitate et Trinitate divina* (Über die göttliche Einheit und Dreiheit) ins Feuer zu werfen. Und er wurde festgenommen. Seine Haft im Benediktinerkloster Saint-Médard in Soissons dauerte zwar nicht lange, aber nach seiner Rückkehr ins Kloster in Saint-Denis überwarf er sich erneut mit seinen Mitbrüdern und suchte daraufhin Zuflucht im Priorat von Saint-Ayoul, das zum Kartäuserkloster von Moutiers-la-Celle bei Troyes gehörte. Unter der Bedingung, dass er sich verpflichtete, fortan als Eremit zu leben, wurde Abaelard 1122 aus der Klostergemeinschaft von Saint-Denis entlassen. Wohlmeinende Gutsherren übereigneten ihm schließlich in einer Einöde am Ardusson südlich von Nogent-sur-Seine ein wertloses Stück Land, auf dem er aus Stroh und Schilf eine bewohnbare Kapelle errichtete, die er dem Parakleten weihte, dem Heiligen Geist. Dort fanden sich mit der Zeit Studenten ein, die eine neue Kapelle aus Holz und Stein und Wohnhütten für sich selbst bauten. »Ob ihm [Abaelard] bewusst war, dass er in der Wildnis am Ardusson die erste freie, weder kirchlicher noch staatlicher Aufsicht verpflichtete Hochschule in Mitteleuropa gründete?«[29]

Als seine Gegner ihn nach einiger Zeit auch von dort vertrieben, folgte er 1127 dem Ruf der Mönche von Saint-Gildas, einem Kloster auf der zur Bretagne gehörenden Halbinsel Rhuys, die ihn zu ihrem Abt auserkoren hatten.

In der Zwischenzeit war Heloise im Kloster Sainte-Marie von Argenteuil zur Priorin gewählt worden. Anfang 1129 erhob Abt Suger aus dem Kloster Saint-Denis Anspruch auf das Nonnenkloster. Er argumentierte, es sei zwar im 9. Jahrhundert als Nonnenkloster von Saint-Denis getrennt worden, jedoch mit der Maßgabe, dass es nach dem Tod der damaligen Äbtissin Theodrada, einer Tochter Karls des Großen, wieder an die königliche Abtei zurückfallen sollte. Um seiner Forderung Nachdruck zu verleihen, warf Suger den Nonnen in Argenteuil eine schimpfliche Lebensweise vor. Da er nicht nur einflussreiche Bischöfe wie die von Reims, Paris, Chartres und Soissons auf seine Seite zog, sondern auch König Ludwig VI., den Schutzherrn von Saint-Denis, von der Rechtmäßigkeit des Anspruchs überzeugte, wurden Heloise und ihre Mitschwestern aus Argenteuil vertrieben. Als Abaelard davon erfuhr, machte er sich sofort auf den fast 600 Kilometer weiten Weg zu Heloise. Nach zehn Jahren sahen die beiden sich nun erstmals wieder. Heloise war zwar von im Kloster übernachtenden Pilgern und Klerikern über Abaelards Lebensweg unterrichtet worden, aber von ihm selbst hatte sie keinen einzigen Brief erhalten.

1130 übereignete Abaelard den obdachlosen Nonnen die dem Paraklete geweihte, seit drei Jahren verlassene Anlage am Ardusson bei Nogent-sur-Seine, die seinen ganzen Besitz darstellte. Außerdem ersuchte er Papst Innozenz II., die Schenkung zu bestätigen, was dieser 1131 denn auch tat.

Als Bernhard von Clairvaux, einer der bedeutendsten Äbte des Zisterzienserordens, das Kloster visitierte, fand er nichts Regelwidriges und kritisierte lediglich eine von Abaelard vorgegebene Fassung des Vaterunsers.

Abaelard war bei den Mönchen in Saint-Gildas-en-Rhuys auf raue Sitten gestoßen, und es gelang ihm nicht, wieder Zucht und Ordnung herzustellen. Nach einem Giftmordanschlag auf ihn floh er von dort und lehrte von 1133 bis 1138 noch einmal auf der Montagne Sainte-Geneviève, diesmal in der zum Stift Saint-Marcel bei Paris gehörenden Kirche Saint-Hilaire. Dort verfasste Abaelard eine Autobiografie in Form eines Trostbriefes an einen imaginären Freund: *Abaelardi ad Amicum Suum Consolatoria* (auch: *Historia calamitatum*). Durch Zufall fiel Heloise eine Abschrift davon in die Hände. Aufgebracht schrieb sie daraufhin an Abaelard und beschwerte sich, dass er die Lebensbeichte nicht an sie gerichtet und ihr nicht einmal eine Kopie davon geschickt habe. Überhaupt habe er sie vernachlässigt, warf sie ihm vor. »Begierde mehr als Zärtlichkeit hat Euch mit mir verbunden, mehr die Hitze der Sinne als die Liebe, und das ist der Grund, warum alle Bekundungen der Liebe, zu denen Euch die Begierden anregten, sich plötzlich verflüchtigten, als diese erloschen.«[30]

In einem zweiten Brief gestand Heloise, dass sie noch immer von der Erinnerung an ihre Liebesabenteuer mit ihm heimgesucht werde: »In den Lüsten der Liebe, die wir zusammen genossen, fand ich so viel Wonne, dass ich mich weder davon abhalten kann, das Gedenken daran zu lieben, noch kann ich sie aus meiner Erinnerung auslöschen. Wohin ich mich wende: immer stehen sie mir vor Augen und wecken sehnsüchtiges Verlangen. Ihre Truggebilde verschonen mich sogar nicht im Schlaf. Ja, während der Messfeier, wo das Gebet ganz rein sein muss, wird mein Herz so von jenen wollüstigen Bildern eingenommen, dass meine Gedanken mehr bei ihren Lüsternheiten als beim Gebet weilen. Ich sollte über die Sünden klagen, die ich begangen habe, und seufze jenen nach, die ich nicht mehr begehen kann. [...] Wenn man meine Keuschheit rühmt, so deshalb, weil man meine Heuchelei nicht sieht.«[31]

Mitte der Dreißigerjahre wechselten Heloise und Abaelard vier lange Briefe.* Dabei verschoben sich die Themen auf Abaelards Drängen vom Persönlichen zum Amtlichen. So erbat die Äbtissin in ihrem letzten Schreiben von Abaelard eine für Nonnen geeignete Modifikation der Benediktinerregel.

Innozenz II. stellte das von Heloise geleitete Kloster am 17. Juni 1135 unter seinen Schutz und seine Rechtsprechung. Von König Ludwig VII. erhielt es zwar im selben Jahr finanzielle Zuwendungen, aber es blieb noch einige Jahre lang verschuldet.

Als im Mai 1141 in Sens an der Yonne, 40 Kilometer südlich von Nogent-sur-Seine, eine feierliche Reliquien-Ausstellung stattfand, zu der außer zahlreichen kirchlichen Würdenträgern auch König Ludwig VII. erwartet wurde, wollte Abaelard die Gelegenheit nutzen und Bernhard von Clairvaux coram publico

---

* Der Mediävist Peter von Moos kommt zu dem Schluss, »dass sich [...] die Echtheit oder Unechtheit des Briefwechsels nicht beweisen lässt«. (Peter von Moos: *Abaelard und Heloise. Gesammelte Studien zum Mittelalter*. Band 1, Hg.: Gert Melville, LIT Verlag, 2005, S. 49)

zu einer Disputation über seine Thesen herausfordern. Der renommierte Zisterzienser-Abt, der dem Dialektiker im verbalen Schlagabtausch nicht gewachsen gewesen wäre, erfuhr jedoch von dieser Absicht im Voraus und rief darum am Vorabend der Festlichkeit die wichtigsten Kirchenfürsten zusammen. Mit selektierten, aus dem Zusammenhang gerissenen Zitaten aus Abaelards Schriften gewann er diese dafür, eine öffentliche Disputation nicht zuzulassen und seinen Widersacher am nächsten Tag wegen Häresie anzuklagen. Nach dem Pontifikalamt am 25. Mai* wurde Abaelard im Beisein von König Ludwig VII. zum Chor vor dem Hauptaltar gerufen. Dort trat ihm Bernhard von Clairvaux entgegen und überrumpelte ihn durch das Verlesen der Anklage. Abaelard wartete nicht ab, bis sein Gegner damit fertig war, sondern drehte sich um und verließ die Kirche. Weil nach dem geltenden Recht eine Verurteilung ohne Geständnis unzulässig war, durchkreuzte Abaelard auf diese Weise das Vorhaben seiner Gegner. Allerdings musste er nun mit seiner Verhaftung rechnen.

In seiner Verzweiflung machte er sich auf den Weg nach Rom, um den Papst persönlich von seiner Rechtgläubigkeit zu überzeugen. Als der 61-Jährige erschöpft in der Abtei von Cluny rastete, lud der dortige Abt Petrus Venerabilis ihn zum Bleiben ein, und Abaelard brach seine Romreise ab.

Papst Innozenz II. verurteilte Abaelard am 16. Juni allein aufgrund der Anklagen zu Klosterhaft und ordnete an, die Schriften des Häretikers zu vernichten. Abaelard wurde daraufhin Zisterzienser-Mönch und zog sich aus gesundheitlichen Gründen in das zu Cluny gehörende Priorat Saint-Marcel bei Chalon-sur-Saône zurück, wo er am 21. April 1142 starb.

Abt Petrus Venerabilis hielt sich zu diesem Zeitpunkt gerade in Spanien auf. Nach seiner Rückkehr im Jahr 1142 schrieb er

---

* Die Annahme, das Konzil habe am 2. Juni 1140 stattgefunden, gilt als überholt.

Heloise einen Brief, in dem er ihr großen Respekt zollte: »Ich stand noch im Jünglingsalter und war noch nicht zum jungen Mann gereift, da drang schon Dein Ruhm zu meinen Ohren. Es war noch nicht Deine Frömmigkeit, sondern es war Dein hochgemutes Ringen um die Wissenschaft, das Dich berühmt machte. Ich hörte damals von einer Frau erzählen: Sie hatte sich zwar noch nicht von den Bindungen dieser Welt freimachen können, aber sie setzte – was bei einer Frau sehr selten ist – ihre ganze Kraft ein für die schönen Wissenschaften und für das Studium der Philosophie dieser Welt; in ihrem schönen Ziel, die Wissenschaften sich zu eigen zu machen, lasse sie durch Weltsinn, Tändeleien und Vergnügungssucht sich nicht beirren.«[32] »Da sozusagen die ganze Welt die jämmerlichste Teilnahmslosigkeit für solche Studien zur Schau trägt [...], habt Ihr Euch durch den Schwung Eures Eifers über alle Frauen erhoben, und es gibt wenige Männer, die Ihr nicht übertroffen hättet.«[33] Eine persönliche Anerkennung wie diese hatte Heloise von Abaelard nie bekommen.

Heloise äußerte nun den Wunsch, ihren bereits in Saint-Marcel beerdigten Ehemann in ihr Kloster umbetten zu dürfen. Obwohl dies eine ganz und gar ungewöhnliche Bitte war, erfüllte Petrus Venerabilis sie: Er ließ Abaelard ein halbes Jahr nach dessen Tod exhumieren und begleitete den beschwerlichen Transport im Herbst 1142 persönlich.

Im Jahr darauf bedankte sich Heloise bei ihm in einem Brief und bat ihn, ihr eine Bestätigung zu schicken, dass Abaelard die Sünden vergeben worden seien. Petrus Venerabilis erfüllte Heloise auch diese Bitte und schickte ihr die folgende Erklärung: »Ich, Petrus von Cluny, der ich Petrus Abaelardus als Mönch in Cluny aufnahm und dessen Leib ich heimlich überführen und der Äbtissin Heloisa und ihren Nonnen des Paraklet aushändigen ließ, spreche ihn kraft meines Amtes und der Vollmacht des allmächtigen Gottes und aller Heiligen los von allen seinen Sünden.«[34]

Offenbar bewährte sich Heloise als Äbtissin, denn der päpstliche Gesandte, der im Namen von Papst Eugen III. den zum Kloster gehörenden Grundbesitz bestätigte, stellte am 1. November 1147 fest, dass es prosperierte. Die Klostergemeinschaft hatte inzwischen zusätzliches Land, Nutzungsrechte in den umliegenden Wäldern, Fischereirechte und Brückenzölle erhalten, und einige Landbesitzer stellten den Nonnen auch Arbeitskräfte zur Verfügung.

Als Heloise im Mai 1164 starb, bestattete man sie in der Kapelle Petit Moustier neben Abaelard. 330 Jahre später wurden die Gebeine links und rechts vom Hochaltar in der Abteikirche des Klosters Paraklet neu beigesetzt. Noch zweimal bettete man sie um, bis das Kloster 1792 im Zuge der Französischen Revolution aufgelöst wurde und man die sterblichen Überreste von Heloise und Abaelard in die Pfarrkirche Saint-Laurent von Nogent-sur-Seine brachte. Auf dem Friedhof Père Lachaise in Paris fanden Heloise und Abaelard am 6. November 1817 ihre letzte Ruhe.

Agnes Bernauer

(um 1410 – 1435)

———— •◆• ————

MORD AUS STAATSRÄSON

Als sich Herzog Albrecht III. in die Tochter eines Baders verliebte und sie heimlich heiratete, löste er eine Tragödie aus, denn sein Vater sah in der starken, ehrgeizigen Frau eine gefährliche politische Gegnerin.

Agnes Bernauer war zunächst nur die Tochter eines einfachen Baders in Augsburg. Deshalb verwundert es nicht, dass über ihr Leben in den ersten 17 oder 18 Jahren nichts bekannt ist. Wäre sie nicht Herzog Albrecht aufgefallen und hätte sie mit ihrem Ehrgeiz nicht die in Bayern-München regierenden Wittelsbacher derart beunruhigt, dass man sie am 12. Oktober 1435 ermorden ließ, wäre wahrscheinlich nicht einmal ihr Name überliefert.

Herzog Albrecht und Agnes Bernauer begegneten sich im Februar 1428, als der Wittelsbacher aus München am Faschingsturnier in Augsburg teilnahm. Bei welcher Gelegenheit das »Augsburger Mädchen von wunderbarer Schönheit aber niedrigstem Stande«[1] dem Besucher auffiel, hat kein Chronist beschrieben. Dass es wie in Friedrich Hebbels Trauerspiel *Agnes Bernauer* auf dem Turnierplatz geschah und sie sich danach auf einem Ball trafen, ist eher unwahrscheinlich, denn zu solchen

Veranstaltungen wurde die Tochter eines Baders sicherlich nicht eingeladen. Möglicherweise entdeckte Herzog Albrecht die langhaarige Blondine, als er die Badestube ihres Vaters Kaspar Bernauer aufsuchte. Vielleicht ließ er sich rasieren, die Haare schneiden oder legte sich einfach ins Dampfbad. Es könnte auch sein, dass er nach dem Turnier verletzt war, denn ein Bader betrieb Anfang des 15. Jahrhunderts nicht nur eine Badestube, sondern konnte zugleich auch als Barbier, Dentist und Wundarzt tätig werden, »neben der Körperreinigung auch Köpfe waschen, rasieren, massieren, Zähne ziehen, Wunden versorgen, chirurgische Eingriffe vornehmen, schröpfen und zur Ader lassen, zudem Kräuter- und Heilbäder verabreichen, Salben und Mittel zum Einreiben herstellen sowie Schönheitspflege für die Frauen anbieten, beispielsweise Körperpartien enthaaren, Haare färben, Haut bleichen«[2]. Einige der öffentlichen Bäder dienten zumindest nebenbei auch als Bordelle – daher der Begriff »Badehur« –, aber in den meisten ging es gesittet zu.

Offenbar nahm Herzog Albrecht »die Bernauerin« gleich mit nach München, in den Alten Hof, die herzogliche Residenz, denn auf einer Steuerliste seines Hofstaates aus dem Jahr 1428 wurde ihr Name (in der Schreibweise »Pernawin«) bereits aufgeführt.

Über die Kindheit und Jugend Albrechts, des Thronfolgers im Herzogtum Bayern-München, liegen selbstverständlich weitaus mehr und bessere Informationen vor. Er kam am 27. März 1401 zur Welt, aufgrund von Unruhen allerdings nicht in der Residenzstadt München, sondern in Wolfratshausen. Bei seiner Mutter Elisabetta handelte es sich um eine Visconti. Sie war seit 1396 mit dem Wittelsbacher Ernst I. verheiratet, der 1397 zusammen mit seinem jüngeren Bruder Wilhelm III. die Herrschaft im Herzogtum Bayern-München übernommen hatte.

Bayern setzte sich damals aus vier Herrschaftsgebieten zusammen, die aus dem Hausmachtbesitz des Wittelsbacher Kaisers Ludwig hervorgegangen waren. Neben Bayern-München waren das die Teilherzogtümer Bayern-Ingolstadt und -Landshut. Dazu kam das »Straubinger Ländchen« aus dem 1353 entstandenen Herzogtum Straubing-Holland.

In dem Alter, in dem Kinder heute eingeschult werden, schickte das Herzogpaar Ernst und Elisabetta den Sohn Albrecht, wie damals üblich, zur ritterlichen Erziehung an einen fremden Hof, und zwar nach Prag zu seiner Tante Sophie, der Ehefrau des römisch-deutschen Königs Wenzel, deren Vorgängerin von einem Jagdhund totgebissen worden war. Nach etwa zehn Jahren kehrte Albrecht dann nach München zurück. Der etwa 16 Jahre alte Thronfolger hatte inzwischen von seinem Onkel die Liebe zur Musik und Literatur übernommen, beteiligte sich aber auch gern an Jagdgesellschaften und Ritterturnieren. Am 19. September 1422 unterstützte Albrecht seinen Vater Ernst I. und dessen Bruder Wilhelm III. in der Schlacht bei Alling westlich von München gegen Herzog Ludwig den Bärtigen von Ingolstadt. Dieser hatte zwei Jahre zuvor den Bayerischen Krieg begonnen, weil er seiner Ansicht nach bei der Aufteilung der bayerischen Territorien übervorteilt und außerdem am 20. Oktober 1417 von Bediensteten Heinrichs des Reichen halb tot geprügelt worden war. Als Albrechts Pferd in der Schlacht inmitten feindlicher Streitkräfte zusammenbrach, kämpfte sein Vater sich zu ihm durch und rettete ihm das Leben. Mit dem klaren Sieg der Münchner in der Schlacht bei Alling endete der Bayerische Krieg.

Gut zwei Jahre lang blieb es verhältnismäßig ruhig. Als jedoch am 6. Januar 1425 der Wittelsbacher Herzog Johann III. von Straubing-Holland in Den Haag einem Giftanschlag zum Opfer fiel, begann eine jahrelange Auseinandersetzung zwischen den Herzögen in München, Ingolstadt und Landshut. Der Erbfolgestreit endete im April 1429 mit der Aufteilung des Straubinger Landes (Pressburger Schiedsspruch). Dabei erhielten die

Münchner Herzöge nicht nur doppelt so viel Land wie Ludwig der Bärtige und Heinrich der Reiche, sondern auch noch die ehemalige Residenzstadt Straubing.

Albrecht hatte sich inzwischen mit Elisabeth verlobt, einer Tochter des verstorbenen Grafen Eberhard von Württemberg. Da die Prinzessin aber mit dem Grafen Johann von Werdenberg durchbrannte, war Albrecht frei, als er im Februar 1428 nach Augsburg kam und sich in Agnes Bernauer verliebte. Dass sich sein Freund Jan von Sedlitz im Jahr darauf mit Margarete von Waldeck vermählte und Albrecht ein Geldgeschenk für die Braut bewilligte, könnte zwar ein Hinweis darauf sein, dass der Thronerbe für die Alimentierung einer wegen Agnes Bernauer verstoßenen Mätresse sorgte, aber eine Liebesbeziehung zu Margarete ist nicht bezeugt.

Ob und wann Albrecht und Agnes Bernauer heirateten, lässt sich nicht mit Dokumenten belegen. Die Historikerin und Biografin Marita A. Panzer vermutet, dass sich das Paar im Frühjahr 1432, kurz nach dem Tod von Albrechts Mutter, heimlich vermählte. Sigmund von Riezler schreibt: »Unseres Erachtens lässt sich nicht bezweifeln, dass eine kirchliche Ehe bestand, von der nur wenige Eingeweihte, besonders die nächsten Verwandten, auch die mit Herzog Ernst aufs engste stehenden regierenden Kreise Münchens Kenntnis hatten, während in die große Menge nur unsichere Gerüchte über das Verhältnis gedrungen sind.«[3]

Jedenfalls lebte Agnes Bernauer im Sommer 1432 im Alten Hof. Dies ist zum Beispiel durch einen Bericht über einen ertappten Dieb aus dem Herzogtum Bayern-Ingolstadt belegt, der einigen Münchner Bauern Pferde gestohlen hatte und in die herzogliche Residenz floh, wohin ihm die Schergen der Stadt nicht folgen durften. Weil sich Albrecht und die regierenden Herzöge zu diesem Zeitpunkt in Straubing aufhielten, ergriff Agnes Bernauer die Initiative und forderte den Magistrat auf, sofort einen Boten dorthin zu schicken. Der Stadtschreiber, der den

Vorfall festhielt, erwähnte, dass »die Bernawerin gar zornig darumb was worden«[4].

Albrechts Schwester Beatrix, die in zweiter Ehe mit dem Pfalzgrafen Johann von Neumarkt verheiratet war, fand Agnes Bernauer bei einem Besuch im August 1432 »hoch- und grosfaist«[5]. Daraus schlossen einige Chronisten, Agnes Bernauer sei hochschwanger gewesen, aber Beatrix hatte wahrscheinlich aufgeblasen im Sinne von arrogant beziehungsweise hochmütig gemeint.*

Um seine Frau vor Anfeindungen seiner Angehörigen zu bewahren, brachte Albrecht sie im Jagdschloss Blutenburg westlich von München unter. Im Januar 1433 verkauften der Pfarrer von Aubing und die Pröpste der Ulrichskirche in Laim »der Ersamen Junckfrawen Agnes der Pernawerinn«[6] eine Hube** und ein Gehöft in Untermenzing, also nahe des Schlosses Blutenburg. Das Geld dafür kann Agnes nur von Albrecht bekommen haben, der sie damit vermutlich finanziell absichern wollte.

Albrechts 58 Jahre alter Onkel Wilhelm heiratete am 11. März 1433 während des Konzils in Basel die 17-jährige Margarete von Kleve. Sie brachte am 17. Februar 1434 einen Sohn zur Welt, der auf den Namen Adolf getauft wurde. Durch die Geburt seines Cousins war Albrecht nicht länger der einzige Erbe des Herzogtums Bayern-München. Anfang 1433 hatten ihn die Herzöge Ernst I. und Wilhelm III. als Statthalter der an Bayern-München gefallenen Straubinger Gebiete eingesetzt. Aber die Standesvertretung dort beharrte auf Eigenständigkeit und opponierte gegen einen Anschluss an Bayern-München. Um wenigstens die Ritter für sich zu gewinnen, versprach Albrecht ihnen einen

---

* Es gibt zwar Spekulationen über Kinder des Paares Albrecht und Agnes Bernauer, aber keine Belege dafür.
** Als Hube (auch Hufe) bezeichnete man ein landwirtschaftliches Gut, das von einer Familie allein bestellt werden konnte. In Bayern lag die Größe dafür bei etwa zehn Hektar.

finanziellen Ausgleich für die Kriegshilfe, die sie geleistet hatten, als er im Sommer 1431 mit einer Straubinger Truppe gegen die seit Jahren immer wieder in Bayern eingefallenen Hussiten gezogen war. Herzog Ernst I. lehnte es jedoch ab, dafür Mittel zur Verfügung zu stellen – und brachte seinen Sohn damit in große Schwierigkeiten, weil dieser seine Zusagen nicht einlösen konnte.

Agnes Bernauer war mit Albrecht nach Straubing gezogen, residierte dort mit einem eigenen Hofstaat im Schloss, als sei sie die rechtmäßige Herzogin und ließ im Kreuzgang des Karmelitenklosters, der Grablege der Straubinger Wittelsbacher, eine Kapelle für sich bauen. Der Schriftsteller Herbert Rosendorfer hält Agnes Bernauer für »ein Biest, eine die den Herzog Albrecht mit ganz irdischen Mitteln behext und umgarnt hat, und als der ohnedies nur an Turnieren und Jagden (und Weibern) interessierte (heute würde man sagen: sportlich-dynamische) Albrecht sich hoffnungslos in den Reizen der schönen Baderstochter verfangen hatte, zwang sie ihn zuerst, sie förmlich zu heiraten, da ihr der Stand der Mätresse nicht genügte (was man verstehen kann), und dann, als ihr auch der Stand der Ehefrau zur linken Hand nicht mehr genügte, zeterte und schmeichelte sie so lang, bis Albrecht sie zur Duchessa erklärte. Damit aber hatte sie den Bogen überspannt.«[7]

Dass die Beziehung der beiden für skandalös gehalten wurde, zeigte sich, als Herzog Albrecht am 23. November 1434 an einem Turnier in Regensburg teilnehmen wollte. Marita A. Panzer schildert die Szene: »So ritt also Herzog Albrecht in prächtiger Rüstung vor die Turnierschranken. Er hatte sich von seinem Vater extra Silbergeschirr zum Schmuck von Ross und Reiter ausgeliehen. Nun verwehrte ihm aber der Turnierleiter den Zugang zum Stechhof, schlug ihn wohl eher symbolisch mit dem Kolben einer Streitwaffe auf die Schulter und verwies ihn wegen Verletzung der ritterlichen Ehre des Platzes. [...] Dieser demütigende Auftritt geschah in aller Öffentlichkeit, vor den Augen und Ohren der bayerischen Ritterschaft, vor den Patriziern und Handelsherren, den Kaufleuten, Handwerkern und kleinen Leuten, den Geistlichen und Laien sowie den zuschauenden Frauen und Männern der Reichsstadt Regensburg.«[8] Eine Mätresse hätte man wohl ohne Weiteres hingenommen – Herzog Ernst I. zeugte immerhin selbst drei oder mehr illegitime Kinder mit Anna Winzer –, aber eine Mesalliance galt als schändlich und inakzeptabel. Sie verstieß nicht nur gegen die Standesehre der Ritterschaft, sondern widersprach auch den Interessen der Wittelsbacher Dynastie in München. Angehörige von Fürstenhäusern schlossen Ehen aus dynastischen beziehungsweise politischen Gründen, für eine Heirat aus Liebe gab es da keinerlei Verständnis. »Tatsächlich handelte es sich um einen ernsthaften politischen Konflikt, da Albrecht III. durch seine Verbindung mit Agnes Bernauer das Fortbestehen der Münchener Linie der Wittelsbacher gefährdete.«[9]

Als die Straubinger Ritter begriffen, dass Albrecht ihnen den versprochenen Ausgleich für ihren Einsatz gegen die Hussiten nicht zahlen konnte, weil er von seinem Vater keine Mittel dafür bekam, schickten sie Anfang 1435 einen Fehdebrief ins Straubinger Schloss und überfielen den Markt Bogen östlich von Straubing. In seiner Not verschaffte Albrecht sich Geld, indem er die Juden in Straubing schändlicher Vergehen beschuldigte und mit Strafen belegte. Herzog Ernst I. war über diese Willkürmaßnahmen seines Sohnes entrüstet. Dieser wiederum glaubte, seinen Vater erpressen zu können, indem er die Bestätigung des am 19. April 1435 von Ernst I. (München) und Heinrich dem Reichen (Landshut) gegen den Unruhestifter Ludwig den Bärtigen (Ingolstadt) geschlossenen Bündnisses hinauszögerte. Doch Herzog Ernst verlangte von Albrecht Gehorsam. An Pfingsten beugte sich Albrecht schließlich, ritt nach München und unterzeichnete den Vertrag. Allerdings versuchte er auch, engere Beziehungen zu Ludwig dem Bärtigen zu knüpfen. Zu diesem Zweck verbrachte er den Sommer 1435 mit Agnes Bernauer auf der Vohburg östlich von Ingolstadt, die er von seiner Mutter geerbt hatte.

Als treibende Kraft hinter Albrechts Widerstand gegen seinen Vater und seinen Onkel vermutet Marita A. Panzer die Bernauerin. »Offenbar war Agnes die Tonangebende in der Ehe, eine energische Frau und kein sanftmütiges Heimchen.«[10] »Sie war eben eine starke Frau und kein Opferlamm, keine demütig Liebende, sondern eine fordernde, eine energische Frau, die durch körperliche Attraktivität, Mut und Intellekt Albrecht an sich fesselte und aus dem ziellos herumstreifenden Herzogssohn einen vorausschauenden Landesfürsten machte.«[11] »Offenbar unterstützte die Bernauerin eine eigenständigere Politik Albrechts, veranlasste ihn, weniger dem herzoglichen Vater in München und dem oftmals fernen Onkel Wilhelm hörig zu sein.«[12] »Sie stärkte dem eher labilen und konfliktscheuen Albrecht den Rücken. Agnes Bernauer, klug und zielstrebig, wollte Herzogin im Straubinger Land bleiben, mit der Aussicht, später an der Seite Albrechts auch Herzogin von ganz Bayern-München zu werden.«[13] – Das konnte eigentlich kaum gut gehen.

Am 25. September 1435, 13 Tage nach dem Tod Herzog Wilhelms III. in München, gebar dessen Witwe Margarete von Kleve einen zweiten Sohn, der jedoch nur kurze Zeit lebte.

Der in Landshut regierende Herzog Heinrich der Reiche lud Albrecht Anfang Oktober 1435 zu einem Jagdausflug ein. Der Empfänger, der den Brief wahrscheinlich auf der Vohburg las, kündigte in seinem Antwortschreiben vom 8. Oktober an, er werde in fünf Tagen in Landshut eintreffen, und wies darauf hin, dass er nicht lange bleiben könne, weil er am 16. Oktober am Trauergottesdienst für seinen verstorbenen Onkel in der Karmelitenkirche in Straubing teilnehmen müsse. Etwa zur gleichen Zeit traf sich Herzog Ernst I. in Kelheim mit anderen Fürsten, um zu überlegen, was gegen Agnes Bernauer unternommen werden sollte. Falls Herzog Heinrich der Reiche nicht an der Unterredung in Kelheim teilnahm, dürfte er zumindest in die Pläne eingeweiht worden sein. Ob er Albrecht mit der Einladung zur Jagd absichtlich von Agnes Bernauer weglockte, lässt sich allerdings nicht beweisen. »Letztendlich wird sich die Frage nach Heinrichs XVI. Mitwisserschaft oder Unterstützung nicht mehr endgültig klären lassen.«[14]

Agnes Bernauer kehrte nach Straubing zurück, wo sie auf Albrecht warten wollte. Am 12. Oktober wurde sie im Schloss festgenommen. Abgesandte Herzog Ernsts I. verlangten von ihr, auf Albrecht zu verzichten. Es heißt, man habe ihr eine Ersatzehe angeboten. Agnes Bernauer soll eine Verbindung mit dem niederbayerischen Adelshaus Degenberg vorgeschlagen haben. Weil die ebenso reiche wie aufstrebende Familie eng mit Straubing verbunden war, hätte Agnes ihr Ziel, Straubing zu verselbstständigen, an der Seite eines Degenbergers weiterverfolgen können. Das kam für die Münchner jedoch nicht in Frage.

Es scheint keinen Prozess gegen Agnes Bernauer gegeben zu haben, aber Herzog Ernst I. ordnete noch am selben Tag an, seine 24 oder 25 Jahre alte Schwiegertochter zu töten. Diese wurde daraufhin zur äußeren der beiden Donaubrücken gebracht und von dort vor einer Menge Schaulustiger gefesselt ins Wasser geworfen.* Dass man sie zusammen mit einem Hund oder einer Katze in einen Sack einnähte, gilt als Legende. Es handelte sich auch nicht um eine Wasserprobe im Sinne eines Gottesurteils. Der zeitgenössische Chronist Andreas von Regensburg berichtet: »Im selben obengenannten Jahr, am 12. Oktober, wurde auf Befehl des Herzogs Ernst von Bayern eine überaus schöne Frau, die Geliebte seines Sohnes Albrecht – einige aber

---

* Die damalige Brücke stand etwa 20 Meter weiter stromabwärts von der heutigen Agnes-Bernauer-Brücke. Ob Herzog Ernst I. anwesend war, als Agnes Bernauer ertränkt wurde, ist unbekannt.

sagen, dass sie dessen wirkliche und rechtmäßige Gattin war –, die Bernauerin genannt, von der Donaubrücke in Straubing gestürzt. Sie war geringer Herkunft, ihr Vater war ein Bader zu Augsburg. Mit Hilfe des einen Fußes, der nicht gefesselt war, schwamm sie ein Stück und kam nahe ans Ufer, mit heiserer, kläglicher Stimme rufend: Helft! Helft! Helft! Der Folterknecht aber, der sie von der Brücke gestürzt hatte, lief am Donauufer hinzu und, weil er den jähen Zorn des Herzogs Ernst fürchtete, wickelte er eine lange Stange in ihr Haar und drückte sie wieder unter Wasser.«[15]

Wenn wir davon ausgehen, dass Agnes Bernauer ohne rechtmäßiges Gerichtsurteil ertränkt wurde, handelte es sich dabei um einen politischen Mord. Sie fiel der Staatsräson zum Opfer. »Es war schlichter Mord«, konstatiert der Jurist und Schriftsteller Herbert Rosendorfer. »Herzog Ernst hat sich offensichtlich nicht einmal die Mühe eines Scheinprozesses gemacht.«[16] Ernst I. sah in Agnes Bernauer eine gefährliche politische Widersacherin, die ehrgeizig das Ziel verfolgte, Straubing unabhängig von München zu machen. Dass er sie töten ließ, statt sie zum Beispiel in ein Kloster zu sperren, wertet Marita A. Panzer als weiteres Indiz dafür, dass sie tatsächlich mit Albrecht verheiratet war. »Eine Geliebte, die den Herzoginnentitel anstrebte oder sich anmaßte, hätte man für den Rest ihres Lebens auch in Gefangenschaft halten können. Was stand also dagegen? Eben eine rechtsgültige Ehe, die nicht so leicht geschieden werden konnte. Selbst wenn Albrecht sich von Agnes losgesagt hätte, wäre immer noch der Rest eines Zweifels geblieben. Deshalb hätte Ernst seinen Nachfolger Albrecht nicht so leicht standesgemäß verehelichen können, ohne diesen dem Verdacht der Bigamie auszusetzen, und das Herzogtum hätte keine gänzlich unanfechtbaren Erben erhalten können.«[17]

Albrecht verbündete sich sofort mit Herzog Ludwig dem Bärtigen und rief seine Männer in Vohburg, Pfaffenhofen, Geisenfeld und Hohenwart zu den Waffen, um Agnes Bernauers Tod an seinem Vater und Herzog Heinrich dem Reichen zu rächen. Ernst I. schickte derweil seinen Schreiber Friedrich Aichstetter zu Kaiser Sigismund, um diesen über den Tod Herzog Wilhelms III. in Kenntnis zu setzen und ihm die Gründe für die Tötung von Agnes Bernauer mitzuteilen: Sie wurde beschuldigt, einen Liebeszauber auf Albrecht ausgeübt und einen Giftanschlag auf dessen Cousin Adolf geplant zu haben. Außerdem warf Herzog Ernst ihr vor, auf die Abspaltung des Straubinger Landes hingearbeitet zu haben. »[...] hab er daz selbig weyb ertrencken lassen. Item wie sy sich auch mit hartnekayt gen den seinen und umb daz sloz Strawbingen gehalten hat, wys im der [Aichstetter] wol ze sagen.«[18] Ernst I. ließ den Kaiser auch bitten, einen friedensstiftenden Brief an Albrecht zu schicken, in dem er ihm erklären sollte, dass »daz weyb« sterben musste, weil es ihn gehindert hätte, ein würdiger Fürst zu sein (»er solt doch pillich versten, daz man im ze nucz und frumen getan hab«[19]). Ob Sigismund, der 1424 Veronica von Desinze, die bürgerliche Ehefrau seines Schwagers Friedrich Graf von Cilly, hatte ertränken lassen, der Bitte des bayerischen Herzogs entsprach, ist nicht bekannt.

Albrecht stiftete am 12. Dezember 1435 bei den Karmeliten zu Straubing eine ewige Messe und einen Jahrtag für Agnes Bernauer. Die Aufforderung seines Vaters vom 28. Oktober, zu ihm zu kommen, hatte er nicht befolgt. Erst Ende des Jahres, als ihm freies Geleit zugesichert worden war, ritt er nach München. Im Februar 1436 traf er sich noch einmal mit Ernst I., und diesmal nahm auch Heinrich der Reiche an der Unterredung teil, der inzwischen beteuert hatte, von dem geplanten Vorgehen gegen Agnes Bernauer nichts gewusst, Albrecht also nicht in eine Falle gelockt zu haben. Aber zu einer Einigung kam es offenbar nicht, denn am 15. April 1436 erklärte Albrecht dem Herzog von Bayern-Landshut den Krieg. Im Juni suchte Ernst I. seinen Sohn in

Pfaffenhofen auf, und am 21. Juli beendete ein Waffenstillstand die militärischen Auseinandersetzungen der Wittelsbacher. Als Zeichen seines guten Willens ließ Herzog Ernst im Friedhof von St. Peter in Straubing eine Agnes-Bernauer-Kapelle errichten.* Albrecht versöhnte sich in der Folge mit ihm und versuchte nicht länger, das Straubinger Land vom Herzogtum Bayern-München abzuspalten. Am 6. November 1436 heiratete er dann Anna von Braunschweig, eine Tochter des verstorbenen Herzogs Erich von Braunschweig-Grubenhagen und dessen Gemahlin Elisabeth von Braunschweig-Göttingen. »Wieder hatte Albrecht eine ›starke‹ Frau an seiner Seite, denn seine labile Natur bevorzugte das Wegweisende. Nicht selten überließ er daher der Herzogin die Regierungsgeschäfte und zog sich ins Privatleben zurück, jagte, betete und widmete sich seinen zahlreichen Liebschaften.«[20] Aus der Ehe gingen zehn Kinder hervor.

Als Herzog Ernst I. am 2. Juli 1438 starb, beerbte ihn sein Sohn Albrecht III. Die Linie Wilhelms III. erlosch 1441 mit dem Tod von Albrechts siebenjährigem Cousin Adolf. Am 29. Februar 1460, vier Wochen vor seinem 59. Geburtstag, folgte Herzog Albrecht III. seinem Vater ins Grab. »Albrecht III. wäre wohl heute gänzlich vergessen, hätte er sich nicht in seiner Jugendzeit mit der schönen und starken Bernauerin verbunden, deren Mythos und Geschichte bis heute fortlebt.«[21]

Als der Dichter August von Platen die Agnes-Bernauer-Kapelle 1822 besuchte, erzählte ihm die Mesnerin, Agnes Bernauer sei in Wirklichkeit eine Wittelsbacherin gewesen, aber gleich nach der Geburt mit dem Badersohn Albrecht vertauscht worden, weil Herzog Ernst I. einen männlichen Erben benötigte. Um das Geheimnis aufrechtzuerhalten, habe er sie schließlich ermorden lassen.

---

* Die von Agnes Bernauer selbst in Auftrag gegebene Kapelle im Kreuzgang des Karmelitenklosters war seit dem 25. Januar 1436 geweiht.

Das Drama über Liebe und Tod, Standesunterschiede, Rechtsbeugung aus politischen Gründen sowie den Konflikt zwischen Staatsräson und persönlichem Glück inspirierte Dichter und Musiker zu Werken über Agnes Bernauer. Friedrich Hebbel schrieb ein »deutsches Trauerspiel« über Agnes Bernauer,* und Carl Orff schuf das Musiktheaterstück *Die Bernauerin***. Historienspiele werden seit 1909 in Vohburg und seit 1935 in Straubing aufgeführt.

---

* Uraufführung am 25. März 1852 im Münchner Hoftheater
** Uraufführung am 15. Juni 1947 im Württembergischen Staatstheater in Stuttgart

Charlotte von Stein
(1742 – 1827)

Christiane Vulpius
(1765 – 1816)

―――•◆•―――

GOETHE ZWISCHEN »SEELENFREUNDIN« UND »BETTSCHATZ«

Unmittelbar nach seiner Ankunft in Weimar verliebte sich Johann Wolfgang Goethe in Charlotte von Stein. Die sieben Jahre ältere, verheiratete Aristokratin ließ sich auf eine enge Freundschaft mit dem Dichter ein, bestand jedoch darauf, dass ihr Verhältnis platonisch blieb. Zu ihrem Entsetzen begann Goethe nach 13 Jahren eine wilde Ehe mit der jungen Arbeiterin Christiane Vulpius.

Als Johann Wolfgang Goethe am 7. November 1775 einer Einladung des Erbprinzen Karl August nach Weimar folgte, war er neugierig auf Charlotte von Stein, denn schon im Vorjahr hatte ihm ein gemeinsamer Bekannter einen Scherenschnitt von ihr gezeigt. Charlotte war sieben Jahre älter als der Dichter aus Frankfurt am Main. Konkordia von Schardt hatte sie am 25. Dezember 1742 in Eisenach als erstes von elf Kindern geboren. Der Vater Johann Wilhelm Christian von Schardt, ein Kammerjunker des 1741 verstorbenen Herzogs von Eisenach, bemühte sich damals um eine neue Anstellung. 1743 zog er mit seiner Familie nach Weimar, wo ihn Ernst August I., der Herzog von Sachsen-Weimar und Sachsen-Eisenach, zum Hausmarschall ernannte. Die fünf Kinder, die nicht in der frühen Kindheit starben, wurden vom Vater und einem Hauslehrer unterrichtet. Während die beiden Söhne im Alter von etwa zwölf Jahren als Pagen an den Hof kamen und das Gymnasium besuchten, beschränkte sich die Bildung der drei Töchter auf Religionslehre, Lesen, Schreiben und Rechnen, Französisch, Tanzen und Handarbeiten.

1758 folgte Herzog Ernst August II. seinem zehn Jahre zuvor verstorbenen Vater Ernst August I. ins Grab. Die 18-jährige Witwe Anna Amalia, die für den neun Monate alten Prinzen Karl August daraufhin die Regentschaft übernahm, entließ den Höfling Johann Wilhelm Christian von Schardt. Für dessen Familie bedeutete das neben der finanziellen auch eine nervliche Belastung, denn Schardt »scheint nach seiner Pensionierung als Haustyrann den ganzen Tag lang Frau und Kinder kritisiert zu haben, lautes Kinderspiel war ihm ein Gräuel, man hatte sich sittsam und leise zu betragen«[1]. »Der nörgelnde, strenge, pedantische, zutiefst mit sich unzufriedene Vater gönnte seinen Kindern keine Freude, und die fromme Mutter neigte auch eher zu einer pessimistischen, düsteren Lebensauffassung. Ihr Dasein war ein ständiges Sich-Fügen, Pflichterfüllen, Erdulden, betend Ertragen.«[2]

Charlotte von Schardt konnte ihr Elternhaus noch im selben Jahr verlassen, denn Herzogin Anna Amalia nahm die 16-Jährige als Hofdame in Dienst. Sie »aß mit der Herzogin, begleitete sie auf ihren Spaziergängen, Kutschfahrten, las bisweilen vor, besuchte die Konzerte, die Bälle, die Assembleen, auf denen der Spielleidenschaft gefrönt wurde, und die Maskenfeste«[3]. Bei Hof kam es Charlotte zugute, dass sie schon als Kind gelernt hatte, stets Contenance zu wahren.

1763 warb Freiherr Gottlob Ernst Josias von Stein, ein 28-jähriger Stallmeister des Hofes, um Charlotte, und am 8. Mai 1764 wurden die beiden getraut. Damit schied Charlotte von Stein aus dem Hofdienst aus. Besonders glücklich kann die Ehe wohl nicht gewesen sein, denn von Stein war depressiv (»ein Kopfhänger«[4]), ungebildet und nicht besonders intelligent. Dass seine Frau gerne las, zeichnete und Klavier spielte, tolerierte er zwar, nahm aber keinen Anteil daran. Immerhin konnte sie sich damit trösten, »an einen grundgütigen und biederen Ehemann«[5] geraten zu sein, der sie mit Respekt behandelte. In zehn Ehejahren wurde Charlotte von Stein siebenmal schwanger. Vier Töchter starben als Kinder, lediglich die drei Söhne Karl, Ernst und Friedrich (»Fritz«) lebten länger. Der am 26. Oktober 1772 geborene Sohn Fritz war das einzige Kind, das sie selbst stillte. Auf ihn konzentrierte sie ihre ganze Mutterliebe.

»Die anstrengenden Schwangerschaften hatten Charlotte von Stein zermürbt, und die Ehe mit ihrem Mann, der selten zu Hause war, zumeist an der Hoftafel speiste oder mit dem Herzog auf Reisen ging und sich ohnehin für nichts so sehr interessierte wie für seine Pferde, erfüllte sie keineswegs.«[6]

1773 und 1774 fuhr Charlotte von Stein nach Bad Pyrmont zur Kur. Dort lernte sie Johann Georg Ritter von Zimmermann kennen, den Leibarzt des Königs von Hannover. Er beschrieb sie einem Freund folgendermaßen: »Sie hat überaus große schwarze Augen von der höchsten Schönheit, ihre Stimme ist sanft und bedrückt. Ernst, Sanftmut, Gefälligkeit sieht jeder Mensch beim ersten Anblick auf ihrem Gesichte. Die Hofmanieren, die sie vollkommen an sich hat, sind bei ihr zu einer sehr seltenen Simplizität veredelt [...]. Sie ist einige und 30 Jahre alt, hat sehr viele Kinder und schwache Nerven. Ihre Wangen sind sehr rot, ihre Haare ganz schwarz, ihre Haut italienisch wie ihre Augen. Der Körper mager, ihr ganzes Wesen elegant mit Simplizität.«[7] Mit Johann Georg von Zimmermann korrespondierte Charlotte von Stein über den Roman *Die Leiden des jungen Werther* und das Trauerspiel *Clavigo* von Johann Wolfgang Goethe. Er schickte ihr auch einen Stich mit einem Porträt des Dichters, den er aus einem Buch ausgeschnitten hatte, warnte sie jedoch: »Eine Frau von Welt, die ihn oft gesehen hat, hat mir gesagt, dass Goethe der schönste, lebhafteste, ursprünglichste, feurigste, stürmischste, sanfteste, verführerischste und für ein Frauenherz gefährlichste Mann sei, den sie in ihrem Leben gesehen habe.«[8] Ganz ernst scheint Zimmermann die Warnung allerdings nicht gemeint zu haben, denn er machte Goethe auf Charlotte von Stein aufmerksam, indem er ihm einen Schattenriss von ihr zeigte, als er ihn im Oktober 1774 in Straßburg traf.

Einen Monat später begegneten sich Johann Wolfgang Goethe und Prinz Karl August in Mainz. Der 17-jährige noch unter der Vormundschaft seiner Mutter stehende Erbprinz lud den acht Jahre älteren Dichter bei dieser Gelegenheit nach Weimar ein. Im Jahr darauf, auf dem Weg zu seiner Braut Prinzessin Luise von Hessen-Darmstadt – die er im Oktober 1775 in Karlsruhe heiratete und dann mit nach Weimar nahm –, wiederholte er die Einladung. Kurz nach der Ankunft Goethes in Weimar stellte ihm Karl August nicht nur Josias von Stein vor, den er zum Oberstallmeister befördert hatte, sondern auch dessen Ehefrau. Die sieben Jahre ältere Frau gefiel dem Neuankömmling vom ersten Augenblick an. Dabei verfügte »Charlotte von Stein [...] über keine herausragenden Geistesgaben, sie hatte die übliche Bildung für adlige Töchter genossen, sie war keine blendende Schönheit, sie wirkte durch eine unbefriedigende Ehe und die vielen, belastenden Schwangerschaften resigniert und müde; sie kränkelte und machte einen eher ernsten, lebensverneinenden Eindruck«[9].

Anfang Dezember besuchte Goethe sie auf dem Rittergut Großkochberg bei Rudolstadt, das ihrem Mann gehörte, und schrieb auf die innere Platte ihres Schreibtisches: »Goethe, d. 6. Dez. 75«. Fortan schickte er ihr beinahe täglich liebevolle Briefe und Zettel. Im Februar 1776 teilte er Freunden in Frankfurt mit, dass er länger als geplant in Weimar bleiben werde. Ein Grund für diese Entscheidung war gewiss Charlotte von Stein. Am 14. Februar schrieb er in einem Brief: »Eine herrliche Seele ist die Frau von Stein, an die ich so was man sagen möchte, geheftet und genistelt bin.«[10] Charlotte von Stein blieb zunächst reserviert; sie verwehrte ihm das Du und meinte in einem Brief an Johann Georg Ritter von Zimmermann: »Ich fühl's, Goethe und ich werden niemals Freunde. Auch seine Art, mit unserm Geschlecht umzugehen, gefällt mir nicht. Er ist eigentlich, was man *coquet* nennt. Es ist nicht Achtung genug in seinem Umgang.«[11]

Trotz ihrer anfänglichen Bedenken ließ sich Charlotte von Stein schließlich auf eine enge Freundschaft mit dem Dichter ein, der sie »mit unendlicher Zartheit und Intensität«[12] umwarb. »Sie erwärmte sich am Feuer, das in der Seele des Mannes lodernd brannte.«[13] Leidenschaftliches Begehren lag ihr allerdings vollkommen fern. Sie bestand beharrlich darauf, dass es bei einer platonischen Liebe blieb. »Charlotte von Stein war kühl und beherrscht, wahrscheinlich auch frigid. [...] Goethe wollte sich *erziehen und führen* lassen; Charlotte konnte und mochte ihm nichts anderes geben.«[14] Natürlich profitierte auch Charlotte von der Beziehung. »Goethe gab ihrem Leben einen beglückenden neuen Sinn.«[15] Charlotte von Stein war »keine heitere Natur«[16] und »neben der ihr in vielem verwandten Herzogin Luise die Exponentin feinsten Benehmens, des Anstands in Wort und Haltung«[17]. Sie lehrte Goethe, wie man sich bei Hof zu betragen hatte. »Von Charlotte von Stein [...] ließ Goethe sich – zwar auch immer wieder widerstrebend, schmollend, aufbrausend – mehr als zehn Jahre erziehen, in die Zucht nehmen; sie wurde ihm eine unersetzliche Lehrmeisterin.«[18] »Charlotte von Stein war oft krank und ein sensibler, melancholischer Charakter der jedoch Festigkeit durch das Ringen um Selbstbeherrschung gewann. Und gerade diese Eigenschaft hat sie Goethe vermittelt oder doch erheblich in ihm verstärkt.«[19] »Er bedurfte ihrer Leitung in einer ganz entscheidenden Phase seines Lebens, als Ratgeberin, Besänftigerin, Seelenfreundin, verdankte ihr die Ordnung seiner Gefühle und die für seine verantwortungsvolle politische Tätigkeit in Weimar so nötige Selbstdisziplin, konnte aber auf Dauer kein Genügen finden in der Beziehung zu einer Freundin, die nicht bereit war, ihm mehr als Seelenfreundschaft zu geben.«[20]

»Ganz Weimar billigte das Verhältnis des Dichters zur Hofdame, von dem man mit Recht annahm, dass es sich in den Grenzen des Schicklichen hielt. Für Goethe wurde das mehr und mehr zu einem ›heiligen Verhältnis‹.«[21] Diese besondere Beziehung spiegelt sich auch in einem Satz, den er in seinem Theaterstück *Torquato Tasso* der Figur der Prinzessin Leonore von Este in den Mund legte: »Nach Freiheit strebt der Mann, das Weib nach Sitte.«[22]

Josias von Stein akzeptierte Goethe als *cavaliere servente*. »Der Dichter und der Oberstallmeister verstanden sich gut und respektierten sich. [...] Gemeinsam unternahmen die beiden Männer Reisen mit dem Herzog, und Herr von Stein ließ Goethes Briefe an seine Frau zusammen mit seinen Nachrichten durch denselben Boten befördern. Er vertraute Charlotte und hatte gegen den Verehrer seiner Frau nichts einzuwenden.«[23]

Im Mai 1776 zog Johann Wolfgang Goethe in ein kleines Haus mit Garten an der Ilm, das ihm der Herzog geschenkt hatte. Darüber hinaus berief dieser ihn im Juni als Geheimen Legationsrat in die Regierung. Karl August und Charlotte von Stein waren Goethes wichtigste Bezugspersonen in Weimar. In einem seiner Briefe heißt es: »Ich aß mit dem Herzog, nach Tisch ging ich zur Frau v. Stein, einem Engel von einem Weibe [...], der ich so oft die Beruhigung meines Herzens und manche der reinsten Glückseligkeiten zu verdanken habe.«[24]

»Frau von Stein ist diejenige hier unter uns allen, von der ich am meisten Nahrung für mein Leben ziehe«, schwärmte auch Goethes Freund Carl Ludwig von Knebel, einer der wenigen Menschen, denen Charlotte von Stein vertraute. »Reines, richtiges Gefühl bei natürlicher, leidenschaftsloser, leichter Disposition haben sie bei eigenem Fleiß und durch den Umgang mit vorzüglichen Menschen, der ihrer äußerst feinen Wissbegierde zustattenkam, zu einem Wesen gebildet, dessen Dasein und Art in Deutschland schwerlich oft wieder zustande kommen dürfte. Sie ist ohne alle Prätention und Ziererei, gerade, natürlich, frei, nicht zu schwer und nicht zu leicht, ohne Enthusiasmus und doch mit geistiger Wärme, nimmt an allem Vernünftigen Anteil und an allem Menschlichen, ist wohlunterrichtet und hat feinen Takt, selbst Geschicklichkeit für die Kunst.«[25]

Aber »Charlotte von Stein blieb eine schwierige Freundin«[26]. Jahrelang wechselte sie in ihrer Beziehung mit Goethe zwischen Annäherung und Distanzierung. »Charlotte von Steins Beziehung zu Goethe, sicherlich eine der kompliziertesten, vollzog sich im Wechsel von Zuneigung und Abwehr, von Dankbarkeit und Gekränktheit, von Liebe und Hass. Immer aber blieb Goethe – seit dem Tag, an dem er in ihr Leben getreten war – Mittelpunkt ihres Daseins.«[27] »Dieses Schwanken zwischen Zu- und Abneigung war nicht gespielt, war keine weibliche Ziererei oder bewusstes Kokettieren. Charlotte von Stein war sich ihrer Gefühle lange nicht sicher, unterdrückte sie auch aus Angst vor dem Gerede der Leute und aus Furcht vor sich und dem, was aus ihrer Liebe entstehen könnte. Ihre ernste Grunddisposition verbot ihr ein oberflächliches Liebeln, und für ein außereheliches Verhältnis war sie zu tugendhaft. Ihr Ehrbegriff war viel zu sehr von den gesellschaftlichen Normen geprägt, und für eine innige, liebevolle, reine Freundschaft erschien ihr der junge Verehrer Goethe wohl nicht reif genug.«[28]

Wie gewohnt, fuhr sie auch im Sommer 1776 zur Kur nach Bad Pyrmont, und im Herbst zog sie sich nach Schloss Kochberg zurück, wobei sie es Goethe ausdrücklich verbot, sie dort zu besuchen. Im Juni 1777 war das anders: Goethe durfte sich einige Tage bei ihr in Großkochberg aufhalten. Dass seine geliebte Schwester Cornelia am 8. Juni – vier Wochen nach der Geburt ihrer zweiten Tochter – im Alter von 26 Jahren gestorben war, erfuhr er erst nach seiner Rückkehr in Weimar. 1777 kümmerte sich Goethe auch als Leiter der Baukommission in Weimar um den Umbau eines Hauses für die Familie von Stein.

Von September 1779 bis Januar 1780 reiste der Geheime Rat – so sein neuer Titel – mit dem Herzog in die Schweiz. Vorübergehend trennte er sich von der Reisegruppe, um die 1770/71 von ihm umworbene Friederike Brion in Sesenheim und seine inzwischen mit dem Bankier Freiherr Bernhard von Türckheim verheiratete frühere Verlobte Lili Schönemann in Straßburg zu besuchen. Freimütig erwähnte Goethe die Abstecher in den Briefen, die er Charlotte von Stein regelmäßig schickte. Einen weiteren Beweis seiner Freundschaft gab er ihr, als er im Juni 1780 in die Freimaurerloge Anna Amalia aufgenommen wurde. Dem Brauch gemäß erhielt er aus diesem Anlass zwei Paar Handschuhe, eines für sich und eines für die Frau, der er die größte Achtung entgegenbrachte. Das zweite Paar schenkte er Charlotte von Stein. Im Frühjahr 1781 schrieb er ihr: »Meine Seele ist fest an die Deine angewachsen, ich mag keine Worte machen. Du weißt, dass ich von Dir unzertrennlich bin und dass weder Hohes noch Tiefes mich zu scheiden vermag. Ich wollte, dass es irgendein Gelübde oder Sakrament gäbe, das mich Dir auch sichtlich und gesetzlich zu eigen machte, wie wert sollte es mir sein. Und mein Noviziat war doch lang genug, um sich zu bedenken ... Ich kann nicht mehr *Sie* schreiben, wie ich eine ganze Zeit nicht *Du* sagen konnte ... Ich möchte Ihnen mein Leben, mich ganz hingeben, um mich aus Ihren Händen mir selbst wieder zu empfangen.«[29]

»Die Stein hält mich wie ein Korkwams über dem Wasser,

dass ich mich auch mit Willen nicht ersäufen könnte«,[30] vertraute Goethe dem gemeinsamen Freund Carl Ludwig von Knebel an. Im Juni 1782 übernahm der zwei Monate zuvor von Kaiser Joseph II. geadelte Geheime Rat das Finanzministerium des Herzogtums und mietete ein Haus am Frauenplan in Weimar, dessen Garten auf einer Seite von dem Anwesen begrenzt wurde, in dem die Familie von Stein wohnte. Er spielte gern mit den Kindern der von Steins, vor allem mit Fritz, dem jüngsten Sohn. Der hatte im Juni 1778 schon eine Nacht bei Goethe im Gartenhaus verbringen dürfen. Ende Mai 1783 vertraute Charlotte von Stein den Zehnjährigen ihrem Freund zur Erziehung an, und der Junge bezog daraufhin in Goethes Haus ein Zimmer.

Immer häufiger hielt Charlotte von Stein sich monatelang in Großkochberg auf. Da das Gut kaum Gewinn abwarf, weil Josias von Stein erfolglos mit neuen landwirtschaftlichen Methoden experimentiert hatte und auch von einigen Verwaltern betrogen worden war, sah seine Frau nun nach dem Rechten.

Obwohl ihr an Knochenkrebs leidender Sohn Ernst seit Kurzem nur noch mit Krücken gehen konnte, ließ Charlotte von Stein den 18-Jährigen im Sommer 1786 in Weimar zurück und fuhr allein zur Kur nach Karlsbad. Goethe, der das missbilligte, kam Ende Juli nach, und Mitte August begleitete er sie ein Stück auf ihrer Rückreise, bevor er wieder umkehrte. Er werde noch eine Woche in Karlsbad bleiben, teilte er ihr am 23. August in einem Brief mit. Am 1. September schrieb er ihr nochmals von dort – dann hörte sie bis Anfang Dezember nichts mehr von ihm. Ohne Ankündigung oder Abschied war Johann Wolfgang von Goethe unter falschem Namen nach Italien aufgebrochen. Mitte Dezember erkundigte sich seine Mutter bei Fritz von Stein, ob er etwas über den Verbleib ihres Sohnes wisse. Kurz zuvor hatte Charlotte von Stein Post von Goethe aus Rom erhalten. Dass er sich ihr entzogen hatte, kränkte sie zutiefst. Sie fühlte sich wieder einsam wie vor seiner Ankunft in Weimar. Zwar antwortete sie ihm, aber die enge, vertrauensvolle Freundschaft war zerbrochen, zumal er ihr zu verstehen gab, wie schwer ihm der Verzicht auf eine sexuelle Beziehung gefallen sei: »An Dir häng ich mit allen Fasern meines Wesens. Es ist entsetzlich, was mich oft Erinnerungen zerreißen. Ach, liebe Lotte, Du weißt nicht, welche Gewalt ich mir angetan habe und antue, und dass der Gedanke, Dich nicht zu besitzen, mich doch im Grunde, ich mag's nehmen und stellen und legen, wie ich will, aufreibt und aufzehrt.«[31] Dieses Bekenntnis, das Charlotte von Stein erschreckt haben muss, empfand Goethe als entlastend. »Goethes unbändiges Freiheitsgefühl, das ihn in Italien erfüllte und fröhlich stimmte, bezog sich nicht nur darauf, dass er seinen lästigen Amtspflichten entronnen war, es war auch Befreiung von der Erzieherin – Goethe hatte ›schulfrei‹.«[32]

Wahrscheinlich nutzte er denn auch seinen Aufenthalt in Italien nicht nur für Bildungszwecke. Der Legende nach ließ Goethe sich erst gegen Ende seines Rom-Aufenthalts auf eine sexuelle Affäre ein. Die Frau, die in diesem Zusammenhang genannt wurde – Faustina Antonini –, scheint allerdings bei Goethes Ankunft bereits tot gewesen zu sein.[33] Und der italienische Historiker Roberto Zapperi glaubt, Ausgaben des Dichters für römische Prostituierte nachgewiesen zu haben.[34]

1787 wollte Charlotte von Stein ihren schwerkranken Sohn Ernst mit zur Kur nach Karlsbad nehmen. Er starb jedoch am 14. Juni auf dem Weg dorthin. Trotzdem setzte sie die Reise fort und blieb einige Wochen im Kurbad. Nach ihrer Rückkehr begegnete sie in Weimar erstmals Friedrich Schiller, den sie offenbar ebenfalls beeindruckte, denn in einem Brief beschrieb er sie als »eine wahrhaft eigene, interessante Person [...] von der ich begreife, dass Goethe sich so ganz an sie attachiert hat. Schön kann sie nie gewesen sein, aber ihr Gesicht hat seinen sanften Ernst und eine ganz eigene Offenheit. Ein gesunder Verstand, Gefühl und Wahrheit liegen in ihrem Wesen.«[35]

Eine weitere Beschreibung Charlotte von Steins verdanken wir Henriette Freiin von Egloffstein, die während Goethes Italienreise in Weimar lebte: »Der Charakter dieser Frau gehörte unstreitig zu den edelsten, und ihr Verstand, der mir zwar nie bedeutend erscheinen wollte, führte sie glücklich an den mannigfachen Klippen des Hoflebens vorüber [...]. Es lässt sich nicht leugnen, dass Frau v. Stein bei dem besten Herzen viele Schlauheit und Weltklugheit besitzen musste.«[36]

Erst nach fast zwei Jahren, am 18. Juni 1788, kehrte Goethe nach Weimar zurück und wurde von Herzog Karl August wohlwollend begrüßt. Weil er aufgrund der Arbeitsbelastung als Leiter der Kriegskommission, des Wegebaus beziehungsweise der Finanzkammer zu wenig Zeit zum Schreiben gehabt hatte* – und nicht zuletzt aus diesem Grund nach Italien geflohen war –, übertrug Karl August ihm nun statt all dieser Ämter die Aufgaben eines Kultusministers und drei Jahre später auch die Leitung des Weimarer Hoftheaters.

Charlotte von Stein »erlebte einen neuen, fröhlichen Goethe, der erzählen wollte von all dem Schönen, das er erlebt hatte, der keinen Trost mehr brauchte, der Erfahrungen gesammelt hatte, die sie nicht teilen konnte, der sich von ihr unabhängig gemacht hatte. Hinter ihr dagegen lagen 22 Monate der Sehnsucht, des Zorns, des Leidens, der Trauer und der Krankheit – sie hatte nichts Schönes erlebt und also auch nichts dergleichen zu berichten. Die Entfremdung zwischen Charlotte und Goethe war beim Wiedersehen spürbar und sichtbar.«[37] Noch Monate später teilte Karoline Herder ihrem Ehemann mit: »Sie [Charlotte von Stein] will nicht verzeihen, und er [Goethe] nicht um Verzeihung bitten.«[38] »Charlotte war es nicht gegeben, Beleidigungen zu vergeben, geschweige denn zu vergessen, für ihr ganzes Leben und besonders für ihre Beziehung zu Goethe galt, was sie später

---

* Heute würde man wohl von einem drohenden Burn-out-Syndrom sprechen.

einmal sehr nüchtern ihrem Sohn Fritz über ihren Charakter mitteilte: ›Ich habe keine glückliche Natur, bei mir vernarbt keine Wunde.‹«[39]

Im März 1789 erfuhr Charlotte von Stein dann, dass Goethe seit Monaten ein Verhältnis mit der Arbeiterin Christiane Vulpius hatte. Christiane Vulpius* war am 1. Juni 1765 in Weimar zur Welt gekommen. Ihr Vater Johann Friedrich Vulpius jr., der knapp ein halbes Jahr später seinen 40. Geburtstag feierte, arbeitete als Kopist beim Fürstlichen Amt. Er und seine 17 Jahre jüngere Ehefrau hatten bereits einen Sohn. Christiane Margarethe Vulpius starb früh am 5. Mai 1771, zwei Monate nach ihrer sechsten Niederkunft. Zwei ihrer Kinder waren zu diesem Zeitpunkt bereits tot. Johann Friedrichs unverheiratete Schwester Juliana Augusta übernahm den Haushalt und kümmerte sich um die Kinder – bis der Witwer an Weihnachten 1774 die 29-jährige Kammerjungfer Johanna Christiana Dorothea Weiland heiratete, die bei der Eheschließung bereits hochschwanger war und am 28. Februar 1775 eine Tochter gebar.

Der in der Nachbarschaft aufgewachsenen Schauspielerin Caroline Jagemann verdanken wir eine Beschreibung des Kindes Christiane: »[...] ein sehr hübsches, freundliches, fleißiges Mädchen; aus ihrem apfelrunden, frischen Gesicht blickten ein paar brennend schwarze Augen, ihr etwas aufgeworfener kirschroter Mund zeigte, da sie gern lachte, eine Reihe schöner weißer Zähne, und dunkelbraune volle Locken fielen ihr um Stirn und Nacken.«[40]

Ob Christiane Vulpius jemals eine Schule besuchte, ist nicht bekannt, zumindest lernte sie aber lesen und schreiben. Im Alter von 16 oder 17 Jahren fing sie dann als Arbeiterin in einer aus sozialen Gründen in Weimar eingerichteten Manufaktur zur Herstellung von Stoffblumen an. In einer Zeit, in der viele glaub-

---

* Ihr Taufname lautete eigentlich Christian*a*.

ten, dass sich arbeitende Mädchen für die Ehe disqualifizierten, war dies ein eher ungewöhnlicher Schritt. Johann Wolfgang von Goethe wurde auf Christiane Vulpius aufmerksam, als sie ihm am 12. Juli 1788 vermutlich im Park eine Bittschrift ihres ältesten Bruders überreichte, der sein Jura-Studium in Jena abgebrochen hatte, Gedichte, Romane und Theaterstücke verfasste und sich in Franken vergeblich um eine Anstellung bewarb. Der berühmte Dichter und einflussreiche Hofbeamte unterstützte Christian August Vulpius zwar finanziell und schrieb Empfehlungsbriefe, machte ihm jedoch keine Hoffnung auf eine Beschäftigung in seinem Verantwortungsbereich. Eine Rückkehr des 26-Jährigen nach Weimar lag allerdings auch nicht in seinem Interesse, denn dessen drei Jahre jüngere Schwester wurde »fast von einem auf den andern Tag«[41] seine heimliche Geliebte, und ein älterer Bruder, der sich für die junge Frau verantwortlich fühlte, hätte womöglich gestört.

Im Frühjahr 1789 ließ sich die Liebschaft nicht länger verheimlichen. Nicht nur Charlotte von Stein empörte sich darüber. Ein Liebesabenteuer hätten die Weimarer dem Dichter sicherlich stillschweigend zugestanden, eine dauerhafte Verbindung mit einer Manufakturarbeiterin missbilligten sie jedoch. Das galt als skandalös, aber es kam noch schlimmer, denn bald war Christianes Schwangerschaft deutlich sichtbar. Eine unverheiratete Schwangere musste damals damit rechnen, wegen Unzucht gerichtlich verurteilt zu werden. Nur durch seine Beziehungen konnte Goethe seine Geliebte davor bewahren. Er widersetzte sich der herrschenden Doppelmoral und begann, »seine freie Liebe in aller Öffentlichkeit, vor den Augen aller zu praktizieren«[42]. Eigentlich wollte er Christiane Vulpius sogar in sein Haus am Frauenplan aufnehmen, aber das ließ die Herzogin nicht zu. Daher sah Goethe sich gezwungen, eine Wohnung außerhalb des Stadtzentrums zu mieten. Im Spätherbst 1789 zog Christiane dort bei ihm ein. Ihre 14-jährige Stiefschwester Ernestine und ihre 55 Jahre alte Tante Juliana Augusta brachte sie mit. Erst drei Jahre später konnte Goethe mit seiner Lebensgefährtin und ihren Angehörigen in das Haus am Frauenplan zurückkehren, das ihm Herzog Karl August mittlerweile kostenlos als Dienstwohnung zur Verfügung stellte. Am 25. Dezember 1789 – Charlotte von Steins 47. Geburtstag – gebar Christiane Vulpius einen Sohn, der den Namen August erhielt. (1791 erlitt sie eine Totgeburt, und die drei Kinder, die sie danach noch zur Welt brachte, lebten alle nur kurze Zeit.)

Goethe hatte Charlotte von Stein am 1. Juni 1789 in einem Brief zurechtgewiesen: »Wie sehr ich Dich liebe, wie sehr ich meine Pflicht gegen Dich und Fritzen kenne, hab ich durch meine Rückkunft aus Italien bewiesen. Nach des Herzogs Willen wäre ich noch dort. [...] Leider warst Du, als ich ankam, in einer sonderbaren Stimmung [...] Und welch ein Verhältnis ist es? Wer wird dadurch verkürzt? Wer macht Anspruch an die Empfindungen, die ich dem armen Geschöpf gönne? Wer an die Stunden, die ich mit ihr zubringe? Frage Fritzen, die Herdern, jeden, der mir näher ist, ob ich unteilnehmender, weniger mitteilend, untätiger für meine Freunde bin als vorher? [...] Aber das gestehe ich gern, die Art, wie Du mich bisher behandelt hast, kann ich nicht erdulden. [...] Ich möchte gern noch manches hinzufügen, wenn ich nicht befürchtete, dass es Dich bei Deiner Gemütsverfassung eher beleidigen als versöhnen könnte.«[43] Auf diese Brüskierung scheint Charlotte von Stein ebenso wenig geantwortet zu haben wie auf beschwichtigende Zeilen Goethes vom 8. Juni. Sieben Jahre lang wechselte sie mit Goethe keine Briefe mehr.

Im Frühjahr 1791 klagte Charlotte von Stein, ihr Ehemann habe sie depressiv werden lassen. »Mein trauriger kranker Gesellschafter hemmt den Lauf meiner Gedanken, und ich werde stumm mit ihm.«[44] Nach mehreren Schlaganfällen starb Josias von Stein schließlich am 28. Dezember 1793. Charlotte von Stein vereinsamte dadurch noch mehr. »Ich glaube, mein Herz versteinert nach und nach.«[45] Ihre Freundschaft mit Carl Ludwig von Knebel war inzwischen ebenso getrübt wie die mit Herzogin Luise, von der mit Goethe ganz zu schweigen. Dessen Sohn schloss sie jedoch ins Herz. »Aber das ist gewiss, dass ich seinen August recht lieb habe. Er ist so possierlich und gescheit, dass ich ganze Tage mit ihm spielen könnte. Auch kommt er recht oft.«[46]

Im Juni 1796 führte August seinen Vater zu Charlotte von Stein, die unter ihren Orangenbäumen saß. Dies war der Beginn einer zaghaften Versöhnung, allerdings kam das vertrauliche Du nicht mehr in Frage. Goethe und Charlotte von Stein blieben fortan beim Sie. Sie teilten die Sorge um Fritz von Stein, der 1795 nach Breslau geschickt worden war, um Erfahrungen in der preußischen Verwaltung zu sammeln. Als er nun beschloss, in der preußischen Provinz Schlesien zu bleiben und Herzog Karl August um seine Entlassung bat, hielt dieser ihn für illoyal, zumal er ihn für ein hohes Hofamt in Weimar vorgesehen hatte. Er stellte ihn daher zwar frei, ließ ihn aber zugleich wissen, dass er nie mehr zurückkehren dürfe.

In Weimar willkommen war dagegen Friedrich Schiller. Johann Wolfgang von Goethe und er waren sich 1788 erstmals begegnet. Goethe hatte dem zehn Jahre jüngeren Dichter zwar eine unbezahlte Professur am Lehrstuhl für Geschichte der Universität Jena vermittelt, näher waren sich die beiden zunächst aber nicht gekommen. Ihre Freundschaft begann erst sechs Jahre später mit einem langen Gespräch nach einer Sitzung der Naturforschenden Gesellschaft in Jena. Anfang Dezember 1799 zog Friedrich Schiller dann nach Weimar und quartierte sich erst einmal zwei Wochen lang bei Goethe ein. Obwohl Christiane Vulpius drei Zimmer für ihn herrichtete, die Betten machte und für ihn kochte, ignorierte er sie und verließ das Haus am Frauenplan, ohne ihr für all das zu danken. Dabei hatte sie im

November sogar drei Wochen lang einen seiner beiden Söhne betreut, um die hochschwangere Charlotte Schiller zu entlasten.

Während Schillers Ehefrau in die Freundschaft der beiden Dichter einbezogen wurde und an ihren Abendgesprächen teilnahm, musste Christiane Vulpius zurückstehen. Sie war Goethes »Bettschatz«, wie seine Mutter ebenso unbekümmert wie wohlmeinend in ihren Briefen schrieb, und sein »Hausschatz«, wie er es selbst formulierte: »Wärst Du nur jetzt bei mir! Es sind überall große breite Betten und Du solltest Dich nicht beklagen wie es manchmal zu Hause geschieht. Ach! mein Liebchen! [...] Sei ja ein guter Hausschatz und bereite mir eine hübsche Wohnung. Sorge für das Bübchen und behalte mich lieb.«[47]

Mit Charlotte Schiller hatte Charlotte von Stein endlich wieder eine enge Freundin in ihrer Nähe. Sie war übrigens auch die Patin der 22 Jahre Jüngeren, einer geborenen von Lengefeld, deren Eltern eines der Güter der von Steins in Rudolstadt gepachtet hatten. Als Charlotte Schiller nach der Geburt ihres dritten Kindes an Nervenfieber erkrankte, holte Charlotte von Stein sie zu sich und pflegte sie zwei Wochen lang gesund. Goethe wollte nicht nur Schillers Kinder, sondern auch die Amme in seinem Haus aufnehmen, aber Christiane war lediglich bereit, sich um die beiden sechs beziehungsweise drei Jahre alten Söhne zu kümmern.

Für die Zusammenarbeit der beiden großen deutschen Dichter prägte Heinrich Laube später den Begriff »Weimarer Klassik«. Leider war diese nur von verhältnismäßig kurzer Dauer, denn Friedrich von Schiller – er wurde 1802 geadelt – starb am 9. Mai 1805 im Alter von 45 Jahren an den Folgen einer nie ganz auskurierten Lungenentzündung.

Nicht nur Goethe verlor einen engen Freund, im Jahr darauf trauerte Christiane Vulpius um ihre Halbschwester und ihre Tante Juliana Augusta, zwei ihrer wichtigsten Bezugspersonen. Ihren Bruder Christian August hatte Goethe als freien Mitarbeiter am Weimarer Theater beschäftigt, bevor er ihm 1797 eine Stelle als Bibliotheksregistrator verschaffte. 1802 berief Goethe ihn nach Jena, wo Vulpius im Jahr darauf einen Doktortitel bekam und 1805 zum Bibliothekar befördert wurde. Goethe protegierte ihn zwar, hielt ihn jedoch auf Distanz und ließ keine Vertraulichkeiten zu. »Christian August Vulpius wird von Goethe als Autor und Kollege nie akzeptiert, als Bibliothekar als ein Untergebener betrachtet und in Bezug auf sein Haus und seine Familie als ein Dienender angesehen.«[48]

Nach ihrem Sieg über die Preußen und Sachsen am 14. Oktober 1806 bei Jena und Auerstedt plünderten französische Soldaten Weimar. Sie suchten auch Charlotte von Stein heim, die den in Auerstedt schwer verwundeten General Friedrich Wilhelm Carl Graf von Schmettau vorübergehend in ihrem Haus versteckte. (Er starb am 18. Oktober im Stadtschloss.)

Einzelheiten sind darüber zwar nicht bekannt, aber auch Christiane Vulpius scheint sich den Soldaten im Haus am Frauenplan beherzt entgegengestellt zu haben, bis ihr Geliebter am 16. Oktober eine *sauvegarde* bekam, einen in Napoleons Namen ausgestellten Schutzbrief, der ihn und sein Haus vor Zugriffen französischer Soldaten bewahrte. Mut hatte Christiane Vulpius bereits bewiesen, als sie Ende Juli 1797 für einige Tage mit ihrem siebenjährigen Sohn allein nach Frankfurt am Main gereist war und sich mit zwei auffällig getragenen Pistolen die ihren Weg kreuzenden Soldaten vom Leib gehalten hatte.

Durch die Bedrohung wurde sich Goethe offenbar bewusst, in welch ungesicherten Verhältnissen er eigentlich lebte. Karl August hatte ihm zwar das Haus am Frauenplan zur Verfügung gestellt und 1794 auch versprochen, es ihm zu schenken, aber formal gehörte es noch immer dem Herzog. (Erst im Januar 1807 wurde Goethe offiziell als Eigentümer eingetragen.) Falls Napoleon das Herzogtum Sachsen-Weimar-Eisenach auflöste oder Karl August absetzte, musste Goethe damit rechnen, seine Wohnung zu verlieren. Vielleicht trug diese Verunsicherung dazu bei, dass er am 19. Oktober in der Jakobskirche ohne große Feier Christiane Vulpius ehelichte. Ausschlaggebend soll allerdings die Dankbarkeit für die Verteidigung des Hauses gegen die Marodeure gewesen sein.

Um seine Ehefrau in die Weimarer Gesellschaft einzuführen, überredete Goethe die aus Danzig stammende und erst seit einigen Wochen in Weimar lebende Witwe Johanna Schopenhauer, ihn zusammen mit Christiane am 20. Oktober zum Tee zu empfangen. Von der 40-jährigen Mutter des Philosophen Arthur Schopenhauer stammt der Satz: »Wenn Goethe ihr seinen Namen gibt, können wir ihr wohl eine Tasse Tee geben.«[49] Wilhelm von Humboldt meinte: »Die Geheimrätin [...] ist ein ganz leidliches Wesen, und Goethe tut alles, um zu machen, dass die Weimarschen Damen mit ihr umgehen sollen.«[50] Selbst Charlotte von Stein ließ sich zwei Jahre später erweichen, die Einladung Christiane von Goethes zu einer Teegesellschaft anzunehmen: »Angenehm ist es mir freilich nicht, in der Gesellschaft zu sein. Indessen, da er das Kreatürchen sehr liebt, kann ich's ihm wohl einmal zu Gefallen tun.«[51] Wohl fühlte Christiane sich bei diesen Zusammenkünften anscheinend nicht: »Da kann [ich] Dir aber versichern, dass in solcher Gesellschaft beinahe kein vernünftiges Wort gesprochen wird und so gelogen wird, dass man erschrickt.«[52]

Trotz aller Bemühungen hielt die gegen Christiane von Goethe bestehende Feindseligkeit an. »Es ist selbst dem mächtigen Goethe nicht gelungen, Christiane die Stellung in der Gesellschaft zu verschaffen, die ihr als seiner Gemahlin gebührt hätte – allein den Frankfurter Kreis seiner Mutter ausgenommen, in den Christiane bei einem vorübergehenden Aufenthalt, vielleicht der herzbezwingenden Haltung seiner Mutter zuliebe, um ihrer natürlichen Frische und Klugheit willen wertgehalten wurde.«[53] Katharina Elisabeth Goethe schrieb ihrem Sohn, nachdem sein

»Bettschatz« drei Wochen lang bei ihr zu Besuch gewesen war: »Du kannst Gott danken! So ein liebes – herrliches unverdorbenes Gottesgeschöpf findet man selten.«[54]

Oft blieb Christiane allein in Weimar, denn ihr Mann unternahm nicht nur zahlreiche private und dienstliche Reisen ohne sie, sondern lebte mitunter monatelang in Jena, wo sie ihn nur manchmal besuchen durfte. War Goethe zu Hause, zog er sich abends meist zum Schreiben zurück. Anfangs beklagte Christiane sich darüber, doch dann fand sie sich wohl damit ab. »Goethes und Christianes Leben verläuft weitgehend getrennt voneinander.«[55] »Goethes Verhältnis zu ihr ist in ihrem Ehejahrzehnt nicht von Liebe, wohl aber von großer Dankbarkeit bestimmt.«[56] Während Goethe möglichst wenig gestört werden wollte, versorgte Christiane seine zahlreichen Gäste und führte mit starker Hand den Haushalt, zu dem zwei Köchinnen, ein Diener, ein Hausmädchen, ein Kutscher und ein Laufbursche gehörten.

Christiane von Goethe, die gern Komödien sah, hatte ihren Mann zwar 1803 als Assistentin am Theater in Bad Lauchstädt südlich von Halle vertreten, war jedoch alles andere als eine Intellektuelle. In schwierigen Situationen wusste sie sich allerdings mit ihrem gesunden Menschenverstand und ihrer pragmatischen Veranlagung zu helfen. Goethe versuchte in keiner Weise, sie zu verändern und unternahm auch nichts, was ihrer Bildung förderlich gewesen wäre. »Aber das gefällt mir eben an ihr, dass sie nichts von ihrem Wesen aufgibt, und bleibt, wie sie war«,[57] meinte er gegenüber der Dichterin Elisa von der Recke. »Dass Christiane von sinnlicher Natur war und Vergnügungen über alles liebte – das gerade war es, was Goethe an ihr anzog. Ihr vielgescholtener hoher Weinkonsum wurde sicherlich von demjenigen Goethes noch übertroffen, mehr noch aber als den Wein schätzte sie das Tanzen, ein Vergnügen, dem sie sich oft hemmungslos hingab.«[58] Und Goethe mochte es, wenn Christiane vergnügt war. »Wie sehr von Herzen ich Dich liebe, fühle ich erst recht, da ich mich an Deiner Freude und Zufriedenheit erfreuen kann.«[59]

Als Goethes Mutter Katharina Elisabeth am 13. September 1808 starb, reiste Christiane mit ihrer jungen Gesellschafterin Caroline Ulrich für mehrere Wochen nach Frankfurt und kümmerte sich um die Erbschaftsangelegenheiten ihres Mannes, damit er ungestört blieb. (Er wurde währenddessen, am 2. Oktober, von Napoleon in Erfurt empfangen.) Durch ihr nobles, zurückhaltendes Auftreten erwarb sich Christiane von Goethe in Frankfurt Respekt und Wohlwollen.

»Ich lese Christianes Briefe«, schreibt Sigrid Damm, die Autorin des Buches *Christiane und Goethe. Eine Recherche*. »Erstaunlich sind sie, gestisch und genau. Detailfreudig. Eine Frau findet eine Sprache für ihren Körper, ihre Weiblichkeit, ihre Sexualität. Ungewöhnlich für ihre Zeit. Ebenso ungewöhnlich ist es, wie sie Alltagsarbeit beschreibt. Eine Frau tritt mir entgegen, unablässig tätig, zwei Haushalte, ein Landgut, zwei Gärten, Krautland. Sie erledigt Erbschaftsangelegenheiten, bereitet den Erwerb von Land und Kaufabschlüsse vor, tätigt Geldgeschäfte. Sie [...] geht allein auf Reisen, trägt zwei Pistolen bei sich. Sie isst gern, trinkt gern, am liebsten Champagner. Sie tanzt ausgezeichnet, als 45-Jährige nimmt sie noch bei einem Tanzmeister Unterricht. Sie liebt die Komödie, weniger das Lesen [...]. Heiter ist sie, witzig, stets gutgelaunt.«[60]

Als Fritz von Steins Ehefrau Helene am 8. Juli 1808 bei der Geburt ihres dritten Kindes starb, überlegte seine Mutter, ob sie die Enkelin Marie zu sich holen sollte, um den Sohn zu entlasten, war aber gesundheitlich dazu nicht mehr in der Lage. Charlotte von Stein litt unter Kopfschmerzen, Sehstörungen, Schwindelanfällen und Depressionen. Schon drei Jahre zuvor hatte sie Fritz in einem Brief geschrieben: »Ich geh selten in die Komödie, in die Kirche gar nicht, die geistlichen und weltlichen Illusionen sind leider bei mir alle vorüber.«[61] Im Sommer 1811 klagte sie:

»Ich bin recht müde und lebenssatt und kann mir gar keine angenehme Vorstellung mehr von der Welt machen.«[62]

Nach dem gescheiterten Russlandfeldzug stampfte Napoleon zwar eine neue Armee aus dem Boden, aber Preußen erklärte dem geschwächten Kaiser am 27. März 1813 den Krieg und verbündete sich mit Russland gegen ihn. (Österreich, England und Schweden schlossen sich im Sommer an.) Weil auch in Weimar neue militärische Auseinandersetzungen zu befürchten waren, drängte Christiane ihren Mann, die Stadt zu verlassen. Am 17. April befolgte er schließlich ihren Rat. Bereits am nächsten Tag kam es in der Umgebung von Weimar zu Kämpfen. Goethe erlebte am 24. April in Dresden den Einzug des Zaren und des Königs von Preußen. Als Napoleon nach seinem Sieg bei Großgörschen am 8. Mai sein Hauptquartier nach Dresden verlegte, war Goethe allerdings schon nach Teplitz weitergereist. Von dort kehrte er Mitte August unbehelligt nach Weimar zurück.

Am 23. Oktober, wenige Tage nach der Völkerschlacht bei Leipzig, die Napoleons Untergang herbeiführte, quartierten sich im Goethe-Haus am Frauenplan in Weimar vorübergehend ein österreichischer General und 14 seiner Offiziere ein. Wieder hatte Christiane von Goethe alle Hände voll zu tun, denn die Militärs verlangten nicht nur Verpflegung, sondern auch frisch bezogene Schlafmöglichkeiten, und frühmorgens mussten die Nachttöpfe geleert werden. Charlotte von Stein wurde ebenfalls von Soldaten heimgesucht; sie verlor einen Großteil ihrer Habe durch Plünderungen.

Herzog Karl August rief im November 1813 die wehrfähigen Männer auf, sich als Kriegsfreiwillige zu melden. Der inzwischen bei Hof beschäftigte Jurist August von Goethe – 1801 war er als legitimer Sohn des Geheimen Rats offiziell anerkannt worden und trug seither statt des Geburtsnamens der Mutter den Familiennamen des Vaters – ließ sich in die Listen einschreiben. Als

Johann Wolfgang Goethe das erfuhr, schritt er sofort ein und erwirkte durch seine Beziehungen, dass sein Sohn nicht in den Krieg musste, aber weiterhin als Kriegsfreiwilliger geführt wurde.

Von all diesen Aufregungen erholten sich Goethe, Christiane und ihre Gesellschafterin Caroline Ulrich, die inzwischen auch als Sekretärin für Goethe tätig war, in Bad Berka südlich von Weimar. Christiane musste allerdings mehrmals in der Woche in die Stadt zurück, um im Haus am Frauenplan nach dem Rechten zu sehen. Im Januar 1815 erlitt sie einen ersten Schlaganfall. Ein zweiter folgte Anfang Februar. Christiane hatte sich angewöhnt, Goethe jegliche Unpässlichkeiten und Krankheiten zu verheimlichen oder sie zumindest zu verharmlosen, denn sie wusste, dass ihm unangenehme Nachrichten zuwider waren, weil sie ihn bei seiner literarischen Arbeit störten. Ihre Schlaganfälle ließen sich jedoch nicht bagatellisieren. Prompt schickte Goethe seine Frau Anfang März nach Jena, unter dem Vorwand, dass sie sich dort besser erholen könne. In Wirklichkeit wollte er wohl die Kranke nicht bei sich haben.

Als sie wieder zu Hause war, bereitete sie die Sachen für seine nächste Reise vor. Am 24. Mai fuhr er los, zuerst nach Wiesbaden, Ende Juli nach Nassau und Köln. Eigentlich wollte er im August nach Hause kommen, aber stattdessen wohnte er vom 12. August bis 17. September beim Ehepaar Johann Jakob und Marianne Willemer auf dem Landsitz Gerbermühle bei Frankfurt beziehungsweise im Stadthaus. Mit den beiden verbrachte er dann noch einige Tage in Heidelberg, bevor er sich am 26. September verabschiedete und endlich die Heimreise antrat.

Marianne war 1798 im Alter von 14 Jahren mit ihrer Mutter aus Linz nach Frankfurt am Main gekommen. Dort hatte der Bankier, Theaterdirektor und Senator Johann Jakob Willemer das Mädchen der Mutter regelrecht abgekauft. Der damals 38-jährige zweifache Witwer sorgte in der Folge für eine hervorragende Bildung Mariannes – und wurde auch ihr Lebensgefährte. Als Goethe die beiden im August 1814 kennenlernte, lebten sie noch immer in wilder Ehe zusammen, aber kurz darauf heirateten sie. Goethe verliebte sich in Marianne Willemer. Während seines Aufenthalts im Sommer 1815 arbeitete er mit ihr gemeinsam an der Gedichtesammlung *West-östlicher Diwan*. Dass drei der Gedichte von Marianne Willemer stammten, verschwieg er bei der späteren Veröffentlichung.

Christiane von Goethe hielt sich von Anfang Juni bis Ende Juli in Karlsbad auf. Im August wartete sie dann in Weimar vergeblich auf ihren Mann oder wenigstens eine Nachricht von ihm. Ob sie etwas von Marianne Willemer wusste und was sie von seiner notorischen Schwäche für junge Frauen hielt,* ist nicht überliefert. Auf jeden Fall muss es sie verletzt haben, dass er sie versetzte und es nicht einmal für nötig hielt, ihr zu schreiben.

Sobald Goethe sich im Mai 1816 wieder nach Jena zurückgezogen hatte, begann Christiane mit dem Frühjahrsputz im Haus am Frauenplan. Am 19. Mai und zehn Tage später erlitt sie erneut Schlaganfälle. Man alarmierte Goethe, und er kam aus Jena zurück. Vermutlich sahen er und Christiane sich am 30. Mai zum letzten Mal, denn sie verließ danach das Bett nicht mehr, und er mied das Krankenzimmer. Am Abend des 4. Juni legte er sich selbst mit Fieber ins Bett. Nach einer qualvollen Woche, in der sie vor Schmerzen schrie, starb Christiane von Goethe am 6. Juni 1816 vermutlich an Urämie. August kümmerte sich um die Beerdigung auf dem Jacobsfriedhof in Weimar. Der Witwer nahm jedoch nicht daran teil.

Elisa von der Recke würdigte Christiane von Goethe: »Wodurch die Verstorbene sich mir empfohlen hat, ist, dass ich sie

---

* Während seiner Ehe mit Christiane hatte er zum Beispiel 1806 mit Wilhelmine Herzlieb (1789–1865) und 1808 mit Sylvie von Ziegesar (1785–1858) »geäugelt«, wie er es nannte.

nie von andern Böses sprechen hörte. Auch war ihre Unterhaltung, soweit ich sie kannte, immer so, dass ich mir es wohl erklären konnte, dass ihr anspruchsloser, heller, ganz natürlicher Verstand Interesse für unsern Goethe haben konnte, der mir [1811 in Karlsbad] seine Frau mit den Worten vorstellte: ›Ich empfehle Ihnen meine Frau mit dem Zeugnisse, dass, seit sie ihren ersten Schritt in mein Haus tat, ich ihr nur Freuden zu danken habe.‹«[63]

Fünf Jahre nach dem Tod seiner Ehefrau verliebte sich der inzwischen 72-jährige Goethe während einer Kur in Marienbad in die 17-jährige Ulrike von Levetzow, die gerade ihre Schulausbildung in einem Internat in Straßburg abgeschlossen hatte. 1823 ließ er ihr durch Herzog Karl August einen Heiratsantrag überbringen, aber Ulrike von Levetzow ging nicht darauf ein.

Johann Wolfgang von Goethe starb schließlich am 22. März 1832 im Alter von 82 Jahren in seinem Haus in Weimar. Zu diesem Zeitpunkt war Charlotte von Stein bereits seit fünf Jahren tot. Am 6. Januar 1827, zwölf Tage nach ihrem 84. Geburtstag, hatte sie die Augen für immer geschlossen.

Frieda von Richthofen

(1879–1956)

―――•◆•―――

»FRAU DER ZUKUNFT«

Während die Baroness mit einem arbeitsamen Philologie-Professor verheiratet war, übernahm sie von einem anarchistischen Psychiater den Glauben an die heilsame Kraft des Liebesakts. Diese Auffassung gab sie an ihren zweiten Ehemann weiter, den Schriftsteller D. H. Lawrence, dessen Roman Lady Chatterley *jahrzehntelang nur in zensierter Fassung verkauft werden durfte.*

»Ihr könnt heiraten, wen ihr wollt«, soll Friedrich Freiherr von Richthofen zu seinen drei Töchtern gesagt haben, »vorausgesetzt, dass es kein Jude, kein Engländer und [...] kein Spieler ist.«[1] Else heiratete jedoch den jüdischen Volkswirtschaftler Edgar Jaffé, Frieda den englischen Philologen Ernest Weekley und Johanna den spielsüchtigen Offizier Max von Schreibershofen.

Friedrich von Richthofen gehörte einem in Schlesien beheimateten Adelsgeschlecht an. Im Alter von 17 Jahren schlug er 1862 die Offizierslaufbahn ein. Seine Mutter war zu diesem Zeitpunkt bereits tot. Der 62-jährige Vater hatte seine Ländereien nach missglückten Geschäften verkaufen müssen und lebte bei einer Tochter, die mit einem Gutsbesitzer verheiratet war. Im deutsch-französischen Krieg von 1870/71 geriet Oberleutnant Friedrich von Richthofen in Gefangenschaft. Er kam zwar bald wieder frei, aber seine verwundete rechte Hand blieb verkrüppelt. Deshalb musste der 25-Jährige seinen Abschied vom Militär nehmen und nahm ab 1877 eine Tätigkeit bei der deutschen Zivilverwaltung in Metz auf. Dort wurde am 11. August 1879 seine Tochter Frieda* geboren. Friedrich von Richthofen und seine aus Donaueschingen stammende, sieben Jahre jüngere Ehefrau Anna, eine geborene Marquier, hatten bereits eine knapp fünf Jahre alte Tochter – Else –, und 1882 kam mit Johanna das letzte der drei Kinder zur Welt.

»Der Freiherr hielt auf Stil. Er selbst war immer makellos gekleidet [...]. Wie tausende andere preußische Beamte betrachtete er den raschen Aufstieg des jungen Deutschen Reichs zur Großmachtstellung als einen persönlichen Triumph, der ihn zu einer überlegenen Haltung verpflichtete. [...] Aber hinter einer herrischen Fassade verbarg sich der Verlust männlicher Autorität.«² Denn der finanzielle Ruin seines Vaters, die Verkrüppelung der Hand und das erzwungene Ende seiner Offizierskarriere hatten Friedrich von Richthofen zutiefst verunsichert. Als er 1896 auch noch das Haus verkaufen und mit der Familie in eine Mietwohnung ziehen musste, um Spielschulden begleichen und die Alimente für einen außerehelich gezeugten Sohn bezahlen zu können, verlor er sein letztes bisschen Selbstvertrauen. Auch seine Frau Anna verachtete ihn und ließ sich nur wegen der Kinder nicht von ihm scheiden.

Die drei Schwestern kamen jedoch sehr gut miteinander aus. Else war unbestritten die Klügste, aber auch Frieda brachte gute Noten nach Hause. Allerdings bemängelten die Lehrer zuweilen ihr Betragen. »Frieda war lebhaft und unerschrocken; sie beschrieb sich selbst als ›ein wildes, sonnenverbranntes Kind mit

---

* Ihr voller Name lautete Emma Maria Frieda Johanna Freiin von Richthofen.

strohblondem Haar‹. Sie kletterte auf Bäume, zerkratzte sich die Knie, hasste Bürsten und Kämme. [...] Obwohl Frieda nähen gelernt hatte, war sie eigentlich ein Wildfang. Sie gab gern den Ton an. ›Am wohlsten fühlte ich mich mit den Soldaten, die jahrelang in behelfsmäßigen Baracken in der Nähe unseres Hauses lebten.‹ [...] ›Ich war immer gern mit Jungen und Männern zusammen‹, erinnerte sie sich. ›Nur sie gaben mir die Art von Aufmerksamkeit, die ich wollte.‹«[3]

Mit 16 verliebte Frieda sich in den Fahnenjunker Kurt von Richthofen, einen entfernten Cousin aus Schlesien, der zur Ausbildung an der Kriegsschule nach Metz kam. Ihr nächster Schwarm war ebenfalls beim Militär: Leutnant Karl von Marbahr. Beide Beziehungen blieben rein platonisch. Daran änderte sich auch nichts, als Frieda 1898 Kurt von Richthofen in Berlin wiedersah, wo sie einige Zeit bei ihrem verwitweten Onkel Oswald von Richthofen* verbrachte. Kurz vor dem Aufenthalt in der Reichshauptstadt hatte Frieda von Richthofen die unverheirateten Schwestern Julie und Kamilla Blaß im Schwarzwald besucht, in deren Pensionat sie ein Jahr lang unterrichtet worden war. Bei dieser Gelegenheit hatte sie den Philologen Ernest Weekley kennengelernt.

Ernest Weekley wurde 1865 im Londoner Vorort Hampstead geboren. Er war das zweitälteste von neun Kindern eines kleinen Beamten und einer ihrem Ehemann geistig überlegenen Lehrerstochter. Im Alter von 17 Jahren wurde er Lehrer. Stipendien ermöglichten es ihm, in Oxford, Bern, Cambridge und an der Sorbonne Sprachen zu studieren. Danach kam er als Lektor für Englisch an die Universität in Freiburg im Breisgau. Im Frühjahr 1898 bot ihm das University College in Nottingham eine Professur an. Bevor Weekley sich allerdings auf den Weg nach England machte, begegnete er Frieda von Richthofen und verliebte sich

---

* Oswald von Richthofen leitete von 1900 bis zu seinem Tod das Auswärtige Amt.

in sie. Die 14 Jahre jüngere Frau neigte zwar zur Korpulenz, galt jedoch als schön und beeindruckte ihn vor allem durch ihren starken Charakter. »Auch sie war nie vorher einem Menschen begegnet wie diesem gut aussehenden, von tiefem moralischen Ernst beseelten Engländer.«[4] Die beiden verlobten sich schon bald, und Ernest Weekley nahm Frieda von Richthofen mit nach England, um sie seinen Eltern vorzustellen, die inzwischen in einem Haus in Hampstead wohnten, das einmal dem Maler John Constable gehört hatte.

Die Hochzeit fand am 29. August 1899 in Freiburg statt und wurde von einem Bruder des Bräutigams, dem anglikanischen Geistlichen Bruce Edward Weekley, zelebriert. Nach der Feier fuhr das Ehepaar mit dem Zug nach Luzern. Über die Bahnfahrt schrieb Frieda später: »Er [Ernest] war der Verzweiflung nahe. Die Frage sexueller Beziehungen erschreckte ihn, er selbst war beinahe jungfräulich. Trotz seines Alters und ungeachtet seiner starken Leidenschaften hatte er sich niemals gehen lassen; alles Geschlechtliche in ihm war grimmig unterdrückt worden. Er hatte es so sehr unterdrückt, so gänzlich verdrängt, dass es ihn jetzt, da er verheiratet war, überwältigte.«[5] Die Hochzeitsnacht scheint dann auch nicht sehr glücklich verlaufen zu sein: »Zwei Stunden später stand sie [Frieda] auf dem Balkon, nur mit ihrem hellblauen Schlafrock bekleidet. Sie war in einem Zustand unaussprechlicher Seelenqual. Es war alles so grässlich gewesen, mehr als grässlich. [...] Nun fühlte sie sich gedemütigt und elend ... und er schlief. Er schlief!«[6]

Aber gerade seine Unerfahrenheit verlieh Frieda eine »sexuelle Macht« über ihn.[7] Nach den Flitterwochen, im November 1899, als Frieda bereits schwanger war, bezog das Ehepaar ein Haus in Nottingham, wo Ernest Weekley nun am University College lehrte und zum Dekan für moderne Sprachen avancierte. Außerdem engagierte er sich in einem Arbeiterbildungsverein und hielt jeden Samstag eine Vorlesung in Cambridge.

Viel Zeit für Frieda blieb da wohl nicht, und wenn sie ihn bei der Arbeit störte, weil sie zum Beispiel die Treppe hinunterrannte, beklagte er sich darüber, mit einem »Erdbeben« verheiratet zu sein. »Ernest stürzte sich geschäftig in seine Vorlesungen, selbstgewiss, sich seines Erfolgs bewusst, stolz auf seine Disziplin und Ausdauer. Doch während er penibel zwischen Recht und Unrecht unterschied, konnte Frieda niemals das übernehmen, was sie ›den rigiden Moralkodex‹ nannte, etwas, das ihre Freuden wie eine Warnlampe kontrollierte. [...] Sie fühlte sich eingesperrt. Seine seltsame Bewunderung fror sie in eine Routine pflichtbewusster Gehorsamkeit ein; ihre vielen inneren Lichter erloschen eines nach dem anderen.«[8] Um sich zu beschäftigen, las Frieda Bücher und spielte Klavier. Die Hausarbeit wurde von Bediensteten erledigt, davon hätte sie auch gar nichts verstanden. Vom Kochen hatte sie ebenfalls keine Ahnung, und als sie trotzdem einmal eine Nachspeise mit Dörrpflaumen zubereitete, wusste sie nicht, dass diese zuvor eingeweicht werden mussten. »Frieda war in praktischen Angelegenheiten mehr als ungeschickt – sie konnte nicht einmal richtig mit dem Telefon umgehen –, und sie war außerstande, eine Arbeit systematisch zu Ende zu führen.«[9] Um die zwischen 1900 und 1904 im Abstand von jeweils zwei Jahren geborenen Kinder Montague (»Monty«), Elsa und Barbara kümmerte sich ein deutsches Kindermädchen. »[Ida Wilhelmy] machte mein Leben so einfach, als die Kinder klein waren. Für mich blieb nur der Spaß mit ihnen.«[10]

»Ihr Mann liebt sie, daran kann sie nicht zweifeln, aber das Gefühl der Geborgenheit, das sie dieser Gewissheit verdankt, enthält gleichzeitig den leisen Verdacht einer unerwünschten Verpflichtung, einer Gebundenheit, eines Versäumnisses.«[11] Nach einem Besuch ihrer jüngeren Schwester, die den spielsüchtigen Offizier Max von Schreibershofen geheiratet hatte und an dessen Seite zur frivolen Lebedame geworden war, fragte sich Frieda, ob ihr nicht etwas fehlte. »Geht das Leben an ihr vorbei?

Ihr Mann hat nie Zeit für sie, der eigentliche Inhalt seines Lebens sind Wörter, Wörter und wieder Wörter, Bücher über Wörter, Vorlesungen über Wörter.«[12] In ihren Memoiren gibt sie später zu, dass Ernest sie ein wenig langweilte.[13]

Umso mehr freute sie sich daher, als der Spitzenfabrikant William E. Dowson, einer der ersten Autobesitzer in England, mit ihr in die umliegenden Wälder fuhr. Der 15 Jahre ältere, mit einer Suffragette verheiratete Unternehmer war der erste Mann, mit dem sie Ernest betrog.

Mit den Kindern reiste sie des Öfteren zu ihren Eltern nach Metz, manchmal auch für längere Zeit. Im Februar 1907 fuhr sie von Metz weiter nach München, um sich mit ihrer älteren Schwester und einer gemeinsamen Freundin zu treffen. Else von Richthofen, deren analytische Intelligenz die ihrer Schwestern übertraf, war mit 17 Jahren Lehrerin geworden. Mit ihren Ersparnissen finanzierte sie sich – zu einer Zeit, in der Frauen nur an wenigen Universitäten überhaupt zugelassen waren – ein Studium der Nationalökonomie in Heidelberg und in Berlin. 1900 promovierte sie sogar bei dem Soziologen Max Weber und wurde in Karlsruhe die erste Gewerbeinspektorin Badens. Nachdem sie kurz mit Max Webers Bruder Alfred verlobt gewesen war, heiratete sie 1902 Edgar Jaffé. Der Sohn einer wohlhabenden jüdischen Hamburger Kaufmannsfamilie, der bei Max Weber und Werner Sombart studiert hatte, gab mit den beiden Professoren zusammen die angesehene Zeitschrift *Archiv für Sozialwissenschaft und Sozialpolitik* heraus. 1904 habilitierte er sich und lehrte dann in Heidelberg Nationalökonomie, bis er 1910 einem Ruf nach München folgte.

Anfang 1907 besuchten die Schwestern Else und Frieda für mehrere Wochen lang ihre Schulfreundin Frieda Schloffer in München, die seit vier Jahren mit dem österreichischen Psychiater Otto Gross verheiratet war und gerade einen Sohn geboren hatte. Seit Otto Gross 1900 als Schiffsarzt Kokain konsumiert hatte, war er drogenabhängig. Mehrmals ließ er sich deshalb behandeln, ohne jedoch einen dauerhaften Erfolg zu erzielen. Trotz seiner Sucht hatte er sich 1905 in Graz habilitiert. Danach war der Vegetarier mit seiner Frau in die Künstlerkolonie auf dem Monte Verità bei Ascona im Tessin gezogen und im Herbst 1906 nach München, wo er nun in der Klinik des berühmten Psychiaters Emil Kraepelin arbeitete und sowohl in Künstler- als auch in Anarchistenkreisen verkehrte. »Zu dieser Zeit ist München der Sitz einer intellektuellen Bohème von rebellischer Vitalität.«[14] Otto Gross trat dafür ein, Instinkte nicht durch Tabus und Vorurteile zu unterdrücken. Die von der Moral verlangte Beschränkung des Sexuallebens auf die Ehe wollte er ebenso abschaffen wie die patriarchalische Familie, in der Frau und Kinder der Verfügungsgewalt des Mannes unterlagen, wie er es wohl selbst bei seinen Eltern erlebt hatte. Sexualkomplexe versuchte er nicht durch Psychoanalyse zu kurieren, sondern er ermutigte Patienten zum Versuch, sie durch Geschlechtsverkehr zu überwinden. »Otto Gross gehörte dem Kreis von Freuds abgefallenen Schülern an. Er stellte nicht die Sexualität, sondern deren Konfliktmodelle in das Zentrum der Psychoanalyse. [...] Er war der erste Gesellschaftskritiker unter den Psychoanalytikern.«[15]

Beide Besucherinnen – Else Jaffé und Frieda Weekley – erlagen der erotischen Ausstrahlung des 30-jährigen Freudianers (von dem Sigmund Freud sich allerdings distanzierte) und ließen sich auf Affären mit ihm ein. »Frieda war vom emotionalen Extremismus immer schon fasziniert gewesen, vielleicht weil sie selbst nie so kühn war, wie sie es gern gewesen wäre.«[16] Gross begleitete Frieda schließlich auf der Rückreise und verbrachte auch während der Überfahrt von Holland nach England die Nacht mit ihr in der Schiffskabine. Er hielt Frieda für eine »Frau der Zukunft«. Dass er sie schätzte und begehrte, stärkte ihr Selbstwertgefühl. »Frieda war begeistert von dem Übermaß an Aufmerksamkeit, das Gross ihr in den Wochen schenkte, die sie zusammen verbrachten. Obwohl sie verschmitzt zugab: ›Du überschätzt mich so sehr‹, feierte sie auch die verbalen Wonnen, mit denen er sie überschüttete – die so anders waren als die verschrobenen, sarkastischen, manchmal blasierten Konversationen Professor Weekleys, der [...] ›in seinen vorgefassten Meinungen einzementiert war‹.«[17] Offenbar veränderte sich Frieda durch die Begegnung mit Otto Gross, denn nach ihrer Ankunft in Nottingham meinte eine ihrer Töchter: »Du steckst in der Haut unserer alten Mutter, aber du bist nicht die Mutter, die von uns weggegangen ist.«[18]

Durch Otto Gross hatte Frieda die Macht der Erotik erfahren. Später schrieb sie selbstkritisch: »Ich war fanatisch überzeugt, dass Sex nur ›frei‹ zu sein brauche, um die Welt augenblicklich in ein Paradies zu verwandeln.«[19]

Friedas Schwester Else wurde in diesem Frühjahr von Otto Gross schwanger und gebar im Dezember einen Sohn, dem Edgar Jaffé großzügig seinen Namen gab. Er, Otto Gross, Else Jaffé und Frieda Gross blieben auch weiterhin befreundet.

Nachdem Otto Gross bereits 1906 in Ascona einer lebensmüden 29-Jährigen das Gift für ihren Suizid verschafft hatte, hielt er auch die Malerin Sophie Benz, eine seiner Geliebten und Patientinnen, nicht davon ab, sich im Frühjahr 1911 in Ascona das Leben zu nehmen. Daher wurde er im November 1913 in Berlin verhaftet und aus Preußen ausgewiesen. Sein Vater Hans, ein angesehener Kriminologie-Professor, ließ ihn daraufhin für geistesgestört erklären, entmündigen und in Irrenanstalten sperren. Erst im Juli 1914 erreichte Otto Gross, dass man ihn nach einer erneuten Begutachtung entließ. Fünf Jahre später zog er erneut nach Berlin, wo er 1920 im Alter von 42 Jahren unter kläglichen Umständen starb.

Im März 1912 lud Ernest Weekley seinen früheren Studenten David Herbert Lawrence zum Mittagessen ein. Als dieser eintraf, war der Professor jedoch noch nicht zu Hause. Daher führte

Frieda den Besucher ins Wohnzimmer. Später erinnerte sie sich an diese erste Begegnung: »Ich sehe ihn vor mir, wie er ins Haus tritt. Eine lange, hagere Gestalt, flinke gerade Beine, leichte entschiedene Bewegungen.«[20] Statt Small Talk mit der Gastgeberin zu betreiben, vertraute Lawrence der 32-jährigen Mutter von drei Kindern in den ersten Minuten bereits einige seiner Überzeugungen und Frustrationen an. »Mit einem Mal vermochte sie sich in die Empfindungen des schwächlichen, aber lebhaften Mannes hineinzuversetzen.«[21] »Dieser erstaunliche junge Mann, sechs Jahre jünger als sie, scheint ihr plötzlich neue Dimensionen des Erlebens zu offenbaren, eine tiefere, intensivere Menschlichkeit, die ihren eigenen, durch die Konventionen ihrer Umgebung bestimmten Alltag schal und farblos erscheinen lässt. Wie hatte sie sich von der Routine ihres bürgerlichen Familienlebens so einschläfern lassen, dass ihr die Sehnsucht nach den weiten Horizonten des Lebens abhandenkam? Wer ist dieser Mensch, der ihr im Laufe eines einzigen kurzen Gesprächs zu Bewusstsein bringt, dass sie in den zwölf Jahren ihrer angeblich glücklichen Ehe wie eine Schlafwandlerin gelebt hat?«[22]

David Herbert (»Bert«) Lawrence wurde am 11. September 1885 in der Industriestadt Eastwood nordwestlich von Nottingham geboren. Während seine aus einer methodistischen Familie stammende Mutter Lydia einige Zeit als Lehrerin unterrichtet und Gedichte veröffentlicht hatte, konnte sein Vater Arthur John kaum seinen Namen schreiben, denn er schuftete seit seinem siebten Lebensjahr im Kohlebergwerk. Bert war das vierte von fünf Kindern. Lydia Lawrence »war auf puritanische Art fromm, belesen, immer zum Diskutieren aufgelegt, streng im Urteil über alle, die nicht waren wie sie, hatte ein sehr ausgeprägtes Selbstbewusstsein«[23]. Sie weigerte sich, ihrem sechs Jahre älteren Mann zu gehorchen, wie dieser es von ihr erwartet hätte, und die Kinder entfremdete sie ihm, indem sie alles tat, um ihnen einen sozialen Aufstieg zu ermöglichen.

Anders als Frieda, die schon immer lieber mit rauflustigen Jungen herumtollte, bevorzugte Bert friedfertige Mädchen als Spielgefährtinnen. Ein Stipendium ermöglichte es ihm, mit zwölf Jahren auf die Nottingham Highschool zu wechseln, eine der besten Schulen der Grafschaft. Einem Mitschüler verdanken wir die folgende Beschreibung: »Er war ein magerer, bleichsüchtiger und schwächlicher Junge, immer peinlich sauber und ordentlich, zu schwach, um an unseren derben Spielen teilzunehmen, und ohne jede Neigung, es zu tun. Er liebte es, in einem verschwiegenen Winkel still für sich zu lesen.«[24]

Nach dem Abschluss der Highschool sah der 15-Jährige allerdings keine Zukunftsperspektive für sich, denn für ein Studium reichte das Geld nicht. Notgedrungen fing er deshalb als Schreibkraft in einer Fabrik an, die Prothesen und Gummistrümpfe herstellte und wo ihn die jungen Arbeiterinnen wegen seiner Naivität verspotteten. Einmal fielen sie in einem Lagerraum sogar kreischend über ihn her und versuchten, ihm die Hose herunterzureißen. In dieser Zeit starb sein sieben Jahre älterer Bruder Ernest in London an einer Lungenentzündung. Danach interessierte die Mutter sich für nichts mehr. Erst als Bert ebenfalls an einer Pneumonie erkrankte, erwachte sie aus ihrer Apathie und kümmerte sich um ihn. Er erholte sich auf der Farm der Familie Chambers außerhalb von Eastwood, wo er auch zuvor schon viel Zeit verbracht hatte, vor allem mit Jessie, der zweitältesten Tochter, deren erste Liebe er war. Einer ihrer Brüder erinnerte sich später an ihn: »Ich bewunderte ihn so wie er war: übermütig, von ansteckender Heiterkeit. Er elektrisierte alle zu neuer, intensiverer Tätigkeit, gleichgültig ob es sich um Arbeit oder Spiel handelte. Er machte alle größer, besser, klüger, als sie von Natur aus waren, und gab ihnen etwas von seiner eigenen unerschöpflichen Lebensfreude.«[25]

Lawrence erhielt schließlich eine Anstellung als Hilfslehrer in Eastwood, und ab Herbst 1903 besuchte er zusammen mit

Jessie Chambers die Lehrerbildungsanstalt in der Nachbarstadt Ilkeston. Seine Ersparnisse und ein Stipendium versetzten ihn 1906 in die Lage, sich am University College Nottingham einzuschreiben, wo Ernest Weekley einer seiner Professoren war. Nach zwei Jahren machte Lawrence seinen Abschluss und wurde Grundschullehrer im Londoner Vorort Croydon.

»Sein Benehmen war sanft, bescheiden und zartfühlend«,[26] konstatierte eine Frau, die ihn damals kannte. Hin und wieder unternahm er Wanderungen mit zwei Kolleginnen, von denen eine, Helen Corke, einen jungen, verheirateten Musiker liebte. Als dieser sich 1909 das Leben nahm, versuchte Lawrence Helen zu trösten. Im Zuge dessen begann er sie zu begehren, aber Helen Corke verweigerte sich und beließ es bei einer Freundschaft.

Jessie Chambers ermutigte ihren langjährigen Freund immer wieder zum Schreiben, und als er nach dem ersten Misserfolg resignierte, schickte sie heimlich einige seiner Werke an die *English Review*. Daraufhin publizierte das Literatur-Magazin im Winter 1909/10 eine Erzählung und einige Gedichte von D. H. Lawrence. An dem Roman *Der weiße Pfau* fand der Chefredakteur der *English Review* zwar einiges auszusetzen, dennoch empfahl er ihn einem Buchverleger. Nachdem dieser das Manuskript angenommen hatte, drängte Lawrence zur Eile, denn seine Mutter war seit Sommer 1910 schwer krank, und er wollte ihr das fertige Buch unbedingt noch zeigen, bevor sie starb. (Lydia Lawrence lebte noch bis zum 9. Dezember.*)

Die Mutter erlebte noch mit, wie ihr Sohn sich mit Louisa (»Louie«) Burrows verlobte. Die beiden hatten sich beim Lehrerseminar in Ilkeston kennengelernt und angefreundet. Seine

---

* Robert Lucas hält es für möglich, dass D. H. Lawrence das Leiden seiner Mutter wie die Romanfigur Paul Morel in *Söhne und Liebhaber* mit einer Überdosis Morphium verkürzte (Robert Lucas: *Frieda von Richthofen. Ihr Leben mit D. H. Lawrence*, Kindler Verlag, 1974, S. 120).

Hoffnung, endlich mit einer Frau schlafen zu dürfen, erfüllte sich jedoch nicht.» Sexuelle Frustriertheit trieb ihn zur Verzweiflung. Welchen tückischen Streich hatte ihm das Schicksal gespielt, als es ihn mit drei Frauen verband, die ihn bewunderten und liebten, aber ihm unzugänglich blieben? Seine Freundschaft mit Helen Corke war hoffnungslos von der Tragödie überschattet, von der sie ihren Ausgang genommen hatte. [...] Jessie, die arme Jessie, die ihn trotz aller Demütigungen noch immer in ihrer puritanischen Weise vergötterte, entzog sich ihm, sobald er in seiner Bedrängnis den Versuch einer sexuellen Annäherung unternahm. Und Louie, die seine Braut war, weigerte sich, sein Bett zu teilen, solange ihr Bund nicht den kirchlichen Segen erhalten hatte.«[27]

Nachdem bei ihm Tuberkulose diagnostiziert worden war, löste D. H. Lawrence im Februar 1912 die Verlobung, kündigte seinen Arbeitsvertrag und kehrte zu seinem Vater nach Eastwood zurück. Weil er sich in Deutschland eine neue Stelle suchen wollte, bat er seinen früheren Professor Ernest Weekley um Rat, da dieser nach wie vor Kontakte zu deutschen Akademikern pflegte. Wie bereits erwähnt, lud Weekley ihn daher eines Tages zum Mittagessen ein – ohne zu ahnen, welche Folgen das für alle Beteiligten haben würde. Lawrence blieb bis zum Abend bei den Weekleys. In Friedas Memoiren heißt es: » Wenn ich nun zurückblicke, überrascht es mich, dass Lawrence sich tatsächlich auf den ersten Blick in mich verlieben konnte. Ich vermag mir kaum vorzustellen, dass ich damals eine besonders liebenswerte Frau gewesen sein könnte. Ich war 31 und hatte drei Kinder. Meine Ehe schien glücklich zu sein. Ich besaß alles, was eine Frau vernünftigerweise verlangen kann.«[28]

Bald darauf begleitete Frieda ihn mit den Kindern zu einer Farm bei Eastwood, deren Besitzer Jessie Chambers' ältere Schwester May geheiratet hatte. Zufällig traf er dort ein letztes Mal mit seiner Jugendfreundin zusammen.

Es kam, wie es kommen musste: Die Frau des Professors und

der Lehrer verliebten sich ineinander. Während Ernest Weekley verreist war, trafen sich die beiden, aber als Frieda vorschlug, die Nacht gemeinsam zu verbringen, lehnte Lawrence das verlockende Angebot ab, denn er hielt es für verwerflich, hinter dem Rücken ihres Ehemanns mit ihr zu schlafen. Stattdessen drängte er sie, Ernest die Wahrheit zu sagen, sich von ihm zu trennen und ihn, Lawrence, zu heiraten. »Völlig unvermittelt sieht sich Frieda vor eine tragische Wahl gestellt – nicht nur zwischen dem Mann, der ihr Gatte ist, und jenem anderen, den sie leidenschaftlich liebt; sondern auch zwischen ihren Kindern, der Sicherheit ihres Heims, der Bequemlichkeit ihres bürgerlichen Lebens – und der Ungewissheit einer gefahrvollen Zukunft.«[29]

Anlässlich des 50. Jahrestages seiner Aufnahme in die Kadettenanstalt lud Friedrich Freiherr von Richthofen zu einer Feier am 4. Mai 1912 ein. Frieda plante daher, eine Woche bei ihren Eltern in Metz zu bleiben. Lawrence wollte sie begleiten und dann von Metz aus weiter zu Verwandten nach Waldbröl fahren, von denen er sich Hilfe bei der Stellensuche erwartete. Erst am Tag vor der Abreise bat Frieda ihren Mann um ein Gespräch über ihre Ehe. Sie gestand zwar, ihn mit Will Dowson und Otto Gross betrogen zu haben, aber David Herbert Lawrence erwähnte sie offenbar nicht. In Metz nahmen Frieda und ihr bisher noch platonischer Geliebter getrennte Hotelzimmer. Und damit niemand argwöhnte, dass sie ein Liebespaar waren, sahen sie sich nur selten. Als Lawrence jedoch während eines Spaziergangs festgenommen wurde, weil man ihn verdächtigte, ein englischer Spion zu sein, musste Frieda die Heimlichtuerei beenden, damit ihr Vater den Häftling aufgrund seiner Beziehungen freibekam.

Lawrence entzog sich dieser peinlichen Situation, indem er nach seiner Freilassung nach Trier floh, wohin ihm Frieda nach einigen Tagen folgte. Sie fuhr von dort weiter zu ihrer Schwester Else nach München, während er seine Verwandten in Waldbröl besuchte. Ende Mai trafen sie sich in München wieder und quartierten sich in einem Gasthof in Beuerberg bei Wolfratshausen ein. Damit endete für Lawrence die Zeit der sexuellen Frustration.

Else, die sich im Vorjahr von Edgar Jaffé getrennt hatte und mit den Kindern nach Irschenhausen gezogen war, allerdings eng mit ihm befreundet blieb, überredete Alfred Weber, ihrer Schwester und deren Liebhaber seine Vier-Zimmer-Wohnung in Icking zur Verfügung zu stellen. Hier lebten Frieda Weekley und D. H. Lawrence wie ein Ehepaar zusammen. Sie schwammen nackt in der Isar, sonnten sich unbekleidet und schwelgten im Liebesglück. Der Bergarbeitersohn stellte rasch fest, dass die Baroness weder kochen noch eine Wohnung in Ordnung halten konnte. »Sie arbeitete höchst ungern und überließ die häuslichen Pflichten D. H.«[30] »Es besteht kein Zweifel, dass Frieda das Gegenteil von Disziplin und Askese darstellt, ja sogar das Gegenteil jeglichen Berufsethos, jeglichen Berufes; tatsächlich bedauerte sie die Männer, weil sie ihre Zeit mit Arbeit vergeudeten.«[31] Später erinnerte sich Frieda daran, dass sie in Icking manchmal den ganzen Tag im Bett lag: »Ich glaube, es schockierte [Lawrence] ziemlich, dass ich so undiszipliniert war.«[32] Auch neigte sie manchmal zu sehr spontanem Verhalten: Als ihr einmal am Isar-Ufer ein Absatz abbrach, warf sie zum Entsetzen ihres Begleiters beide Schuhe kurzerhand ins Wasser.

Zu schaffen machte ihr lediglich die Sorge, auf ihre drei Kinder verzichten zu müssen. Ernest Weekley ließ nämlich keinen Zweifel daran, dass er ihr im Fall einer endgültigen Trennung das Sorgerecht streitig machen würde. Er entließ das langjährige Kindermädchen Ida Wilhelmy, löste seinen Haushalt auf und zog mit den Kindern zu seinen Eltern nach London. Um in der Nähe des University College in Nottingham eine Bleibe für die Wochentage zu haben, mietete er dort ein möbliertes Zimmer. Für den Schmerz der von ihren Kindern getrennten Mutter zeigte D. H. Lawrence wenig Verständnis, im Gegenteil: Friedas Mutterliebe machte ihn eifersüchtig. Schroff forderte er sie auf, sich zwischen ihm und den Kindern zu entscheiden.

Im August packten Frieda und ihr Lebensgefährte Rucksäcke und brachen zu Fuß nach Süden auf, denn Lawrence suchte nun keine Anstellung mehr; er wollte lieber Schriftsteller werden. Sie ernährten sich auf ihrer Reise vorwiegend von Roggenbrot, Eiern und im Wald gesammelten Beeren. In den Unterkünften benutzten sie verbotenerweise ihren mitgebrachten Spirituskocher, um Tee zu kochen. Im Zillertal schloss sich ihnen David an, der 20-jährige Sohn des englischen Schriftstellers Edward Garnett, und dessen Ehefrau Constance, die russische Klassiker übersetzte. David Garnett wunderte sich über die Konzentrationsfähigkeit von D. H. Lawrence, der an einem Manuskript arbeiten konnte, während Frieda und er sich neben ihm angeregt unterhielten. Nach einer Bergwanderung in Südtirol verabschiedete sich David wieder von ihnen, und sie zogen weiter zum Gardasee. Sieben Monate lang wohnte das Paar in einem Zimmer in Gargnano. Als Frieda dort zum ersten Mal in ihrem Leben Bettlaken wusch, überschwemmte sie den Fußboden.

D. H. Lawrence, den Frieda von nun an »Lorenzo« nannte, vollendete in Gargnano den Roman *Söhne und Liebhaber*. Im November schickte er seinem Verleger dann das überarbeitete Manuskript. »Die ersten Monate seines Zusammenlebens mit Frieda gehören zu den fruchtbarsten seines Lebens. Sie hat die Schleusen seines Schaffensstroms geöffnet, und seine Energien scheinen unerschöpflich zu sein.«[33]

Im Frühjahr 1913 kehrte das Paar nach Oberbayern zurück, wo ihnen Edgar Jaffé ein Häuschen in Irschenhausen besorgt hatte. Lorenzo wäre dort gern mehrere Monate geblieben, aber Frieda zog es wegen ihrer Kinder zurück nach England. Daher quartierten sie sich im Juni bei den Garnetts auf deren Anwesen nördlich von Edenbridge in der Grafschaft Kent ein. David Garnett begleitete Frieda in der Folge an mehreren Tagen nach London, wo sie versuchte, einen Blick auf Monty, Elsa oder Barbara zu erhaschen. Schließlich gelang es ihr, an ihren 13-jährigen Sohn heranzukommen, als dieser das Schulgebäude verließ, und ein paar Minuten in einem Tearoom mit ihm zu reden. Kurz darauf schloss sie ihre beiden jubelnden Töchter auf der Straße in die Arme. Elsa und Barbara berichteten offenbar ihrem Vater arglos davon, denn als Frieda sich ihnen ein paar Tage später noch einmal näherte, wichen sie ängstlich vor ihr zurück.

Frieda und Lorenzo freundeten sich in dieser Zeit mit dem Literaturkritiker John Middleton Murry und seiner bisexuellen Lebensgefährtin Katherine Mansfield* aus Neuseeland an. Murry stammte aus ärmlichen Verhältnissen, ähnlich wie Lawrence, und hatte es ebenfalls geschafft, trotzdem zu studieren. Katherine hingegen, die 1911 mit einer Sammlung Kurzgeschichten ihre Karriere als Schriftstellerin begonnen hatte, war wie Frieda in gehobenen gesellschaftlichen Verhältnissen aufgewachsen; ihr Vater, Sir Harold Beauchamp, leitete die Bank von Neuseeland. Bei beiden Paaren war der Mann ledig, die Frau indessen mit einem anderen verheiratet. Murry schrieb später über seinen Freund: »Lawrence war der bemerkenswerteste und liebenswerteste Mensch, den ich je kannte. Der Kontakt zu ihm war unmittelbar, eng und bereichernd. Er hatte eine Ausstrahlung voll warmen Lebens. Wenn er vergnügt war, und er war häufig vergnügt – ich erinnere mich an ihn vor allem als einen heiteren und glücklichen Menschen –, schien er einen sinnlichen Zauber um sich zu verbreiten.«[34]

Eine lang anhaltende Freundschaft entwickelte sich auch zwischen D. H. Lawrence, seiner Lebensgefährtin und dem Ehepaar Asquith. Bei Herbert Asquith handelte es sich um den

---

* Ihr voller Name lautete Katherine Mansfield Beauchamp. Die beiden Vornamen verwendete die Schriftstellerin als Pseudonym.

zweiten Sohn des regierenden Premierministers. Seine Frau, Lady Cynthia, war voll der Bewunderung für ihren neuen Freund: »Man konnte unmöglich mit Lawrence im Freien sein, ohne sich der erstaunlichen Wachheit seiner Sinne bewusst zu werden und zu begreifen, dass er eine intensivere Daseinsform verkörperte.«[35] Ähnlich erlebte es auch der Schriftsteller Aldous Huxley: »Das Zusammensein mit Lawrence war immer abenteuerlich – wie eine Entdeckungsreise in Neuland. Denn er selbst, Bürger einer anderen Weltordnung, bewohnte ein anderes Universum als die Allgemeinheit – eine freundlichere, intensivere Welt.«[36]

Nach einem erneuten Aufenthalt in Irschenhausen beschlossen Frieda und Lorenzo im Herbst 1913, den Winter wieder in Italien zu verbringen. Während Frieda vorher noch ihre Eltern besuchte, wanderte D. H. Lawrence über die Alpen nach Mailand, wo sie sich treffen wollten. Diesmal mieteten sie ein Haus bei Fiascherino südlich von Lerici am Golf von La Spezia. Als sie im Mai 1914 die Nachricht erhielten, dass Friedas Ehe geschieden war, kehrten sie nach England zurück und heirateten am 13. Juli in London. »Diese Heirat war ein Tribut, den Frieda Lawrences Puritanismus zollte. Ihr war es gleichgültig, ob sie verheiratet waren oder nicht.«[37] D. H. Lawrence dagegen »glaubte an die Ehe und an das häusliche Leben«[38]. »Trotz seiner Verachtung für bürgerliche Konventionen sieht Lawrence in der Eheschließung einen tief symbolischen Akt, der die Heiligkeit der Verbindung zwischen Mann und Frau besiegelt.«[39]

Einmal begleitete Lorenzo seine Frau von Chesham nordwestlich von London, wo sie ein kleines Haus bewohnten, nach Nottingham. Während er seinen Vater im nahen Eastwood besuchte, wollte Frieda dort mit ihrem Exmann über die Kinder reden. Statt sich auf ein Gespräch einzulassen, warf Ernest Weekley sie jedoch hinaus. Er verweigerte ihr auch strikt jeden Kontakt mit Monty, Elsa und Barbara.

Der Ausbruch des Ersten Weltkriegs brachte Frieda Lawrence in eine unangenehme Lage: Obwohl sie seit 15 Jahren in England lebte und mit einem Briten verheiratet war, betrachteten die Einheimischen sie immer noch als Deutsche und belauerten sie daher argwöhnisch – in Chesham ebenso wie in Greatham in Sussex, wohin sie Anfang 1915 zogen.

Im Frühjahr 1915 arrangierte die englische Aristokratin und Kunstmäzenin Lady Ottoline Morrell eine Begegnung ihres Liebhabers Bertrand Russell mit D. H. Lawrence. Dass Frieda die schwärmerische Verehrung ihres Ehemanns gar nicht gefiel, bezeugt eine Bemerkung Ottoline Morrells: »Im Beisein von Frieda glaubt man, neben einer Tigerin zu sitzen, die im nächsten Augenblick springen und entweder Lawrence oder einen von uns zerfleischen wird. Dass wir alle Lawrence – oder Lorenzo, wie sie ihn nennt – liebten und bewunderten und sie für eine nicht so bedeutende Person hielten wie ihn, machte sie eifersüchtig. Sie sagte sogar mit einer lauten, herausfordernden Stimme: ›Ich bin ebenso außergewöhnlich und bedeutend wie Lorenzo.‹ Wirklich, bei allen unseren Gesprächen war sie sehr aggressiv und von sich eingenommen. Ich befürchtete, dass sie ihn bereits gegen Bertie [Russell] einnahm, weil Bertie ihr nicht schmeichelte.«[40] Ob Ottoline Morrell damit recht hat oder nicht – jedenfalls überwarfen die beiden Männer sich nach kurzer Freundschaft, denn sie stimmten zwar in der pazifistischen Grundeinstellung überein, aber Lawrence widersprach der demokratischen Überzeugung des Philosophen: »Ich glaube nicht an demokratische Kontrolle … Das Ganze muss einen wirklichen Kopf an der Spitze haben, wie alles Organische, keine albernen Republiken mit albernen Präsidenten, sondern ein gewählter König.«[41] Später schrieb er unter dem Eindruck eines Aufenthalts in Australien: »Je mehr ich von der Demokratie sehe, umso mehr missfällt sie mir. Sie senkt alles auf das ordinäre Niveau von Löhnen und Preisen, von elektrischem Licht und WCs und sonst nichts.«[42]

Im Gegensatz zu Bertrand Russell misstraute D. H. Lawrence auch grundsätzlich der Vernunft und glaubte an den Nutzen der Intuition: »Meine große Religion ist der Glaube, dass das Blut, das Fleisch weiser ist als der Intellekt. Unsere Gedanken können einen falschen Weg einschlagen. Aber was unser Blut fühlt und glaubt und sagt, ist immer wahr. Der Intellekt ist nur ein Zaum und ein Zügel.«[43] Seine Romane spiegeln diese Überzeugung wider. Sie »gleichen nicht kunstvoll angelegten Gärten, sondern offenen, wild gewachsenen Landschaften. Zum Unterschied von seinem Zeitgenossen und literarischen Antipoden James Joyce schafft er keine neuen Ausdrucksformen, er stößt nicht mit Hilfe kühner linguistischer Konstruktionen und poetischer Gedankenassoziationen in Gefilde des Unterbewusstseins vor, wo sich die Mythen und die Geschichte der Menschheit mit der intellektuellen Realität des Alltags vermählen. Lawrences Kunst ist viel unmittelbarer, sie entspringt seiner einzigartigen Wahrnehmung der Natur und seiner intuitiven Erfassung von Charakteren, ihre Wirkung kommt von der Vitalität seines Stils.«[44]

Lawrence stellte den Sexualtrieb in seinen Büchern als etwas vollkommen Natürliches dar, dessen man sich nicht zu schämen braucht, bestand jedoch darauf, dass seine Frau Unterwäsche aus Baumwolle trug, weil ihm Seidendessous hurenhaft vorkamen. »Für schamlos hält er das verquere Verhältnis der viktorianischen Kultur zum Sexus, da sie als niedrig verurteilt, was sie insgeheim mit größtem Interesse betreibt. Lawrence wehrt sich gegen dieses Bild vom Menschen, das wichtige Grunderfahrungen seines Lebens nicht integrieren kann.«[45] »Er hielt Leidenschaft für wichtiger als Moral.«[46] Simone de Beauvoir interpretierte ihn folgendermaßen: »Lawrence lehnt leidenschaftlich die Antithese Geschlecht – Gehirn ab. [...] Der Wille zum Leben, der sich im Phallus ausdrückt, ist Freude: und in ihm müssen Denken und Handeln ihren Ausgangspunkt haben, wenn sie nicht leerer Begriff, unfruchtbarer Mechanismus bleiben sollen.«[47] Möglicherweise war Lawrence durch Friedas Vermittlung von Otto Gross' Denkweise beeinflusst, wenn er im Geschlechtsakt die Urkraft des Lebens vermutete und der Sexualität regenerative Kräfte zuschrieb. »Kein anderer moderner Autor hat der physischen Vereinigung von Mann und Frau eine solche mystische, ja religiöse Bedeutung beigemessen.«[48]

Die viktorianische Gesellschaft, in der selbst Tischbeine verhüllt werden mussten und Bücher von Autorinnen im Regal nicht zwischen denen ihrer männlichen Kollegen stehen durften, nahm den offenen Umgang mit der Sexualität freilich nicht hin: Über 1000 im Verlag und in der Druckerei beschlagnahmte Exemplare des im Herbst 1915 veröffentlichten Romans *Der Regenbogen* von D.H. Lawrence wurden aufgrund eines Gerichtsurteils vom November wegen des angeblich unzüchtigen Inhalts vernichtet.

Ungeachtet der freizügigen Einstellung, die D.H. Lawrence in seinen Romanen gegenüber der Sexualität vertrat, erwartete er, dass Frauen sich ihren Männern unterwarfen. »Meiner Ansicht nach muss die Frau dem Mann irgendwie die Führung überlassen, und er muss diese Führung übernehmen. Männer müssen, wie ich denke, absolut ihren Frauen vorangehen, ohne sich umzudrehen und die Erlaubnis oder Zustimmung ihrer Frauen einzuholen. Die Frauen müssen daher folgen, sozusagen ohne Fragen zu stellen. Ich kann es nicht ändern: das ist meine Überzeugung. Es ist nicht die Friedas. Daher unser Kampf.«[49] Frieda war in der Tat nicht bereit, »sich seinem männlichen Supremat zu beugen«[50] und ihre Identität aufzugeben. Die schottische Schriftstellerin Catherine Carswell meinte dazu: »Manchmal schien es, dass er eher eine Naturgewalt gewählt hatte – eine weibliche Naturgewalt – als eine individuelle Frau. Für Lawrence war Frieda abwechselnd eine böige und eine lachende Brise, ein heilender Regen oder ein zum Wahnsinn treibendes Unwetter der Dummheit, eine erheiternde Sonne oder ein blind einschlagender Blitz. Sie war die gedankenlose Weiblichkeit, halsstarrig, trotzig, respektlos, streitsüchtig, rechthaberisch, rachsüchtig, verschlagen, unlogisch, heimtückisch, skrupellos und egoistisch. Manchmal hasste sie Lawrence und er sie. Es gab manches in ihm, das sie verspottete, und es gab manches in ihr, das ihn zur Raserei trieb.«[51]

D. H. Lawrence verabscheute die Industrialisierung. Er träumte davon, in Florida eine naturverbundene Künstlerkolonie (»Rananim«) zu gründen und in diesem Mikrokosmos gemeinsam mit Gleichgesinnten eine bessere Gesellschaft aufzubauen. Der neun Jahre jüngere Schriftsteller Aldous Huxley gehörte zu den Idealisten, die sich ihm anschließen wollten. Aber als alle zur Abreise bereit waren, verschob der Initiator die Verwirklichung des Projekts. Nach mehreren Umzügen in England richteten Frieda und er sich im Frühjahr 1916 an der Südwestspitze von Cornwall häuslich ein. Weil die Idee der Künstlerkolonie weiter bestand und sie nun hier entstehen sollte, überredeten sie John Middleton Murry und Katherine Mansfield, ebenfalls nach Cornwall zu ziehen. Schon aus dieser Zeit gibt es Erzählungen über heftige Auseinandersetzungen zwischen Frieda und Lorenzo, bei denen zuweilen auch mit Geschirr geworfen wurde. Katherine Mansfield berichtete einer Freundin aus Cornwall: »Er schlug sie – er schlug sie, als ob er sie umbringen wollte – auf das Herz, das Gesicht, die Brust; er raufte ihr das Haar aus.«[52] »Nur eine Frau wie Frieda, mit ihrem Selbstvertrauen, ihrer Gesundheit, Stärke, guten Erscheinung und Vitalität konnte das Leben mit einem Genie aushalten, das so viel Erbitterung, Nervenverbrauch, Rechthaberei, tiefes Misstrauen und Eigensinn einschloss.«[53] Trotz aller Streitigkeiten zeigte sich Frieda in ihren Memoiren dankbar: »Unsere Beziehung war weder eine Liebesgeschichte noch eine Leidenschaft, ebenso wenig wie sein Schaffen ein bürgerlicher Beruf war. Seine Liebe machte alle Beschämungen und Hemmungen, die Irrtümer und Nöte meiner

Vergangenheit zunichte. Er erkämpfte mir die Freiheit meines Wesens, dass ich leicht wie ein Vogel leben konnte.«[54]

Während des Aufenthalts in Cornwall musste der Schriftsteller sich zweimal zur militärärztlichen Untersuchung melden, wurde allerdings wegen seiner kranken Lunge als für den Kriegsdienst untauglich eingestuft. Als das Ehepaar Lawrence 1917 eines Tages bei dem schottischen Musiker Cecil Gray eingeladen war, der ein Haus an der Küste von Cornwall bewohnte, sangen sie zusammen deutsche Volkslieder – bis die Polizei kam und sie nicht nur verdächtigte, mit dem Feind zu sympathisieren, sondern auch, einem feindlichen U-Boot Lichtsignale gegeben zu haben. Man hielt sie für Spione. Einige Tage später wurde daher auch das von Frieda und Lorenzo gemietete Cottage polizeilich durchsucht. Man beschlagnahmte sogar ein Notizbuch des Schriftstellers und forderte das Ehepaar auf, Cornwall zu verlassen. Der Dichter Richard Aldington stellte ihnen Zimmer in London zur Verfügung, und einige Zeit später zogen sie nach Berkshire und schließlich nach Derbyshire.

Am 11. September 1918, seinem 33. Geburtstag, musste D. H. Lawrence sich zum dritten Mal einer Musterung unterziehen. Diesmal befanden die Ärzte jedoch, dass er für Büroarbeiten in militärischen Einrichtungen durchaus geeignet sei. Bevor er eingezogen wurde, endete allerdings der Krieg. Endlich konnte Frieda nun wieder ihre seit 1915 verwitwete Mutter besuchen, die seit dem Tod ihres Mannes in einem Stift in Baden-Baden lebte. Nach einem mehrwöchigen Aufenthalt in dem Kurort fuhr sie weiter nach Florenz, wo sie sich am 3. Dezember 1919 mit ihrem Mann traf. Ein paar Tage später besorgte ihnen der auf Capri lebende schottische Schriftsteller Compton Mackenzie eine Unterkunft auf der Insel. Schließlich reisten sie weiter nach Sizilien und mieteten in Taormina eine Wohnung. In *Das Meer und Sardinien* beschrieb D. H. Lawrence einen Ausflug nach Sardinien im Jahr 1920. Aufgrund der Honorare für dieses Buch und andere Veröffentlichungen verbesserte sich seine finanzielle Lage, und er war nicht mehr auf Zuwendungen von Freunden angewiesen.

Im Frühjahr 1921 erhielt Frieda ein Telegramm mit der Nachricht, dass ihre Mutter schwer erkrankt sei. Daraufhin eilte sie sofort nach Baden-Baden. Nachdem Anna von Richthofen sich wieder erholt hatte, schaute Frieda in München nach einem weiteren Kranken: Edgar Jaffé – der von November 1918 bis Februar 1919 Finanzminister in der Bayerischen Räterepublik unter Kurt Eisner gewesen war – lag mit einer Lungenentzündung im Krankenhaus. Frieda sah ihren Schwager zu diesem Zeitpunkt zum letzten Mal, denn er starb am 29. April 1921. Im Sommer besuchte das Ehepaar Lawrence Friedas Schwester Johanna in Tirol. Deren Ehe mit dem Hasardeur Max von Schreibershofen stand vor dem endgültigen Scheitern.

D. H. Lawrence zog es nach New York. Die mit ihm befreundete amerikanische Dichterin Amy Lowell warnte ihn zwar vor der Prüderie der Amerikaner, aber er ließ sich von seinem Vorhaben nicht abbringen und folgte einer Einladung der Mäzenin und Schriftstellerin Mabel Sterne in die Künstlerkolonie Taos in New Mexico.

Mabel war 1879 – ein halbes Jahr vor Frieda – in Buffalo/New York als einzige Tochter des steinreichen Ehepaares Charles und Sara Ganson zur Welt gekommen. Nach einer lieblos verbrachten Kindheit und Jugend heiratete sie im Alter von 21 Jahren Carl Evans, den Sohn einer Reeder-Familie. Mit Edwin Dodge, ihrem zweiten Ehemann, richtete sie sich 1905 in einem florentinischen Palazzo ein. Eleonora Duse, Gertrude Stein und andere Prominente gehörten zu den Gästen der bisexuellen und promiskuitiven Amerikanerin, die es ablehnte, sich über einen Mann zu definieren, und dennoch schrieb: »Ich frage mich, ich frage mich wirklich, ob eine Frau je etwas schaffen kann, was nicht der Mann aus ihr herauszieht. Mir scheint, die Aufgabe des männlichen Prinzips besteht darin, dem weiblichen Leben als Antrieb zu dienen.«⁵⁵

Als das Leben in Florenz sie zu langweilen begann, kehrte sie 1912 allein nach New York zurück und scharte als Salonière und Kunstmäzenin die Boheme in Greenwich Village um sich. Einige Zeit lebte sie mit dem deutlich jüngeren Journalisten John (»Jack«) Reed zusammen, dann heiratete sie den Maler Maurice Sterne. Mit ihm und einer Anthropologin gründete sie 1918 in Taos als Antithese zu Stadt und Zivilisation eine Künstlerkolonie. Schließlich begann sie eine Liebschaft mit dem Pueblo-Indianer Antonio (»Tony«) Luhan und verjagte ihren eifersüchtigen Gatten. (Luhan wurde 1923 ihr vierter Ehemann.) Nachdem sie ein Buch von D. H. Lawrence gelesen hatte, drängte sie ihn in Briefen, mit seiner Frau nach Taos zu kommen.

Die beiden schifften sich Ende Februar 1922 auch tatsächlich in Neapel ein, wählten aber nicht den direkten Weg über den Atlantik, sondern die entgegengesetzte Richtung. Nach einem siebenwöchigen Aufenthalt auf Ceylon beim befreundeten amerikanischen Malerehepaar Achsah und Earl Brewster reisten sie weiter über Australien, Neuseeland und Tahiti nach San Francisco. Von dort aus fuhren sie über Santa Fe nach Taos, wo sie an Lorenzos 37. Geburtstag eintrafen. Mabel versuchte, Lawrence zu überreden, mit ihrer Unterstützung an einem Roman über sie zu arbeiten. Diesen Plan durchkreuzte Frieda allerdings, denn sie sah in Mabel eine Rivalin. Das Ehepaar Lawrence wohnte nur kurze Zeit in Taos, dann bezog es 20 Kilometer nördlich von der Stadt ein altes Berghaus, das zur Del-Monte-Ranch gehörte. Das behielten sie auch, als sie sich im Frühjahr 1923 in der mexikanischen Stadt Guadalajara am See von Chapala einquartierten und vier Monate später nach New York fuhren. Dort ging Frieda am 28. August nach einem heftigen Streit mit ihrem Mann allein an Bord eines Schiffes nach Europa. In England traf sie sich mit ihren Kindern, bevor sie nach Deutschland aufbrach, um ihre

Mutter in Baden-Baden zu besuchen. Der um seine Frau trauernde John Middleton Murry begleitete sie – und schlief mit ihr. Er hatte Katherine Mansfield nach deren Scheidung 1918 geheiratet, obwohl sie damals bereits an Tuberkulose erkrankt war. Im Februar 1923, noch in Taos, hatten Frieda und Lorenzo die Nachricht vom Tod der 34-jährigen Freundin am 9. Januar erhalten.

D. H. Lawrence hatte wohl zunächst angenommen, seine Frau werde von sich aus zu ihm zurückkehren, aber als das nicht geschah, folgte er ihr im November nach London. »Nachdem Lawrence so viel darüber gepredigt und geschrieben hatte, dass es die Pflicht der Frau sei, sich ihrem Manne zu unterwerfen, war es für ihn sehr demütigend, zu entdecken, dass Frieda gut ohne ihn auskam und dass er gezwungen worden war, sie zu holen.«[56]

Er schien zu spüren, dass Frieda ihn mit Murry betrogen hatte. Jedenfalls wusste er, dass sie ihm nicht immer treu war. »Frieda und Lawrence hatten zweifellos ein inniges leidenschaftliches Liebesleben«, meinte Aldous Huxley. »Aber das hinderte Frieda nicht, gelegentlich Verhältnisse mit preußischen Kavallerieoffizieren und italienischen Bauern zu haben, die sie eine Saison lang liebte und ohne dass ihre Liebe zu Lawrence und der tiefe Glaube an seine Genialität in irgendeiner Weise beeinträchtigt wurden.«[57]

Nach einem weiteren Besuch in Baden-Baden kehrten Frieda und Lorenzo im Frühjahr 1924 nach Taos zurück. Von den vielen Freunden, denen sie von der Künstlerkolonie vorgeschwärmt hatten, begleitete sie nur die Malerin Dorothy Brett, die den Schriftsteller verehrte.

Mabel bot Lawrence ein ihrem Sohn gehörendes Areal etwas oberhalb der Del-Monte-Ranch als Geschenk an. Er lehnte es zunächst ab, aber Frieda zerstreute seine Bedenken, und Mabel erhielt als Gegenleistung das Manuskript des Romans *Söhne und Liebhaber*. Dorothy Brett zog mit dem Ehepaar Lawrence auf die Kiowa-Ranch. Die Malerin machte sich nützlich, indem sie

Manuskripte auf einer Schreibmaschine abtippte. »Der Hauptteil der Arbeit wird wie immer von DHL geleistet. Er fällt Bäume und zersägt sie, zimmert Schränke und Stellagen, setzt den Schornstein instand, bäckt Brot [...], kocht die von ›The Brett‹ gesammelten Erdbeeren ein, sorgt für die Pferde – und schreibt.«[58] Das Leben auf der Kiowa-Ranch gefiel auch Frieda, obwohl es weder einen Stromanschluss noch fließendes Wasser gab. Post, Milch und Butter mussten sie von der gut drei Kilometer entfernten Del-Monte-Ranch holen.

Während eines Aufenthalts in Mexiko im Winter 1924/25 geriet Frieda mit Dorothy Brett in Streit. Sie ertrug die hingebungsvolle Anbetung nicht länger, die Dorothy ihrem Idol entgegenbrachte, und warf den beiden vor, sich »wie ein Kurat und eine alte Jungfer«[59] zu benehmen. Dass die beiden nicht miteinander schliefen, schrie sie, sei völlig unnatürlich und darum nicht mit anzusehen. Daraufhin kehrte die Künstlerin allein nach Taos zurück und suchte Zuflucht auf der Del-Monte-Ranch.

Lawrence, der bereits in Taos Blut erbrochen hatte, erkrankte in Mexiko an Malaria, und auch die Tuberkulose machte ihm wieder zu schaffen. An der Grenze in El Paso wurde ihm deshalb die Einreise verweigert. Zwei Tage lang mussten er und Frieda warten, bis sie endlich ins Land gelassen wurden. Entsprechend erschöpft trafen sie auf der Kiowa-Ranch ein. Schließlich erholte Lawrence sich aber so weit, dass er sich mit Frieda nach Europa einschiffen konnte. Er wusste, dass der Abschied von Taos für immer war, weil ihn die amerikanische Immigrationsbehörde gewiss nicht noch einmal einreisen lassen würde.

Wegen des wärmeren Klimas suchten Frieda und Lorenzo sich wieder eine Unterkunft in Italien und quartierten sich in Spotorno, einem Fischerdorf bei Savona, in der Villa Bernarda ein, die dem Leutnant Angelo Ravagli gehörte.

In Scandicci, einem Vorort von Florenz, mietete das Ehepaar 1926 dann die Villa Mirenda, in der D. H. Lawrence den Roman

Lady Chatterley schrieb – und ernsthaft zu malen begann, nachdem ihm Maria Huxley, die Ehefrau von Aldous Huxley, die längst auch zu den engen Freunden des Ehepaares Lawrence zählte, vier leere Leinwände geschenkt hatte.

Am 14. Juli 1926 feierten Frieda und Lorenzo in Baden-Baden Anna von Richthofens 75. Geburtstag. Danach hielten sie sich einige Zeit in London auf, bevor sie im Herbst nach Scandicci zurückkehrten. Im Jahr darauf besuchten sie Friedas Schwester Johanna, die gerade am Ossiachersee in Kärnten Urlaub machte. Sie hatte sich vor vier Jahren von Max von Schreibershofen scheiden lassen und war seit Kurzem mit einem Berliner Bankier verheiratet, der sie allerdings bereits langweilte. Im August 1927 quartierten sich Frieda und Lorenzo wieder mit Hilfe von Else Jaffé in Irschenhausen ein. Friedas in München lebende Schwester vermittelte Franz Schoenberner, dem mit ihr befreundeten Chefredakteur der Münchner Wochenschrift *Jugend*, einen Besuch bei ihrem Schwager. Nachdem Schoenberner den von ihm bewunderten Schriftsteller getroffen und Symptome der Schwindsucht bei ihm erkannt hatte, sorgte er dafür, dass ihn der in München praktizierende Lungenspezialist Hans Carossa in Irschenhausen untersuchte. Carossa, der auch selbst dichtete und Erzählungen schrieb, diagnostizierte eine nicht mehr therapierbare Tuberkulose.

Den Winter 1927/28 verbrachten Frieda und Lorenzo wieder in der Villa Mirenda in der Nähe von Florenz. Dort stellte D. H. Lawrence Anfang Januar das Manuskript des Romans *Lady Chatterley* fertig. Maria Huxley und die Schriftstellerin Catherine Carswell tippten es ab. Weil Lawrence wusste, dass kein Verleger es wagen würde, einen Roman über das ehebrecherische Verhältnis einer Adeligen mit einem Wildhüter zu drucken, brachte er das Buch mit Hilfe des seit vielen Jahren mit ihm befreundeten Buchhändlers Giuseppe (»Pino«) Orioli als Privatdruck in Florenz heraus. Um die Post- und Zollbehörden zu täuschen, steckte

Orioli die Bücher in falsche Schutzumschläge. Viele Empfänger schickten ihr Exemplar entrüstet zurück, nachdem sie darin geblättert hatten, denn sie hielten den Roman für pornografisch. Andererseits gab es geschäftstüchtige Amerikaner, die mit dem Verkauf illegal hergestellter Kopien Profit machten.

Von einem gemeinsamen Aufenthalt der Ehepaare Lawrence und Brewster in Baden-Baden im Herbst 1928 kehrte Frieda allein nach Scandicci zurück, um die Villa Mirenda zu räumen. Die Gelegenheit nutzte sie auch, um sich heimlich mit Angelo Ravagli zu treffen. Sie schlief mit dem inzwischen zum Hauptmann beförderten Vermieter der Villa Bernarda, der sie und ihren Mann zweimal in Scandicci besucht und dadurch Lorenzo argwöhnisch gemacht hatte. Der 37-Jährige war zu der Zeit mit einer Lehrerin verheiratet und hatte drei Kinder. Die Familie lebte in Spotorno. »Er war anscheinend ein feinfühliger, ehrenwerter und ursprünglicher Mensch unverstellter Wesensart – ein Intellektueller indes war er nicht.«[60]

Ihren Mann sah Frieda am 12. Oktober in Le Lavandou wieder. Das an der Côte d'Azur geplante Treffen mit Else Jaffé und deren Geliebten Alfred Weber fand allerdings nicht statt, weil die beiden schon abgereist waren, als Frieda später als verabredet hinkam. Nach einem Besuch bei dem Schriftsteller-Ehepaar Richard Aldington und Hilda Doolittle auf der Île de Port-Cros überwinterten Frieda und Lorenzo in Bandol westlich von Toulon.

Ein junger Schriftsteller, der sie 1928 kennenlernte, verglich Frieda mit einer Löwin, wie es auch schon David Garnett 1912 getan hatte. »In allen diesen Jahren hat sie nichts von ihrer erstaunlichen Vitalität eingebüßt, die Huxley ›rabelaisisch‹ nennt, weil ihre vollblütige, robuste Lebensfreude sich oft in lautem Gelächter äußert und in einer hedonistischen Hingabe an den Genuss des Augenblicks.«[61]

Im Frühjahr 1929 besuchte Frieda erneut ihre Mutter in Baden-Baden, traf sich dann mit ihrem Mann in Paris und reiste mit ihm nach Mallorca. Allein fuhr sie zur Vernissage seiner Ölgemälde in einer Londoner Galerie. Drei Wochen danach beschlagnahmten Polizisten gerade 13 der Bilder, als überraschend Aga Khan III. die Ausstellungsräume betrat. Die Beamten beeilten sich, seinem Wunsch zu entsprechen, und zeigten ihm die bereits abgehängten Werke, wobei sie sich geflissentlich um optimalen Lichteinfall bemühten. Dem Aga Khan gefielen die Gemälde so gut, dass er nach dem Tod des Künstlers einige davon von dessen Witwe erwerben wollte. Die beiden konnten sich jedoch nicht über den Preis einigen.

In London bekam Frieda ein Telegramm von Pino Orioli: Ihr Mann, der Mallorca inzwischen verlassen und das Ehepaar Huxley in Forte del Marmi besucht hatte, lag schwer krank in Florenz. Sie eilte sofort zu ihm. Er erholte sich bald so gut, dass er mit ihr zur Kur nach Bühl südwestlich von Baden-Baden reisen konnte. Dort feierten sie am 11. August 1929 zusammen mit Anna von Richthofen Friedas 50. Geburtstag. Danach hielten sie sich noch einige Zeit am Tegernsee auf, bevor sie sich Ende September wieder in Bandol einquartierten. Auf ärztlichen Rat hin ließ sich D. H. Lawrence im Januar 1930 in ein Sanatorium in Vence oberhalb von Nizza aufnehmen. Die Huxleys kamen aus London, um ihren Freund zu sehen. Unterstützt von ihrer ebenfalls angereisten Tochter Barbara mietete Frieda die Villa Robermond in Vence und brachte ihren Mann am 1. März dorthin. Am nächsten Tag starb er.

Als Angelo Ravagli die Todesnachricht erhielt, lud er die Witwe nach Spotorno ein, und sie verbrachte ein paar Tage bei ihm und seiner Ehefrau in der Villa Bernarda. Ina-Serafina und die Besucherin kannten sich noch aus der Zeit, als das Ehepaar Lawrence dort gewohnt hatte. Und Frieda war die Taufpatin des damals geborenen Sohnes Federico. Ende März musste Frieda dann nach London reisen, um Formalitäten zu regeln. Aldous Huxley, der ihr dabei half, war überrascht von ihrer Unbeholfenheit: »Sie schien eine so kraftvolle Walküre zu sein, aber als sie nach Lawrences Tod zur Regelung ihrer persönlichen Angelegenheiten nach London kam und allein im Hotel wohnen musste, entdeckte ich, wie erstaunlich unfähig und zutiefst ängstlich sie war, obwohl sie sich nach außen hin energisch und manchmal sogar rechthaberisch gab. Sie hatte sich ganz und gar auf Lawrence verlassen und fühlte sich völlig verloren, bis sie einen anderen Mann fand, auf den sie sich stützen konnte.«[62]

Als Frieda wieder in Vence war, kam Murry für zwei oder drei Wochen – und schlief mit der Trauernden, obwohl er inzwischen zum zweiten Mal geheiratet hatte. Kaum war er abgereist, traf Pino Orioli in der Villa Robermond ein. Frieda schlug dem schwulen Freund vor, mit ihr und Barbara in das ligurische Bergdorf Pieve di Teco zu fahren, in dem Angelo Ravagli inzwischen stationiert war. Der dachte über eine Beendigung der Affäre nach, wovon Frieda jedoch nichts wissen wollte. Er musste ihr stattdessen versichern, bei ihr zu bleiben.

Als ihre psychisch labile Tochter, die in diesen Tagen so überreizt war, dass ein zu Hilfe gerufener Arzt die Diagnose »Hysterie« stellte, in einem Zustand geistiger Verwirrung aus einem Fenster der Villa Robermond kletterte und Zuflucht bei einer einheimischen Köchin suchte, erinnerte sich Frieda daran, dass ihr verstorbener Mann dem Geschlechtsakt eine mystische Bedeutung zugeschrieben hatte und Otto Gross von der heilsamen Wirkung der Sexualität überzeugt gewesen war. Deshalb überredete sie einen jungen italienischen Steinmetz zum mehrmaligen Koitus mit Barbara, bis ein Arzt die »Therapie« beendete. Pino Orioli kümmerte sich um die 26-Jährige, während Frieda am Sterbebett ihrer Mutter in Baden-Baden saß, bis diese am 21. November 1930 entschlief.

D. H. Lawrences Geschwister George, Emily King und Ada Clarke verlangten nun eine Aufteilung des Erbes, weil das Testament vom 9. November 1914, in dem der Schriftsteller seine Frau als Alleinerbin eingesetzt hatte, nicht mehr auffindbar war. Nicht zuletzt aufgrund einer Zeugenaussage von John Middleton Murry entschied ein Richter am 3. November 1932 zugunsten der Witwe. Mit dem Geld, über das sie nunmehr verfügte, konnte Frieda ihren Liebhaber Angelo Ravagli dazu überreden, seinen Dienst zu quittieren und mit ihr nach Taos zu ziehen. Sie musste ihm allerdings zusichern, seine Familie in Spotorno finanziell zu unterstützen. Im April 1933 brachen sie auf. Weil Ravagli die Kiowa-Ranch zu primitiv fand, baute er mit Hilfe von Einheimischen ein neues Haus, das im Spätsommer bezugsfertig war. Dort schrieb Frieda ihre Memoiren.[63] Vor ihr hatten bereits John Middleton Murry, Mabel Dodge Luhan, Catherine Carswell und Dorothy Brett Bücher über D. H. Lawrence auf den Markt gebracht.[64] Außerdem war eine Auswahl von Briefen von Aldous Huxley editiert worden.

Nachdem Angelo Ravagli im Herbst 1934 oberhalb des Wohnhauses eine kleine Kapelle errichtet hatte, in der Frieda die Urne mit der Asche ihres Mannes aufzustellen gedachte, reiste er nach Europa und ließ die sterblichen Überreste von D. H. Lawrence in Friedas Auftrag einäschern. Anfang April 1935 kehrte er nach Amerika zurück. In New York musste er längere Zeit mit den Behörden verhandeln, bevor er die Urne mit ins Land nehmen durfte. Frieda, die in der Zwischenzeit mit einer Lungenentzündung in einem Krankenhaus in Albuquerque gelegen hatte, kam ihm bis Lamy südlich von Santa Fe entgegen. Als sie von dort bereits 30 Kilometer mit dem Auto gefahren waren, fiel ihnen ein, dass sie die Urne in der Aufregung auf dem Bahnhof hatten stehen lassen. Zum Glück war sie noch da. Auf dem Weg nach Taos besuchten sie noch einen befreundeten Maler – und vergaßen die Asche nach dem Aufbruch erneut.

Weil Mabel Luhan befürchtete, dass Frieda Lawrence als Witwe des Schriftstellers und Verwalterin der Gedenkstätte ihr die führende Rolle in der Künstlerkolonie streitig machen könnte, wollte sie die Urne an sich nehmen und die Asche verstreuen. Frieda erfuhr aber rechtzeitig von dem Plan, und Ravagli durchkreuzte das Vorhaben, indem er die Urne in einen monumentalen Zementblock einmauerte.

Weil die Kiowa-Ranch im Winter von der Außenwelt abgeschnitten und praktisch unbewohnbar war, kaufte Frieda im Tal ein kleines Anwesen. Gleich daneben ließ sich Dorothy, mit der Frieda inzwischen Frieden geschlossen hatte, ein Haus bauen. Ihren 60. Geburtstag feierte Frieda am 11. August 1939 auf der Kiowa-Ranch. Überschattet wurde das Fest von der Sorge darüber, was mit Angelo Ravagli geschehen würde. Kurz zuvor war nämlich ein Beamter der Einwanderungsbehörde erschienen, um Gerüchten nachzugehen, dass der Italiener sich von der Witwe des Schriftstellers aushalten lasse. Das galt damals als schändlich und konnte zu einer Ausweisung führen. Als die USA nach dem Angriff auf Pearl Harbor am 7. Dezember 1941 gegen Japan, Deutschland und Italien Krieg zu führen begannen, verstärkte sich die Unsicherheit weiter, denn Angelo Ravagli wurde dadurch zum »feindlichen Ausländer«.

Nach dem Zweiten Weltkrieg kaufte Frieda ein kleines Haus in dem texanischen Ort Port Isabel am Golf von Mexiko. Dort verbrachten sie und Angelo von da an die Wintermonate. Mit Zustimmung seiner Ehefrau ließ sich Angelo Ravagli am 17. August 1950 vor dem Bezirksgericht in Taos scheiden und heiratete am 31. Oktober seine Lebensgefährtin Frieda.*

Als sie im April 1956 von Port Isabel nach Taos zurückkehrten, erkrankte Frieda und musste nach Santa Fe ins Krankenhaus gebracht werden. Am 8. August erlitt sie einen Schlaganfall, der sie rechtsseitig lähmte. Drei Tage später, an ihrem 67. Geburtstag, starb sie.

---

* Sowohl die Scheidung als auch die Eheschließung in Taos waren in Italien ungültig. Deshalb konnte Angelo Ravagli nach Friedas Tod zu Ina-Serafina in die Villa Bernarda zurückkehren.

Wallis Simpson

(1896–1986)

------•◆•------

DIE GROSSE LIEBE DES KÖNIGS

Als Mätresse hätte man sie geduldet, aber König Edward VIII. bestand darauf, die geschiedene Amerikanerin zu heiraten, und verzichtete wegen ihr auf den Thron.

Anfang 1931 bat Consuela (»Connie«) Thaw, die Ehefrau des Ersten Sekretärs der US-Botschaft in London, die Amerikanerin Wallis Simpson um einen Gefallen: Ihre 26-jährige Schwester Thelma hatte den Prinzen von Wales übers Wochenende nach Burrough Court eingeladen, einen Landsitz in der Grafschaft Leicestershire. Lady Thelma Furness, die für ihre Schönheit berühmte Ehefrau des steinreichen Reeders Marmaduke Furness, 1. Viscount Furness, galt seit einiger Zeit als Favoritin des englischen Thronfolgers Edward. Weil es unschicklich gewesen wäre, wenn sich die beiden Verliebten allein getroffen hätten und die Thaws unerwartet verhindert waren, fragte Connie Wallis, ob sie mit ihrem Mann zusammen einspringen könne. So kam es, dass Wallis und Ernest Simpson dem Thronfolger am 10. Januar 1931 vorgestellt wurden.[*]

---

[*] Wallis Simpson und Edward VIII. schreiben in ihren Erinnerungen, es sei im Herbst 1930 bzw. 1931 gewesen. Aus einem Brief von Wallis Simpson an ihre Tante Bessie vom 13. Januar 1931 geht jedoch hervor, dass die Begegnung drei Tage zuvor stattfand.

»Sie hatte damals nicht den Chic, den sie seither kultiviert«, erinnerte Thelma Furness sich später an Wallis Simpson. »Sie war nicht schön, nicht einmal hübsch, aber sie hatte einen besonderen Charme und einen starken Sinn für Humor ... Ihre lebhaften und beredten Augen waren ihr größter Trumpf.«[1]

Ein paar Tage nach dieser ersten Begegnung reiste Edward für drei Monate nach Südamerika. Wallis Simpson las die Zeitungsberichte darüber und konnte es kaum fassen, dass sie den Prinzen von Wales persönlich kennengelernt hatte. Als der Thronfolger und das Ehepaar Simpson sich im Mai bei einer Gesellschaft am Grosvenor Square in London erneut begegneten, erinnerte Edward sich zwar an die Amerikanerin, aber nicht mehr an ihren Namen. Den nannte Thelma Furness ihm – ohne zu ahnen, dass Wallis Simpson sie in weniger als drei Jahren von der Seite des Thronfolgers verdrängen würde.

Wallis wurde am 19. Juni 1896 in einem Hotel in Blue Ridge Summit/Pennsylvania, geboren. Ihr Vater, Teackle Wallis Warfield, starb fünf Monate später an Tuberkulose. Die 27-jährige Witwe Alice Warfield zog daraufhin zu ihrer Schwiegermutter nach Baltimore/Maryland und bat ihren Schwager, den reichen, unverheirateten Geschäftsmann Solomon Davies Warfield, um finanzielle Unterstützung. 1902 nahm Bessie Merryman ihre jüngere Schwester mit deren Tochter in ihrem Haus in Baltimore auf, und die kinderlose Tante, deren Ehemann im Jahr zuvor gestorben war, wurde für Wallis zu einer der wichtigsten Bezugspersonen ihres Lebens. Drei Jahre später heiratete Alice Warfield den Versicherungsmakler John Freeman Rasin.

Als Wallis 16 Jahre alt war, bezahlte Solomon Davies Warfield das Schulgeld, damit sie auf die Oldfields Highschool in Glencoe nördlich von Baltimore wechseln konnte. In der teuersten Mädchenschule von ganz Maryland gehörte Wallis zu den ärmsten Schülerinnen, und es wurde getuschelt, dass ihre inzwischen zum zweiten Mal verwitwete Mutter für Nachbarn kochen müsse, um etwas Geld zu verdienen. Umso stärker strengte Wallis sich an. »Wallis lernte von jungen Jahren an, dass Initiative und Entschlossenheit unerlässlich sind, wenn sich eine junge Frau zu verbessern hofft.«[2] Eine Mitschülerin erinnerte sich später: »Sie war intelligent, intelligenter als alle anderen von uns. Sie nahm sich vor, Klassenprimus zu werden, und sie wurde es.«[3] Michael Bloch, der Herausgeber des Briefwechsels von Edward VIII. und Wallis Simpson, schreibt über den Ehrgeiz der Amerikanerin: »Hier lag die Ursache für ihren Ehrgeiz: ein Wunsch, sich für frühere Schwierigkeiten zu revanchieren, sich gegenüber den reichen und versnobten Cousins zu beweisen und sich den sozialen und materiellen Stand zu verschaffen, der ihr nach ihrer tiefsten Überzeugung zustand.«[4]

Im April 1916, fast genau zwei Jahre nach dem Ende der Schulzeit, fuhr Wallis auf Einladung ihrer Cousine Corinne von Baltimore nach Pensacola/Florida. Hauptmann Henry Mustin, Corinnes Ehemann, war dort auf der Marinefliegerbasis stationiert. Zu diesem Zeitpunkt gab es in den USA überhaupt erst 25 Militärpiloten. Einer von ihnen war der 27 Jahre alte Leutnant Earl Winfield (»Win«) Spencer, den Wallis Warfield bei den Mustins kennenlernte. Die beiden verliebten sich ineinander, und Wallis blieb acht Wochen statt einen Monat in Florida. Am 8. November ließ sich die 20-Jährige in Baltimore mit dem Fliegeroffizier trauen. Nach vier Jahren trennte sich Spencer von seiner Frau, aber im Frühjahr 1921 versöhnten sie sich wieder und Wallis zog zu ihm nach Washington, D. C., wohin er inzwischen versetzt worden war. Doch es ging nicht lange gut: Im Jahr darauf reichte Wallis die Scheidung ein. Die um den guten Ruf besorgte Verwandtschaft protestierte zwar entsetzt, konnte Wallis aber nicht umstimmen.

Nach einer Affäre mit einem argentinischen Diplomaten begleitete sie im Januar 1924 Corinne Mustin, die kurz zuvor Witwe geworden war, nach Paris. Dann besuchte sie ihren nach Asien abkommandierten Noch-Ehemann in Hongkong, aber der zaghafte Versuch einer Versöhnung scheiterte. Im November schiffte Wallis sich allein nach Shanghai ein. Kurz darauf traf sie sich in Peking mit dem befreundeten Ehepaar Herman und Katherine Rogers. Milton E. Miles, die Frau eines Offiziers in Spencers Einheit, behauptete später, Wallis habe in Peking eine Affäre mit dem italienischen Diplomaten Galeazzo Ciano Conte di Cortelazzo gehabt, der 1930 Mussolinis Tochter Edda heiratete. Wallis sei sogar von ihm schwanger geworden, heißt es, und habe eine Abtreibung vornehmen lassen. Ob dies den Tatsachen entspricht, gilt jedoch als fraglich.

Wegen der in Virginia für sie günstigeren Scheidungsgesetze zog Wallis Ende 1925 nach Warrenton und quartierte sich in einem Hotel ein. Aber sie musste sich noch zwei Jahre gedulden, bis ein Richter die Ehe endlich für geschieden erklärte.

Ihre frühere Schulfreundin Mary Raffray lud sie über Weihnachten nach New York ein. Bei Mary und ihrem Ehemann, dem französischen Diplomaten Jacques Achille Louis Raffray, lernte Wallis dann den ein Jahr jüngeren Ernest Aldrich Simpson kennen. Der Sohn einer Amerikanerin und eines englischen Immigranten arbeitete als Schiffsmakler in einer von seinem Vater mitbegründeten Firma. Den Raffrays entging nicht, dass Wallis Warfield und Ernest Simpson miteinander flirteten, obwohl der Unternehmersohn verheiratet war und eine Tochter hatte.

Einige Wochen später begleitete Wallis ihre inzwischen in Washington, D. C., lebende Tante Bessie auf einer Reise nach Italien, an die Côte d'Azur und nach Paris. Dort schloss sie sich ein paar Iren und Amerikanern an und fuhr mit ihnen zum Lago Maggiore, während Bessie Merryman allein heimkehrte. Sobald Wallis die Nachricht vom Tod ihres Onkels Solomon Davies Warfield erhielt, nahm sie das nächste Schiff nach Amerika, traf aber nicht mehr rechtzeitig zur Trauerfeier ein. Bei der Testamentseröffnung stellte sich heraus, dass der kinderlos Verstorbene seinen Besitz im Wert von fünf Millionen Dollar aus Verärgerung über die Scheidungsklage seiner Nichte einem Hilfswerk vermacht hatte.

Als Ernest Simpson, dessen Scheidung gerade lief, die Leitung der britischen Niederlassung von Simpson, Spence & Young übernahm, drängte er Wallis, ihm nach London zu folgen, aber sie zögerte und blieb erst einmal in Warrenton, denn sie befürchtete, dass ihre Charaktere zu unterschiedlich wären. »Sie ist so spontan, oft sprunghaft und vor allem fröhlich; er dagegen ist bedächtig, ein bisschen langsam, ein bisschen schwerfällig, insgesamt etwas übertrieben feierlich.«[5] Erst im Sommer 1928, den sie bei ihren Freunden Herman und Katherine Rogers verbrachte, die inzwischen das 600 Jahre alte ehemalige Kloster Lou Viei oberhalb von Cannes bewohnten, kündigte Wallis ihrer Mutter in einem Brief ihre Wiederverheiratung an: »Ich habe endgültig beschlossen, dass es das Beste und Vernünftigste ist, Ernest zu heiraten. Ich habe ihn gern, und er ist ein guter Mensch; das wird auch mich verändern. [...] London ist eher trist. Ich bin sicher, dass ich mich im kommenden Winter sehr allein fühlen und Heimweh haben werde. Aber ich kann ja nicht für den Rest meines Lebens umherziehen, und ich bin es wirklich leid, mich allein und ohne Geld durchzuschlagen.«[6] Nachdem Wallis ihre Entscheidung getroffen hatte, ging es schnell: Am 21. Juli 1928 heiratete das Paar auf dem Standesamt im Londoner Stadtteil Chelsea. »Alles ist gutgegangen. Sind ohne Probleme in den Stand der Ehe getreten. Wallis. Ernest«,[7] kabelte das Paar an Mutter Alice.

Im Frühjahr 1929 besuchte Wallis Simpson ihre schwer erkrankte Mutter in Washington, und als sich der Gesundheitszustand der 60-Jährigen weiter verschlechterte, schiffte sie sich im Oktober noch einmal nach Amerika ein. Am 2. November, drei Tage nach der Ankunft ihrer Tochter, starb Alice.

In London fiel Wallis Simpson durchaus auf. Man schätzte

sie als aufmerksame Gastgeberin und mochte ihren Verzicht auf Förmlichkeiten, amüsierte sich über ihren Akzent und die dazu gehörenden »dröhnenden Okays«[8]. »In der Tat verfügt sie weder über den Zauber der Jugend noch über wirkliche Schönheit. Auch genießt sie keine Privilegien, die man durch viel Geld erwerben kann. Ihre Ausbildung lässt zu wünschen übrig. Sie hat nur mangelhafte Kenntnisse von der Geschichte des Landes, das sie aufgenommen hat, noch weniger von der zeitgenössischen Politik. Trotzdem versteht sie zu bezaubern. Sobald man sie kennenlernt, verspürt man den Wunsch, sie wiederzusehen, man bemüht sich um sie, lädt sie ein.«[9] Die mit ihr befreundete Innendekorateurin Sibyl Colefax hob ihren Geist, ihre Fröhlichkeit und Lebensfreude hervor. Wallis Simpson unterschied sich nicht nur in ihrer Ausdrucksweise deutlich von den Engländerinnen, die es nicht wagten, ihren Ehemännern in Gesellschaft zu widersprechen. »Wir wissen, dass Wallis nie ein Blatt vor den Mund genommen hat. Mit ihrer sicheren, gesunden Heiterkeit schreit sie ihre Ansichten förmlich heraus. Und die Menschen, das muss man sagen, schwärmen von dieser Originalität, die noch von einem – nach aller Ansicht – großen Charme verstärkt wird.«[10] Wallis Simpson erinnert sich später selbst daran: »[...] der Hauptgrund für die Schwierigkeit, mich an die englischen Gepflogenheiten anzupassen, war meine Angewohnheit, offen meine Meinung zu sagen [...]. Im Gegensatz zu mir akzeptierten englische Frauen ihren Status als zweites Geschlecht – um einen modernen Ausdruck zu übernehmen –, obwohl sie in ihrem Wirkungskreis außergewöhnlich einflussreich waren. Wenn sie eine klare Meinung hatten, hielten sie diese fest verschlossen; vertrauliche Bemerkungen wurden selten gemacht oder erwartet.«[11]

Wallis und Ernest Simpson wurden in die gehobene Gesellschaft aufgenommen und am 10. Juni 1931 sogar bei Hof eingeführt. Die für diesen Anlass erforderliche Garderobe lieh Wallis sich von ihren neuen Freundinnen. Anschließend folgte das Ehepaar noch einer Einladung von Thelma Furness zu einer Abendgesellschaft, bei der auch der Prinz von Wales zugegen war. Der brachte die Simpsons gegen drei Uhr morgens in seinem Wagen nach Hause – wo der verblüffte Portier kaum glauben konnte, wen er da vor sich sah.

Edward war am 23. Juni 1894 in London als erster Sohn von Prinz George und dessen Gemahlin Prinzessin Maria von Teck geboren worden. Die Familienmitglieder riefen ihn übrigens nicht Edward, sondern David, beim letzten seiner sieben Vornamen. Obwohl er schmächtiger als die meisten seiner Mitbewerber war, bestand er mit zwölf die Aufnahmeprüfung für die Kadettenschule der Kriegsmarine. Nach dem Tod Edwards VII. am 6. Mai 1910 bestieg dessen Sohn George V. – Edwards (VIII.) Vater – den britischen Thron und ließ sich am 22. Juni zusammen mit Königin Mary krönen. Am Tag darauf, seinem 16. Geburtstag, wurde Edward zum Prince of Wales erhoben und galt damit nun als Thronfolger. Obwohl ihn Bücher langweilten, studierte Edward in Oxford Geisteswissenschaften. Doch er war froh, wenn er der Universität aufgrund seiner Repräsentationspflichten fernbleiben konnte. So schickte ihn sein Vater zum Beispiel im Frühjahr 1913 nach Deutschland. »Er stattet in Stuttgart Onkel Willie und Tante Charlotte von Württemberg einen Besuch ab, trifft am Bodensee Graf Zeppelin, verbringt sechs Wochen in Neustrelitz beim Großherzog von Mecklenburg, hört mit Erstaunen, wie seine 91-jährige Großtante Augusta sich noch an den Tag erinnert, als ihr Onkel, George IV. von England, ihr in den 1820er-Jahren den Kopf getätschelt hatte. Er geht in Thüringen mit Karl Eduard von Sachsen-Coburg-Gotha auf die Hirschjagd, fährt nach Berlin, wo er sich im Palais de Danse und im Metropoltheater entspannt, begibt sich auch zu Kaiser Wilhelm II., der ihn, auf einem hölzernen Bock mit Sattel und Steigbügeln hinter dem Schreibtisch sitzend, empfängt.«[12]

Angeblich war Lady Coke, die zwölf Jahre ältere Ehefrau des 4. Earl of Leicester of Holkham, Edwards erste Liebe – bis er sich Anfang 1918 vorübergehend in Lady Rosemary Lereson-Gower verliebte, die Tochter des Herzogs von Sutherland. Noch im selben Monat lernte er während eines Bombenalarms Winifred (»Freda«) May Dudley Ward kennen, die im selben Bunker Schutz gesucht hatte. Die Ehefrau des Parlamentsabgeordneten William Dudley Ward wurde von da an häufig an seiner Seite gesehen.

1919 bis 1922 reiste der Prinz von Wales in die USA und nach Kanada, Australien und Neuseeland, Japan, Borneo, Malaysia, Indien, Ceylon und Ägypten. In einer Kabine auf dem Schlachtkreuzer »Renown« zeugte er angeblich 1920 sogar einen Sohn.[13] Während seines Aufenthalts in Nordamerika soll er eine Affäre mit der kurz zuvor von Charlie Chaplin geschiedenen 29-jährigen Filmschauspielerin Mildred Harris gehabt haben. In London nahm Edward an zahlreichen Bällen teil. Er galt allgemein als Salonlöwe und trat stets elegant gekleidet auf. »Das Leben bestand aus einer scheinbar endlosen Reihe von Bällen, Cocktailpartys und Wochenenden in einem Landhaus. Seine Vorliebe für verheiratete Frauen war in Adelskreisen bereits allseits bekannt.«[14]

Im November 1928 besuchte Edward, der zur Löwenjagd nach Afrika gekommen war, die dänische Schriftstellerin Karen Blixen* auf ihrer Farm in Kenia. Kurz darauf erhielt er in Tanganjika die Nachricht, dass sein Vater ernsthaft erkrankt war. Daraufhin schiffte er sich sofort von Daressalam nach Brindisi ein und eilte von dort mit dem Zug nach England zurück. Damit der König sich fortan etwas schonen konnte, übernahm der Thronfolger noch mehr Repräsentationspflichten. Weil er den Menschen zuhörte, zum Beispiel wenn er Bergwerke besichtigte oder mit einfachen Leuten auf der Straße redete, umgab ihn das

---

* Schriftstellername: Tania Blixen

Image eines sozial engagierten Prinzen – und das Establishment fragte sich besorgt, ob der zukünftige König womöglich mit sozialistischen Ideen in die Politik eingreifen wolle.

Freda Dudley Ward blieb Edwards Vertraute. Das änderte sich auch nicht, als er 1929 die 25-jährige Thelma Furness zu seiner Favoritin erkor. Im Jahr darauf holte er die wegen der Krankheit seines Vaters abgebrochene Großwildjagd in Afrika nach und besuchte Karen Blixen zum zweiten Mal.

Ende 1931 wagten es die Simpsons, den Prinzen zum Essen einzuladen. Tatsächlich sagte er zu – und blieb bis vier Uhr morgens. Bald darauf revanchierte sich Edward mit einer Einladung des Ehepaars zu einem Wochenende auf seinem Landsitz Fort Belvedere am Rand von Windsor Great Park. Zur Feier des 37. Geburtstags von Wallis Simpson am 19. Juni 1933 arrangierte Edward in einem italienischen Restaurant in London eine Abendgesellschaft. Er lud die Simpsons nun regelmäßig ein und kam noch häufiger unangemeldet zu Besuch. Anfangs nahm Ernest Simpson noch höflich an den Gesprächen teil, obwohl er genau wusste, dass Edward sich eigentlich nur für Wallis interessierte, aber nach einiger Zeit ließ er die beiden allein.

Als die Ehe von Thelma Furness 1933 geschieden wurde, erwartete man allgemein, dass der Prinz von Wales nun seine langjährige Favoritin heiraten werde. Doch es kam anders: Edward trennte sich im Frühjahr 1934 von ihr und beendete auch seine enge Beziehung mit Freda Dudley Ward. Sein Herz gehörte nur noch Wallis Simpson.

Offenbar sorgte sich Bessie Merryman um ihre Nichte, denn Wallis schrieb ihr am 22. Mai 1934: »Sie haben mir eine richtige Predigt gehalten, und ich bin mit fast allem einverstanden, was Sie in Bezug auf Seine Königliche Hoheit gesagt haben. Wenn Ernest auch nur den geringsten Einwand machte, würde ich den Prinzen sofort fallen lassen. Aber im Augenblick laufen die Dinge wunderbar, und wir sind alle drei ständig zusammen.«[15]

Während Ernest Simpson im Sommer 1934 geschäftlich in den USA zu tun hatte, reiste Bessie Merryman nach London, um Edward und ihre Nichte als Anstandsdame nach Biarritz zu begleiten. Bei der elftägigen Kreuzfahrt auf der Yacht »Rosaura« war sie allerdings nicht dabei. Nachdem Wallis und Edward noch das Ehepaar Rogers in Cannes besucht hatten, trafen sie sich am Comer See wieder mit Bessie Merryman und fuhren mit ihr weiter zum Lago Maggiore. Um rechtzeitig zum Stapellauf des Passagierdampfers »Queen Mary« am 26. September in London zu sein, bestieg Edward in Paris ein Flugzeug. Wallis und ihre Tante schifften sich dagegen von Le Havre nach Southampton ein, wo Ernest Simpson seine Frau abholte, wohingegen Bessie nach Baltimore zurückkehrte.

Am 5. November 1934 schrieb Wallis Simpson ihrer Tante: »Hören Sie nicht auf den lächerlichen Klatsch. Ernest und ich sind meilenweit davon entfernt, uns scheiden zu lassen, und wir haben eine lange Aussprache über meine Beziehungen zum Prinzen von Wales gehabt. Wir haben auch mit ihm darüber gesprochen, und alles wird so weitergehen wie bisher, d. h. wir werden alle drei die besten Freunde der Welt bleiben. [...] Ich werde versuchen, so geschickt zu sein, beide zu behalten.«[16]

Als Edwards zweitjüngster Bruder George am 29. November in der Westminster Abbey Prinzessin Marina heiratete, die Tochter des Prinzen Nikolaus von Griechenland und der Großfürstin Helena von Russland, eine Enkelin des Zaren Alexander II., befanden sich auch die Simpsons unter den Gästen, und beim anschließenden Empfang im Buckingham Palace stellte Edward das Ehepaar dem König und der Königin vor.

Wallis und Edward hielten es für ein gutes Omen, dass die Initialen ihrer Vornamen das Wort »we« ergaben. Am 28. Dezember schrieb der Prinz seiner Angebeteten einen ersten Liebesbrief: »Oh, meine Teure, wie ich Sie liebe, immer mehr und mehr.«[17] Doch was war so verführerisch an der inzwischen

38-jährigen Amerikanerin? Ihr Äußeres entsprach sicherlich keinem gängigen Schönheitsideal, aber sie war zweifellos eine elegante Erscheinung. »Mit ihrem dunklen Haar und ihrer blassen Haut war Wallis Simpson keine berühmte Schönheit, aber sie besaß ein enormes Stilgefühl. Sie war groß und schlank, und mit ihren schmalen Hüften, die man stets als knabenhaft beschrieb, erschien sie auf den ersten Blick wie eine merkwürdige Mode-Ikone. Dennoch hatte Wallis einen unfehlbaren Geschmack. [...] Keine Frau der königlichen Familie kleidete sich so gut oder sah so gut aus wie Wallis Simpson. In den exklusiven Kreisen, in denen sie und Edward sich bewegten, wurde Wallis' Glamour sehr bewundert.«[18] Genügte das wirklich, um den Prinzen zu betören? Späteren Gerüchten zufolge hatte sie ihn mit raffinierten, in China erlernten Sexualpraktiken hörig gemacht. Aber das sind böswillige Unterstellungen, ebenso wie die sich widersprechenden Spekulationen, Wallis Simpson sei nymphoman, lesbisch oder ein Hermaphrodit gewesen.* Edwards Biograf Philip Ziegler hält allerdings eine sadomasochistische Beziehung für denkbar: »Dass ihn Wallis Simpson sexuell erregte, ist offensichtlich. Dass diese Erregtheit etwas wie sadomasochistische Facetten aufwies, ist möglich, sogar wahrscheinlich.«[19] Michael Bloch vermutet, dass es sich bei der Liebe zwischen der erfahrenen Frau und dem vorwiegend von Bediensteten erzogenen Prinzen um eine Art Mutter-Sohn-Beziehung handelte. »Der Prinz sehnte sich nach einem glücklichen Familienleben und vor allem nach der mitfühlenden Aufmerksamkeit einer Mutter. Beides entbehrte er. In seinen ersten 40 Lebensjahren suchte er fortwährend [...] eine ideale Mutterfigur; und die fand er schließlich

---

* Gerüchten zufolge hatte die Herzogin von Windsor nach dem Zweiten Weltkrieg auch eine mehrjährige Affäre mit Jimmy Donahue, dem homosexuellen Enkel des Kaufhaus-Gründers Frank W. Woolworth. Eine Zusammenfassung aller Spekulationen über das Sexualleben des Herzogs und der Herzogin liefert Clive Fletcher in seinem Roman *The Duke of Windsor's Last Secrets* in Form eines fiktiven Geheimberichts des MI6 (Selbstverlag, 2008).

in Wallis.«[20] Offenbar übte Wallis Simpson großen Einfluss auf den Thronfolger aus und dominierte in der Beziehung. »Ihr fehlt, vielleicht weil sie Amerikanerin ist, vielleicht weil sie ein unverdrehtes Selbstbewusstsein hat, die Neigung zur Unterwürfigkeit, die ansonsten so gut wie jeden überfällt, der mit Angehörigen der königlichen Familie in Berührung kommt. [...] Das imponiert dem Prinzen, der sonst von allen mit Samthandschuhen angefasst wird. Wallis ist erfrischend anders. [...] An Wallis mag den Prinzen schon allein fasziniert haben, dass sie die Machtverhältnisse, die er gewohnt war, umgedreht hatte.«[21] Der aus den USA eingewanderte Aufsteiger Henry (»Chips«) Channon, der mit der Brauerei-Erbin Lady Honor Guinness verheiratet war, berichtete über Wallis Simpson: »Betritt sie einen Raum, hat sie bereits das Gehabe einer Frau, die beinahe erwartet, dass man einen Knicks vor ihr macht. Zumindest wäre sie nicht allzu überrascht. Sie besitzt absolute Macht über den Prinzen von Wales.«[22]

Im Februar 1935 lud Edward das Ehepaar Simpson zum Skifahren nach Kitzbühel ein. Der Schiffsmakler behauptete jedoch, geschäftlich unabkömmlich zu sein, und ließ seine Frau allein mit dem Prinzen verreisen. Er duldete offenbar die enge Beziehung zwischen Wallis und Edward, möglicherweise weil er sich Vorteile vom Wohlwollen des zukünftigen Königs erhoffte. Die britische Presse schwieg taktvoll, aber die Medien in den USA spekulierten über die Liaison des englischen Thronfolgers mit einer verheirateten Amerikanerin. Allerdings blieb sogar den eifrigsten Reportern verborgen, dass Wallis Simpson polizeilichen Ermittlungen zufolge in jenem Jahr eine Affäre mit einem verheirateten Autohändler aus York gehabt haben soll.

Den Sommer verbrachten Edward und Wallis an der Riviera, in Wien und Budapest. Währenddessen unternahm Ernest Simpson eine Geschäftsreise in die USA, wo er eine Liebesaffäre mit Mary Raffray begann, ausgerechnet jener Frau, durch die er Wallis kennengelernt hatte.

Am 17. Januar 1936 flog Prinz Edward nach Sandringham in Norfolk zu seinem sterbenden Vater. Zwei Tage später unterrichtete er Premierminister Stanley Baldwin in London über den bevorstehenden Tod des Königs. Dann brach er erneut nach Sandringham auf. Als George V. am 20. Januar für immer die Augen schloss, stand Edward neben dem Totenbett. »Königin Mary nähert sich, ohne dass David es merkt. Sie ergreift die Hand ihres Sohnes und führt sie an ihre Lippen. Er braucht einen Augenblick, bis er versteht. Sein Bruder George kommt ebenfalls, um ihm die Hand zu küssen. Es wird ihm bewusst, dass er König ist.«[23]

Um sein Amt anzutreten, flog Edward VIII. erneut nach London. Als erster britischer Monarch benutzte er Flugzeuge. Er besaß sogar einen Pilotenschein. Am 23. Januar verkündeten Herolde traditionsgemäß an vier verschiedenen Orten in London die Thronbesteigung Edwards. Der Monarch trat während der Zeremonie im St. James's Palast kurz entschlossen auf den Balkon hinaus und schaute zu. Damit verstieß er gegen das Zeremoniell. Obendrein stand Wallis Simpson neben ihm! Einem Prinzen nahmen es die Briten nicht besonders übel, wenn er hie und da gegen die Etikette verstieß, aber von ihrem König erwarteten sie ein durch und durch würdevolles Verhalten. Da gab es auch bei Kleinigkeiten keine Nachsicht. Beispielsweise fiel Edward VIII. unangenehm auf, als er einmal in London mit aufgespanntem Regenschirm ein paar hundert Meter weit zu Fuß ging, statt sich fahren zu lassen.

Viele Mitglieder der High Society missbilligten die Beziehung des Königs zu einer geschiedenen, in zweiter Ehe verheirateten Amerikanerin, nutzten jedoch die Möglichkeit, über Wallis Simpson an den Monarchen heranzukommen. Deshalb wurde sie von allen Seiten umworben. Ende Februar entfloh sie diesem Druck und fuhr zu einer Freundin nach Paris. Als diese einige Tage später nach Monte Carlo aufbrach, hätte Wallis sie gern begleitet, aber Edward drängte sie, nach London zurückzukehren, denn er sehnte sich nach ihr. In einem Brief an ihre Tante äußerte Wallis sich genervt über vier Anrufe des »kleinen Königs« an einem Tag.[24] Kurz darauf klagte sie in einem weiteren Brief an Bessie Merryman, ihr Leben sei kompliziert geworden. Ernest setzte die Affäre mit Mary Raffray, die sich inzwischen von ihrem Ehemann getrennt hatte, in England fort und bot seiner Frau nach einer Unterredung mit Edward VIII. die Scheidung an. Wallis wusste zunächst nicht, ob sie darauf eingehen sollte, zumal sie sich nicht darauf verlassen konnte, dass ihre Beziehung mit dem König dauerhaft sein würde. »Sollte sich Ihre Majestät in jemand anderen verlieben, würde ich aufhören, so einflussreich zu sein und all das zu haben, was ich zur Zeit habe«, schrieb sie ihrer inzwischen 73 Jahre alten Tante am 4. Mai. »Auf jeden Fall liegt ein neues Leben vor mir, während ich weder in das alte zurückkehren noch so weitermachen kann.«[25] Am nächsten Tag teilte Wallis ihr dann mit, sie werde sich scheiden lassen. »Ich bitte Sie, versuchen Sie zu verstehen, ich habe die letzten eineinhalb Jahre in einer schrecklichen nervlichen Anspannung gelebt, aufgeteilt zwischen Ernest und Seiner Majestät. Es ist nicht leicht, zwei Männern zu gefallen [...]. Das Gefühl, das ich für Ernest hatte, gibt es nicht mehr, und es könnte unter diesen Umständen auch nicht wieder aufleben.«[26]

Im Hofbericht über ein Dinner, das König Edward VIII. am 9. Juli 1936 gegeben hatte, stand Wallis Simpson erstmals ohne ihren Ehemann auf der Gästeliste. Die Trennung der Simpsons alarmierte den Premierminister Stanley Baldwin. Dieser hatte bereits am Todestag König Georges V. gegenüber dem Kriegsminister Duff Cooper seine Sorge über die Beziehung Edwards mit Wallis Simpson geäußert: »Wenn sie das wäre, was ich eine ›ehrenhafte Hure‹ nenne, sagte er, würde es ihn nicht stören. Dabei, bemerkte Duff in seinem Tagebuch, meinte er eine Person, die der Prinz gelegentlich und heimlich sah, mit der er jedoch nicht seine ganze Zeit verbrachte.«[27] Ebenso wie es toleriert worden war, dass Edwards gleichnamiger Großvater die intime Beziehung mit einer verheirateten Frau auch nach seiner Inthronisation diskret fortgesetzt hatte, wäre der Premierminister über ein ähnliches Verhältnis des amtierenden Königs stillschweigend hinweggegangen. Aber die angestrebte Scheidung änderte das Szenario grundlegend, denn nun stand zu befürchten, dass der König die Absicht haben könnte, eine zweimal geschiedene Amerikanerin zu heiraten, deren Ehemänner noch lebten. Das kam auch für Cosmo Gordon Lang, den Erzbischof von Canterbury, nicht in Frage, zumal die anglikanische Kirche Ehescheidungen nicht anerkannte. (Obgleich die anglikanische Kirche 1534 von Heinrich VIII. gegründet worden war, weil ihn die römisch-katholische Kirche beim Wechsel seiner Ehefrauen nicht unterstützt hatte.)

Im August kreuzte König Edward VIII. mit Wallis Simpson auf der Jacht »Nahlin« in der Adria. Während die skandalöse Liebschaft des Monarchen in den britischen Medien nach wie vor kein Thema war, malte die Yellow Press in den USA die Affäre in allen Einzelheiten aus und berichtete auch, dass der König und seine Begleiterin in der zur Insel Rab gehörenden Bucht Kandarola nackt gebadet haben sollen. Die Urlaubsreise endete Anfang September mit einem Aufenthalt in Istanbul. Von dort kehrte Edward nach London zurück, während Wallis Simpson noch ein paar Tage in Paris verbringen wollte. Allerdings zog sie sich eine starke Erkältung zu. Während sie im Bett lag, dachte sie offenbar über ihre Zukunft nach, denn am 16. September schrieb sie dem König: »Ich muss auf jeden Fall aus vielerlei Gründen zu Ernest zurückkehren. [...] Es stimmt, dass wir arm sind und nicht die Mittel haben, die verlockenden und amüsanten Dinge zu tun, die ich – das muss ich zugeben – sehr liebe und die mich glücklich machen. Ich liebe es, schöne Dinge zu besitzen. Aber wenn ich es abwäge gegen das ruhige und gleichförmige Leben auf der anderen Seite, entscheide ich mich lieber für das letztere [...]. Ich bin sicher, dass wir beide zusammen nur in die Katastrophe schlittern können.«[28] Sobald Edward den Brief gelesen hatte, rief er Wallis Simpson in Paris an und drohte für den Fall einer Trennung damit, sich die Kehle durchzuschneiden. Eine Woche später holte er seine Geliebte vom Bahnhof in Aberdeen ab und brachte sie nach Balmoral Castle. Am 1. Oktober kehrten sie dann nach London zurück. Wallis Simpson fuhr gleich darauf nach Felixstowe in der Grafschaft Suffolk, wo ihr Scheidungsanwalt Theodore Goddard für sie ein Strandhaus gemietet hatte, denn er wollte das Verfahren vor einem Gericht in Ipswich abwickeln. Um dies zu ermöglichen, musste seine Mandantin aber wenigstens ein paar Wochen im entsprechenden Gerichtsbezirk wohnen.

Besorgt über die aus dem Ruder laufende Entwicklung der Ereignisse kam der Premierminister vorzeitig von einer Kur in Aix-les-Bains zurück. Am 17./18. Oktober, einem Wochenende, beriet er sich mit anderen Politikern über das weitere Vorgehen. Inzwischen war bekannt, dass das Scheidungsurteil am 27. Oktober zu erwarten war. Aufgrund der üblichen Halbjahresfrist würde es im April 1937 rechtswirksam werden. Es war also zu befürchten, dass der König kurz vor seiner für Mai 1937 geplanten Krönung heiraten und eine zweifach geschiedene Amerikanerin zur Königin machen würde. Das wollte Stanley Baldwin aber unter allen Umständen verhindern. Am 19. Oktober riet er daher Edward VIII., dafür zu sorgen, dass Wallis Simpson ihre Scheidungsklage zurückzog. Aber darauf ließ dieser sich nicht ein.

Bei der gerichtlichen Verhandlung über die Scheidung des Ehepaars Simpson am 27. Oktober sagten Hotelangestellte aus Bray-on-Thames aus, sie hätten Mr Simpson im Juli beim Servieren des Frühstücks mit einer anderen Dame als der Klägerin im Bett gesehen. Außerdem wurde festgestellt, dass Ernest Simpson sich mit seinem vollen Namen ins Gästebuch eingetragen und als Begleiterin eine »Buttercup Kennedy« angegeben hatte. Heute glaubt man, dass es sich dabei um Mary Raffray handelte, deren Spitzname »Buttercup« lautete, und es wird darüber spekuliert, dass Simpson für diese zwischen den Parteien abgesprochene Dokumentation eines Ehebruchs eine größere Geldsumme bekommen habe. Übrigens heiratete er Mary Raffray im November 1937. Nachdem durch die Zeugenaussagen augenscheinlich die Schuld des Ehemanns erwiesen war, sprach der Richter die Scheidung aus. Erwartungsgemäß sollte sie nach einem halben Jahr in Kraft treten.

Am 13. November erhielt Edward VIII. einen Brief seines Privatsekretärs. Alec Hardinge warnte ihn darin, dass die britischen Medien ihre bisherige Zurückhaltung aufgeben könnten. Zweieinhalb Wochen zuvor hatten Alec Hardinge, der Erzbischof von Canterbury und der Premierminister von Geoffrey Dawson, dem Herausgeber der Times, Kopien eines – echten oder von ihm gefälschten – Leserbriefs vom 15. Oktober bekommen. Der Absender, angeblich ein in den USA lebender Brite (»Britannicus in partibus infidelium«), warf dem englischen König vor, durch sein verantwortungsloses Verhalten die Grundfesten der Monarchie erschüttert zu haben. Hardinge wagte es, dem König seine Meinung mitzuteilen – »ein unerhörter Vorgang«[29]: »Wenn Ihre Majestät mir erlauben zu sagen, dass es nur eine Maßnahme gibt, mit der sich diese gefährliche Situation unter allen Umständen vermeiden lässt. Sie besteht darin, dass Mrs Simpson unverzüglich das Land verlässt.«[30]

Nachdem Edward den Brief gelesen hatte, verlangte er nach William Maxwell Aitken, Baron Beaverbrook. Der Zeitungszar war ihm Mitte Oktober dabei behilflich gewesen, die britische Presse auf Diskretion einzuschwören. Jetzt befand sich der Asthmatiker allerdings an Bord des Passagierdampfers »Bremen« auf dem Atlantik, denn er wollte den Winter in Arizona verbringen.

Auf den Ruf des englischen Königs hin ging er nach der Ankunft in New York gar nicht erst von Bord, sondern kehrte mit demselben Schiff nach England zurück.

Der Premierminister wies den König am 16. November unmissverständlich darauf hin, dass eine zweimal geschiedene Amerikanerin nicht als Königin akzeptiert werden würde. Trotzdem erwähnte Edward an diesem Abend erstmals im Familienkreis, dass er beabsichtige, Wallis Simpson zu heiraten. Bis dahin war das Thema in der königlichen Familie tabu gewesen. Königin Mary lehnte den Vorschlag ihres ältesten Sohnes, Wallis Simpson zu empfangen und sich selbst ein Bild von ihr zu machen, rundweg ab. Für seine Amour fou brachte sie keinerlei Verständnis auf. »Königin Mary behielt ihre Gefühle perfekt unter Kontrolle, als sie mit gelassener Stimme schonungslos über Edwards Dilemma sprach. Mrs Simpson war in den Augen der Königin von England keine passende Wahl und kam deshalb als Edwards Ehefrau nicht in Frage. Wenn er nicht ohne sie leben konnte, sollte sie seine Mätresse sein. Um Edwards persönliches Glück ging es nicht: seine oberste Pflicht war es, dem Volk zu dienen.«[31]

Auf der Suche nach einer Kompromisslösung stellten politische Berater die Möglichkeit einer morganatischen Ehe zur Diskussion. In diesem Fall würde Wallis Simpson zwar die rechtmäßige Ehefrau des Königs werden, aber nicht Königin, und die Kinder aus dieser Verbindung könnten nur die Mutter beerben. Stanley Baldwin erklärte Edward allerdings am 25. November, dass es die für eine morganatische Ehe erforderliche parlamentarische Zustimmung nicht geben werde. Trotzdem beauftragte ihn der König, die Frage offiziell zu klären. Am nächsten Tag traf Baron Beaverbrook auf der »Bremen« in Southampton ein und eilte sofort zum König. Als er hörte, dass der Premierminister die Frage einer morganatischen Ehe untersuchen sollte, reagierte er bestürzt, denn er hielt es ebenso wie Baldwin für ausgeschlossen, dass die zuständigen Gremien einer solchen Regelung zustimmen würden. Um eine offizielle Ablehnung zu vermeiden, müsse der König den Antrag unbedingt zurückziehen, riet er. Edward ließ sich jedoch vier Tage Zeit, bis er dem Ratschlag folgte. Doch da war es bereits zu spät. Inzwischen hatte das Kabinett nämlich eine entsprechende Anfrage an die Dominions, also sämtliche britischen Herrschaftsgebiete, verschickt. »Die Schlacht um den Thron hat begonnen«, schrieb der Abgeordnete Henry (»Chips«) Channon am 28. November in sein Tagebuch.[32]

Die *Yorkshire Post* berichtete am 1. Dezember, der Bischof von Bradford habe sich auf einer Diözesankonferenz kritisch über die Heiratsabsichten des Königs geäußert. In der aufgeladenen Atmosphäre genügte dieser Funke, um einen Flächenbrand zu entfachen: Am nächsten Tag griffen andere Zeitungen das Thema auf. Nun riss der Regierungschef die Initiative an sich: Obwohl der König seine Anfrage zurückgezogen hatte, beschloss das Kabinett förmlich, die Möglichkeit einer morganatischen Eheschließung abzulehnen. Baldwin unterrichtete Edward VIII. darüber und stellte ihn vor die Alternative, auf die geplante Heirat zu verzichten oder abzudanken. »Um es kurz zu machen, Edwards Absicht, Wallis Simpson zu seiner Frau zu machen, traf auf den Widerstand des Premierministers, des Kabinetts, des Commonwealth, der Kirche von England und – wenn man es aufgrund von Zeitungsberichten und Zuschriften beurteilte – der großen Mehrheit des britischen Volkes. Sollte er versuchen, seine umstrittene Absicht durchzusetzen, wäre es möglich, dass sich das Land erhebt und die ganze Monarchie beseitigen würde. Das war das eigentliche Problem.«[33] Das Wort »Verfassungskrise« tauchte plötzlich in den Schlagzeilen auf. Besorgte Anhänger des Königs – darunter Baron Beaverbrook – beauftragten Peregrine (»Perry«) Brownlow, einen Vertrauten von Wallis und Edward, Wallis zu überreden, in einer öffentlichen

Erklärung auf die Eheschließung zu verzichten. Der Kammerlord und Offizier der Gardegrenadiere versprach es, verriet jedoch nicht, dass er bereits beauftragt worden war, Wallis Simpson auf dem Weg zu ihren Freunden Herman und Katherine Rogers nach Cannes zu begleiten. Noch in der Nacht brachen die Amerikanerin, Brownlow und ein Polizeiinspektor mit einem Chauffeur auf. Am 4. Dezember erreichten sie Rouen. Die Stadt Blois verließen sie um drei Uhr nachts, um die Reporter abzuhängen. Am 6. Dezember erreichte Wallis Simpson mit ihren Begleitern schließlich ihr Reiseziel.

Inzwischen hatte Edward VIII. eine Rundfunkansprache vorbereitet, aber die Regierung erteilte ihm die dafür erforderliche Erlaubnis nicht, denn Stanley Baldwin befürchtete, der populäre Monarch könne die Öffentlichkeit auf seine Seite ziehen. Winston Churchill versuchte währenddessen im Unterhaus, die Entwicklung zugunsten des Königs zu beeinflussen, aber lautstarker Protest zwang ihn, seine Rede abzubrechen. Und was tat Edward VIII.? »Hin- und hergerissen wirkt er in diesen Tagen – mal hat er sich schon aufgegeben, dann sieht er plötzlich doch eine Lösung, mal kündigt er kämpferisch an, er werde etwas unternehmen, dann lässt er jede Initiative fahren.«[34] Diese Unschlüssigkeit veranlasste einige Beobachter, ihm zu unterstellen, er habe bewusst oder unbewusst danach gestrebt, dem goldenen Käfig zu entkommen, in den er als König eingesperrt war.

Anders als der Monarch handelte der Regierungschef energisch und konsequent. Wahrscheinlich ging es ihm nicht nur darum, die Krönung der geschiedenen Amerikanerin zu verhindern, sondern mehr noch um die Abdankung eines Königs, den er aus politischen Gründen für bedenklich hielt. »Er hat sozusagen sanft geputscht beziehungsweise die Gelegenheit, die sich zu einer Korrektur der königlichen Thronfolge ergab, gnadenlos genutzt. Es spricht sehr viel dafür, dass hier der zentrale Kern der Thronkrise liegt. Baldwin machte sich schon wegen Edward

Sorgen, als der noch Prinz von Wales war. Die politische Elite betrachtete den jungen Mann immer mit großer Skepsis – nicht obwohl, sondern gerade weil er so populär war. Sie fürchteten, womöglich zu Recht, dass Edward mit dieser Popularität nicht immer verantwortungsbewusst umgehen würde.«[35]

Angespannt verfolgte Wallis Simpson von Cannes aus die Entwicklung in London. Perry Brownlow drängte sie dazu, ihren Verzicht auf die Eheschließung mit dem englischen König unmissverständlich bekanntzugeben. Das lehnte sie zwar ab, sie ließ aber eine verklausulierte Erklärung an die Journalisten verteilen, die das Anwesen der Rogers belagerten: »Im Laufe der letzten Wochen hatte Mrs Simpson stets den Wunsch, jede Handlung und jeden Plan zu vermeiden, der geeignet gewesen wäre, dem König oder dem Thron Schaden zuzufügen. Ihre Haltung hat sich auch heute nicht geändert, und sie ist bereit, falls eine solche Entscheidung das Problem lösen sollte, sich aus einer Situation zurückzuziehen, die unglücklich und unhaltbar geworden ist.«[36]

Als Edward VIII. erfuhr, dass der Anwalt Theodore Goddard plante, nach Cannes zu fliegen, um seine Mandantin zur Rücknahme ihrer Scheidungsklage zu überreden, untersagte er ihm die Reise. Daraufhin suchte Goddard den Premierminister auf, der ihm erklärte, dass der König kein Recht habe, sich zwischen einen Anwalt und dessen Mandantin zu stellen. Also fuhr Goddard noch in der Nacht mit seinem Sekretär und seinem in einem Entbindungsheim beschäftigten Hausarzt Dr. William Kirkwood zum Flughafen von Croydon, wo ein Flugzeug der Regierung für sie bereitstand. Wegen des schlechten Wetters verzögerte sich der Abflug allerdings um einen Tag, bis zum 8. Dezember. Mitten in der Nacht erhielt Wallis Simpson von Reportern die Nachricht, ihr Rechtsanwalt sei in Marseille gelandet und unterwegs nach Cannes. Weil es hieß, dass ein Gynäkologe und ein Anästhesist ihn begleiten würden, kam das Gerücht auf, dass die Geliebte des englischen Königs schwanger sei und sich einer Abtreibung unterziehen wolle.

Als Goddard am frühen Vormittag des 9. Dezember eintraf, überraschte ihn Wallis Simpson mit der Äußerung, er hätte sich die Reise sparen können, denn sie sei ohnehin entschlossen, die bevorstehende Abdankung des Königs durch eine Rücknahme ihrer Scheidungsklage zu verhindern. Die Entwicklung ließ sich jedoch nicht mehr aufhalten, denn die Abdankungsurkunde war bereits erstellt, und am Vormittag des 10. Dezember 1936 setzte König Edward VIII. seine Signatur darunter. Ein paar Stunden später kündigte er dem Premierminister für den nächsten Tag eine Radioansprache an. Da er sie nicht mehr als König, sondern als Privatperson halten würde, benötigte er dafür keine Genehmigung der Regierung. Am Abend verhandelte er mit seinem eineinhalb Jahre jüngeren Bruder und Nachfolger George VI. über die finanziellen Regelungen. Edward verzichtete für eine Apanage von 20 000 Pfund pro Jahr auf seinen Privatbesitz in Großbritannien. Außerdem musste er sich verpflichten, das Land für mindestens zwei Jahre zu verlassen und nicht ohne Zustimmung des Königs zurückzukehren. Im Gegenzug ernannte König George VI. seinen älteren Bruder zum Herzog von Windsor. Zum Abschied aß Edward am 11. Dezember noch einmal mit seiner Mutter und den Geschwistern in der Royal Lodge zu Abend. Dann ließ er sich zum Schloss Windsor fahren, wo Sir John Reith, der Gründer und Generaldirektor der BBC, auf ihn wartete. In einer weltweit übertragenen Radioansprache erklärte Edward VIII. dem Volk, warum er zurückgetreten war: »[...] muss man mir glauben, wenn ich sage, dass ich es für unmöglich halte, die schwere Bürde der Verantwortung auf mich zu nehmen und die Pflichten, die mir als König obliegen, zu erfüllen ohne die Hilfe und Unterstützung der Frau, die ich liebe. Und ich möchte Sie wissen lassen, dass der Entschluss, den ich gefasst habe, einzig und allein meine Entscheidung war.

Die andere beteiligte Person hat bis zum Schluss versucht, mich zu einem anderen Weg zu überreden.«[37] – Wallis Simpson hörte die auch vom französischen Rundfunk gesendete Rede in Cannes.

Ein König verzichtet aus Liebe zu einer Frau auf den Thron! Die Sensation beschäftigte die Zeitungen in der Folge wochenlang. Ende 1936 kürte das amerikanische Nachrichtenmagazin *Time* statt eines »Man of the Year« erstmals eine Frau: Wallis Simpson.

Ursprünglich hatte Edward Zürich als Ort des Exils gewählt. Wallis erreichte jedoch, dass Eugen Rothschild den Ex-König in seinem Schloss Enzesfeld bei Wien aufnahm. Dort wollte der Herzog von Windsor warten, bis Wallis rechtskräftig geschieden war und er sie heiraten konnte. Sehen durften sie sich allerdings nicht, denn mit einem Rendezvous hätten sie riskiert, dass der Richter in Ipswich das auf Ernest Simpsons Ehebruch basierende Scheidungsurteil aufhob. Jeden Tag telefonierte Edward mit seiner Liebsten in Cannes. Meistens rief er gegen 19 Uhr an. Wallis trug dann den mit einer langen Schnur versehenen Apparat von der Halle ins Esszimmer, damit man sie nicht im ganzen Haus der Freunde hören konnte. »Sie schreit, um sich verständlich zu machen, genauso wie Edward am anderen Ende der Leitung. […] Das Schlimmste ist, dass sich das Gespräch manchmal in die Länge zieht und so den Zeitpunkt des Diners um unbestimmte Zeit verschiebt. Im Anrichtezimmer wartet das Dienstpersonal. Im Salon warten auch die Rogers.«[38]

Schließlich bot der Zeitungsmagnat Sir Pomeroy Burton dem Herzog von Windsor und Wallis Simpson sein Schloss La Croë am Cap d'Antibes an, und der französischstämmige amerikanische Geschäftsmann Charles Bedaux stellte ihnen sein Schloss Candé in der Touraine zur Verfügung. Nachdem Edward Erkundigungen über Bedaux eingeholt und nichts Ehrenrühriges entdeckt hatte, entschied er sich für Schloss Candé und überzeugte auch Wallis Simpson von seiner Wahl. Am 8. März reiste sie daher aus Cannes ab und wurde am folgenden Tag von Fern Bedaux, der Ehefrau des Gastgebers, auf der Freitreppe des Schlosses Candé begrüßt. Der Herzog von Windsor zog Ende März erst einmal in das Landhaus zu Appesbach am Wolfgangsee um. Als die Scheidung endlich rechtskräftig war, stieg er am 3. Mai in Salzburg in den Orientexpress nach Paris. Tags darauf schloss er Wallis endlich in die Arme.

Am 3. Juni 1937 ließen sie sich im Schloss Candé von einem anglikanischen Geistlichen und dem Bürgermeister von Monts trauen. Kein einziges Mitglied der königlichen Familie erschien zur Hochzeitsfeier. Stattdessen teilte der am 12. Mai gekrönte König George VI. seinem älteren Bruder schriftlich mit, dass Wallis nicht den Titel »königliche Hoheit« führen dürfe.

Besonderes Missfallen erregten der Herzog und die Herzogin von Windsor in Frankreich, England und Nordamerika, als sie bei einer von Charles Bedaux arrangierten Deutschlandreise im Spätherbst Hermann Göring in Carinhall und Hitler auf dem Obersalzberg ihre Aufwartung machten. Später erinnerte sich der Herzog von Windsor an das Gespräch mit dem »Führer«: »Auf Umwegen wollte er mir einreden, dass das rote Russland der einzige Feind sei und es im Interesse Großbritanniens und auch Europas wäre, wenn man Deutschland ermutigte, den Osten zu schlagen und den Kommunismus für immer zu zerstören. Hitler war zu diesem Zeitpunkt auf dem Höhepunkt seiner Macht. Sein Blick war durchdringend und magnetisch. Ich bekenne freimütig, dass er mich in seinen Bann zog. Ich glaubte ihm, wenn er durchblicken ließ, dass er keinen Krieg mit England anstrebte... Ich dachte, dass der Rest von uns Zaungäste sein könnten, während sich die Nazis und die Roten totschlugen.«[39]

US-Präsident Franklin D. Roosevelt ließ den Herzog und die Herzogin vom FBI observieren, denn Edward machte aus seiner

Sympathie für den Faschismus kein Hehl, und seine Frau dachte wohl ebenso. Gerüchten zufolge hatte er Hitler im Frühjahr 1936 versichert, Großbritannien werde im Fall eines vom Versailler Friedensvertrag verbotenen deutschen Einmarsches in die entmilitarisierte Zone im Rheinland nicht intervenieren. Und gegenüber einem Journalisten soll er die Meinung vertreten haben, ein Sturz Hitlers würde »eine Tragödie für die Welt« bedeuten.[40] Angeblich schwadronierte er im April 1941 sogar im privaten Kreis: »Wenn der Krieg vorbei ist und Hitler die Amerikaner niedergeworfen hat ..., werden wir übernehmen ... Sie [die Briten] wollen mich nicht als ihren König, aber ich werde als ihr Führer zurückkommen.«[41]

Der als jüngster von drei Söhnen des Herzogs Albrecht von Württemberg und dessen Ehefrau, der Erzherzogin Margarete Sophie von Österreich, geborene Benediktinermönch Odo (Carl Alexander Herzog von Württemberg) erzählte dem FBI, er wisse von der Königinmutter Mary, dass Wallis Simpson 1936 auch eine Affäre mit Joachim von Ribbentrop gehabt habe, dem damaligen deutschen Botschafter in London und späteren Reichsaußenminister. Aus dieser Behauptung entwickelte sich eine Verschwörungstheorie, derzufolge König Edward VIII. vor allem wegen der Spionagetätigkeit seiner Geliebten und seinem Sympathisieren mit den Nationalsozialisten zum Rücktritt gezwungen worden war.

Sicher ist, dass der Herzog und die Herzogin von Windsor nach dem Überfall des Deutschen Reiches auf Polen im September 1939 und dem Beginn des Zweiten Weltkriegs auf einem britischen Zerstörer nach England gebracht wurden. Bald darauf kehrte Edward als Verbindungsoffizier im Rang eines Generalmajors nach Frankreich zurück. Als die Deutschen 1940 den Norden und Westen Frankreichs besetzten, befürchtete er jedoch, sie könnten ihn als Geisel nehmen, und setzte sich daher mit seiner Frau zuerst nach Biarritz, dann nach Spanien und schließlich nach Portugal ab. In Lissabon, wo das Paar im Haus eines Bankiers Zuflucht gefunden hatte, erhielt der Herzog von Windsor von Premierminister Winston Churchill das Angebot, Gouverneur der britischen Kronkolonie Bahamas zu werden. Offenbar wollte die britische Regierung den Sympathisanten der Nationalsozialisten, den Hitler wohl gern als Marionettenkönig in Großbritannien eingesetzt hätte, möglichst weit weg haben. Am 17. August 1940 trafen Edward und Wallis in Nassau ein. Kurz vor der deutschen Kapitulation, am 3. Mai 1945, verließen der Herzog und die Herzogin von Windsor die Bahamas wieder und kehrten nach einem längeren Aufenthalt in den USA im Oktober nach Europa zurück.

In der Nachkriegszeit galten die beiden aufgrund ihres extrem kostspieligen Lebensstils als das Jetset-Paar schlechthin. Zunächst lebten sie an wechselnden Orten. 1949 richteten sie sich dann im Château de la Croë am Cap d'Antibes ein, dem Schloss, das ihnen Sir Pomeroy Burton bereits 1937 angeboten hatte, und in Paris mieteten der Herzog und die Herzogin von Windsor eine Wohnung östlich des Bois de Boulogne, bis ihnen die französische Regierung 1953 auf der gegenüberliegenden Seite des Stadtwalds eine Villa zur Verfügung stellte. Edward veröffentlichte 1951 unter dem Titel *A King's Story. The Memoirs of H. R. H. the Duke of Windsor*[42] seine Autobiografie. Fünf Jahre später folgten die (von Charles Higham aufgezeichneten) Erinnerungen seiner Frau: *The Heart Has Its Reasons. The Memoirs of the Duchess of Windsor*[43].

Als König George VI. am 6. Februar 1952 an Lungenkrebs starb, folgte ihm seine 25-jährige Tochter Elisabeth II. auf den Thron. Ihr Onkel Edward wurde nicht zu den Feierlichkeiten eingeladen und ein Jahr später auch nicht zur Trauerfeier für seine verstorbene Mutter. Als er sich jedoch Ende 1964 in Houston/Texas einer Herzoperation unterzog, schickte ihm Königin Elisabeth II. Blumen ins Krankenhaus, und als er bald darauf in

London an den Augen operiert wurde, besuchte sie ihn sogar am Krankenbett und gab seiner ebenfalls anwesenden Ehefrau zur Begrüßung die Hand. Außerdem lud sie den Herzog und die Herzogin zur feierlichen Enthüllung einer Gedenktafel im Juni 1967 am früheren Wohnsitz ihrer Großmutter Mary ein. Und ihr Sohn Charles, der Prinz von Wales, besuchte das Paar im Oktober 1971 in Paris. Er begann danach einen Briefwechsel mit seinem Großonkel, fand Wallis aber unsympathisch: »Während wir miteinander sprachen, huschte die Herzogin wie eine seltsame Fledermaus unentwegt hin und her. Sie sieht für ihr Alter unglaublich aus und lässt sich offensichtlich jeden Tag das Gesicht liften. Daher kann sie kaum richtig sprechen, außer mit zusammengebissenen Zähnen und ohne auch nur einen Gesichtsmuskel zu bewegen. Sie machte auf mich den Eindruck einer harten Frau – total unsympathisch und irgendwie oberflächlich. Sehr wenig echte Wärme; nur dieser glänzende Gastgeberinnencharme ohne Gefühl.«[44]

Während einer Staatsvisite in Frankreich schaute Elisabeth II. am 15. Mai 1972 bei ihrem todkranken Onkel in Paris vorbei, der schließlich am 28. Mai, vier Wochen vor seinem 76. Geburtstag, an Kehlkopfkrebs starb. An der Trauerfeier am 5. Juni in der St.-Georgs-Kapelle in Windsor nahmen neben der Witwe auch Elisabeth II. und weitere Mitglieder der königlichen Familie teil.

Nachdem die Herzogin von Windsor bereits seit einem Jahrzehnt wegen Demenz unter Vormundschaft gestanden hatte, starb sie am 24. April 1986 in Paris. Fünf Tage später wurde sie neben ihrem dritten Ehemann auf dem königlichen Friedhof von Frogmore in Windsor bestattet.

Der Schmuck, den Edward seiner Ehefrau im Lauf der Zeit geschenkt hatte, ist legendär. Die hinterlassenen Juwelen wurden im April 1987 in Genf für 75 Millionen Schweizer Franken versteigert. Der Erlös kam dem Institut Pasteur zugute.

Zelda Fitzgerald

(1900 – 1948)

————— • ◆ • —————

EIN LEBEN WIE IM ROMAN

Zelda und F. Scott Fitzgerald führten ein ausschweifendes Leben und galten in den roaring twenties *als Traumpaar, aber glücklich wurden sie nicht. Zelda versuchte vergeblich, aus dem Schatten ihres Mannes herauszutreten – und ging dabei zugrunde.*

Zelda wurde am 24. Juli 1900 in Montgomery/Alabama als jüngstes von sechs Kindern des 42-jährigen Richters Anthony D. Sayre und seiner zwei Jahre jüngeren Ehefrau Minerva (»Minnie«) geboren. Im Schulalter entwickelte sie sich zu einem Wildfang »mit allen Anzeichen der Aufsässigkeit gegen die Konventionen der ihr zugedachten Rolle«[1]. Einmal rief sie die Feuerwehr und kletterte dann auf das Dach des Elternhauses, um sich retten zu lassen. Sie war eine begeisterte Schwimmerin, tauchte ausdauernd, sprang »aus schwindelerregender Höhe in jedes Wasser«[2], kletterte auf Bäume und galt als »unerschrockene Draufgängerin«. Ihr Talent zum Malen und Zeichnen war ebenso ausgeprägt wie ihre Sprachbegabung. »Auch kritische Freunde und Freundinnen […] rühmen ihren klaren Verstand, ihr rasches Reaktionsvermögen, ihre scharfe Beobachtungsgabe, ihren Sprachwitz, ihre Neigung zum Fantasievollen, ja Fantastischen.«[3]

In der Schule fiel ihr das Lernen nicht schwer, und sie erhielt gute Noten, aber als Streberin wollte sie nicht gelten. »Leistung durch Anstrengung [war] ihr fremd.«[4] Zelda verfügte über ein gesundes Selbstvertrauen: »Ich hatte überhaupt kein Gefühl der Unterlegenheit oder der Schüchternheit, weder Bedenken noch moralische Prinzipien.«[5] In der Highschool galt sie als eines der attraktivsten Mädchen und hatte viele Verehrer. Mit 15 Jahren wurde Zelda eines Abends nach Anbruch der Dunkelheit von zwei nur wenig älteren Jugendlichen aus ihrem Bekanntenkreis auf einen Spielplatz gelockt und dort vergewaltigt: Während der eine sie festhielt und ihr den Mund zupresste, deflorierte sie der andere. Zelda scheint ihren Eltern das traumatische Erlebnis, das sie auch noch als Erwachsene belastete, verschwiegen zu haben. Die Täter kamen auf jeden Fall ungeschoren davon.

Im Mai 1918 beendete Zelda die Highschool. Ungefähr zur gleichen Zeit brach sie auch den Ballettunterricht ab, den sie seit ihrer Kindheit genommen hatte. Sie rebellierte immer wieder gegen jede Form von Spießbürgertum und ließ sich bei Tanzveranstaltungen im Old Exchange Hotel von Soldaten aus Kasernen außerhalb von Montgomery umwerben. »Bei geselligen Treffen für Soldaten aus dem Norden war Zelda das gefragteste Mädchen, und den jungen Fliegern wurde es bald zur Gewohnheit, dass sie über dem Haus der Sayres in der Pleasant Street Kunstflüge vorführten und mit ihren Maschinen Loopings und Schrauben versuchten, um Zelda auf sich aufmerksam zu machen. Die täglichen Überflüge wurden fortgesetzt, bis zwei Leutnants, Henry Watson und Lincoln Weaver, beim Trudeln abstürzten. Der Kommandeur des Stützpunktes Taylor erließ sofort den Befehl, solche leichtsinnigen Aktionen zu unterlassen.«[6]

Unter den Offizieren, denen Zelda Sayre im Sommer 1918 im Montgomery Country Club auffiel, war auch der 21-jährige Leutnant F. Scott Fitzgerald. »Als Fitzgerald sie kennenlernte, war Zelda Sayre gerade 18 geworden, ein hübsches Mädchen mit wunderbarem goldenen Haar und der Unschuldsmiene, das attraktiven Südstaaten-Mädchen eigen war.«[7] »Zeldas außergewöhnliche Beliebtheit und die dadurch hervorgerufene Wettbewerbssituation reizten Fitzgerald von Anfang an. Obwohl sie nicht wie die Prinzessin im Märchen mit einem Kuss geweckt werden musste, als er in ihr Leben trat, war sie hinter der Menge ihrer Bewunderer verbarrikadiert und unnahbar.«[8] Scott ließ sich ihr vorstellen. Danach verabredeten sie sich und gingen mehrmals miteinander aus.

Francis Scott Fitzgerald wurde am 24. September 1896 in St. Paul/Minnesota, geboren. Seine beiden Schwestern waren zu diesem Zeitpunkt bereits gestorben. Im Jahr darauf musste der Vater Edward Fitzgerald mit seiner Korbmöbelfabrik Konkurs anmelden. Er zog daraufhin mit seiner Frau Mary (»Molly«), der Tochter eines irischen Immigranten, und dem kleinen Sohn nach Buffalo/New York und ließ sich als Reisender des Konsumgüter-Konzerns Procter & Gamble einstellen. Als Edward Fitzgerald 1908 entlassen wurde, kehrte er mit Mary, Scott und der 1901 geborenen Tochter Annabel nach St. Paul zurück. Dort fand er zwar Arbeit in einem Lebensmittelgroßhandel, aber die Familie lebte vor allem auf Kosten von Marys verwitweter Mutter Louisa McQuillan, die einige Mehrfamilienhäuser besaß.

Im Alter von 13 Jahren veröffentlichte F. Scott Fitzgerald in einer Zeitschrift seine erste Kurzgeschichte – *The Mystery of the Raymond Mortgage*. Im November 1912 lernte er Cyril Sigourney Webster Fay kennen. Der 21 Jahre ältere katholische Geistliche wurde ein väterlicher Freund und blieb es bis zu seinem Tod am 10. Januar 1919. Es gibt allerdings auch Indizien, die auf eine pädophile Neigung des Paters hindeuten. Zum Beispiel schlug Fay seinem Schützling vor, bei einer geplanten (jedoch nicht angetretenen) Russland-Reise die Schiffskabine und das Hotelzimmer zu teilen: »[...] da wir mindestens etwas Geld sparen können und es uns die Gelegenheit geben wird, über Dinge zu sprechen, die streng vertraulich bleiben müssen.«[9]

Im September 1913 begann Scott, an der Princeton University Literatur zu studieren. Das dafür erforderliche Geld stammte aus der Hinterlassenschaft seiner inzwischen verstorbenen Großmutter Louisa McQuillan. Nach acht Semestern brach er das Studium ab und meldete sich zum Dienst in der Armee. Im Jahr darauf, im Juni 1918, wurde Leutnant Scott Fitzgerald in das Camp Sheridan bei Montgomery abkommandiert – und lernte kurz darauf Zelda Sayre kennen. Im Oktober musste er zur Vorbereitung auf den Kriegseinsatz nach Long Island, aber bevor er nach Europa geschickt werden konnte, endete der Erste Weltkrieg, und im November kehrte Scott daher nach Montgomery zurück. Im Februar 1919 quittierte er schließlich den Militärdienst, zog nach New York und träumte von einer Karriere als Journalist. Allerdings fand er nur einen schlecht bezahlten Job als Texter einer Werbeagentur. Trotzdem verlobte Zelda sich im März mit ihm. Bei drei Wochenendbesuchen in Montgomery drängte er sie zur Eheschließung, aber sie schreckte davor zurück und löste im Juni sogar die Verlobung. »Zelda zögerte, ihr Schicksal mit meinem zu verbinden, bevor ich Geld verdiente«,[10] vermutete Scott Fitzgerald, wahrscheinlich ging es ihr jedoch weniger um die finanzielle Absicherung als um »das Außerordentliche und Glanz«[11]. »Zelda strebte wie Fitzgerald Luxus und Größe jenseits des in ihrer Welt Möglichen an und verfolgte dieses Ziel mit einer gewissen beinahe kindlichen Schläue.«[12]

Durch die Frustration im Beruf und in der Beziehung intensivierte sich Scotts Abhängigkeit vom Alkohol. Er zog sich in sein Elternhaus in St. Paul zurück, um dort einen Roman zu überarbeiten, an dem er sich in Princeton versucht hatte, der jedoch vom Verlag Charles Scribner's Sons abgelehnt worden war *(The Romantic Egotist)*. Anfang September schickte er das Manuskript – jetzt mit dem Titel *This Side of Paradise* – erneut an den Verlag. Schon zwei Wochen später bot ihm der Cheflektor einen Vertrag an. Als Zelda davon erfuhr, schrieb sie ihm: »Ich bin sehr stolz auf dich – ich hasse es zu sagen, aber ich glaube nicht, dass ich anfangs viel Vertrauen in dich hatte ... Es ist so schön zu wissen, dass du wirklich etwas kannst – alles – und ich liebe den Gedanken, dass ich dich dabei ein klein wenig unterstützen kann.«[13] Die Anerkennung stärkte Scotts Selbstvertrauen. Nachdem er Zelda in einem Brief gebeten hatte, sie besuchen zu dürfen, kam er nach Montgomery und erneuerte seinen Heiratsantrag. Am 28. März 1920, zwei Tage nach dem Erscheinen seines Romans *This Side of Paradise (Diesseits vom Paradies)*, gaben Anthony und Minnie Sayre die Verlobung ihrer Tochter mit dem Schriftsteller in der Zeitung bekannt. Am 2. April fuhr Zelda daraufhin mit ihrer 14 Jahre älteren Schwester Marjorie im Zug von Montgomery nach New York, und am nächsten Tag heirateten Zelda und Scott in St. Patrick's Cathedral. Weder die Eltern der Braut noch die des Bräutigams nahmen an der kurzen Zeremonie teil. Scott hatte nicht einmal einen Fotografen bestellt. Zelda musste zwar auf eine romantische Hochzeitsfeier verzichten, war jedoch froh, dem langweiligen Leben in der Provinz entkommen zu sein. Die Flitterwochen wollte das Paar im Biltmore Hotel verbringen, aber als sich andere Gäste über den fortwährenden Partylärm beschwerten, zogen Scott und Zelda in ein anderes Hotel um.

Alexander McKaig, ein früherer Kommilitone Scotts, schrieb in sein Tagebuch: »Besuchte Scott Fitz[gerald] und seine Braut, eine temperamentvolle kleinstädtische Southern Belle. Kaut Kaugummi, zeigt ihre Knie. Glaube nicht, dass die Ehe gelingen kann. Beide trinken heftig. Denke, dass sie in drei Jahren geschieden sein werden, Scott noch etwas Großes schreiben und dann mit 32 in einer Dachkammer sterben wird.«[14]

Im Mai mieteten Scott und Zelda ein Haus am Compo Beach in Westport/Connecticut, 50 Meilen nordöstlich von New York.

Bereits im Sommer betrog Scott seine Frau mit einer Schwester ihrer Jugendfreundin Tallulah Bankhead. Weil Zelda sich vor seinen Saufkumpanen fürchtete, suchte sie im September Zuflucht bei Alexander McKaig, der sie für eine Nacht in seiner Wohnung in New York aufnahm. Am nächsten Morgen holte Scott sie zurück. »Fitz sollte Zelda gehen lassen und ihr nicht nachlaufen«, schrieb McKaig in sein Tagebuch. »Das Schlimme ist, dass Fitz ganz von Zeldas Persönlichkeit eingenommen ist ... Sie hat ihm das Modell für alle Frauenfiguren geliefert.«[15]

Dass Zelda ihn inspirierte, gab Scott auch selbst zu. »Ich habe in der Tat die Heldin meiner Romane geheiratet.«[16] »Den ›Flapper‹ nämlich, den ›smarten‹, unerschrockenen und neuen Typ Frau, den er in Zelda fand, den er ›erfand‹ und den sie spielte, damit er ihn literarisch wieder verwenden konnte. Ein komplizierter, ein – für sie – lebensgefährlicher Prozess.«[17]*

Im Oktober zog das lebensgierige Paar dann nach Manhattan, wo es sich auf rauschenden Festen austobte. Immer wieder musste Scott nach Hause gebracht werden, weil er vollkommen betrunken war. »Im Mittelpunkt des Partywirbels standen die Fitzgeralds. Der Junge aus Minnesota [...] und sein Mädchen aus Montgomery/Alabama hatten in New York sofortig und glänzend Erfolg.«[18] Scott glitt vom Kühler eines Taxis, mit dem sie zu einer Veranstaltung gefahren waren, und hob Zelda vom Autodach. In der Drehtüre eines Hotels spielten sie Fangen. Zelda stellte sich im Abendkleid unter die Fontäne am Washington Square und Scott voll angezogen in den Pulitzer-Brunnen an der Fifth Avenue. »Es gab wohl kein anderes Paar, das die wilde Vergnügungssucht der Flapper-Epoche besser verkörperte als Francis Scott Key Fitzgerald und Zelda Sayre Fitzgerald.«[19] Zelda setzte sich selbstbewusst über die Konventionen des züchtigen

---

* Der Begriff »Flapper« kam in den 1920er-Jahren auf und bezeichnete einen neuen frechen Typ junger Frauen, die sich über die gültigen Benimmregeln hinwegsetzten, kurze Röcke und Haare trugen, Jazz hörten, Alkohol tranken und rauchten.

Benehmens hinweg. Und die Medien stilisierten das Glamourpaar zu Ikonen der *roaring twenties* beziehungsweise des *jazz age*.

Das ausschweifende Leben der Fitzgeralds zehrte die Honorare, die Scott mit seinem Roman und den Kurzgeschichten verdiente, schnell auf. Doch obwohl er sich mehrmals Vorschüsse vom Verlag erbitten und Geld von seinem Literaturagenten borgen musste, zündete er sich mit Fünfdollarnoten Zigaretten an. »Das unheilvolle Karussell aus Verschwendung, Schulden, Versprechungen, hastiger Schreibefron rotiert immer schneller und lässt sich nicht stoppen.«[20]

»Sie sind einander – bei großer Ungleichartigkeit – in manchem ähnlich. Sie wollen ALLES. Ohne jede Lebensökonomie, ohne Einschränkung für ein ›höheres Ziel‹ alles – und möglichst sofort.«[21] »Die Magie, die das ›Traumpaar‹ Scott und Zelda Fitzgerald auf ihre Zeit- und Altersgenossen ausübt, ist – zumindest in den glanzvollen Anfängen – unglaublich. [...] Der erste große Schritt in die ›publicity‹, in die totale Veröffentlichung der Person, wird in diesen Jahren in Amerika getan, in New York.«[22]

Zelda, die alltägliche Routine verabscheute und noch als 20-Jährige von einem nur aus Höhepunkten bestehenden Leben träumte, beeindruckte Freunde und Bekannte nicht weniger als ihr Mann. Die beiden waren »brilliantly equal«[23]. Alexander McKaig schwärmte: »Sie ist zweifellos die blendendste und schönste junge Frau die ich jemals gekannt habe.«[24] »Die Kombination ihrer unbefangenen und frischen jungen Schönheit, ihres Esprits und der Zwanglosigkeit ihres Verhaltens war immer faszinierend. Mit ihrer raschen Auffassungsgabe passte sie sich augenblicklich den Umgangsformen und Sitten der New Yorker an, ohne den besonderen Reiz ihrer südstaatlichen Art und ihrer Unabhängigkeit zu verlieren; sie war, wie es einer ihrer Freunde formulierte, ›eine unzivilisierte Prinzessin aus dem Süden‹.«[25] »Die meisten sind hingerissen von ihrem intelligenten, witzigen

Charme.«[26] Scott litt daher unter Verlustängsten. Deshalb flirtete er zwar selbst heftig, tolerierte jedoch den Erfolg seiner Frau bei anderen Männern nur so lange, wie er sich sicher sein konnte, dass sie weiterhin ihm »gehörte«. »Man könnte ihr leicht nymphomane Neigungen unterstellen oder eine Bereitschaft zum flinken Seitensprung. Aber bei aller Lockerheit des Umgangs miteinander, bei aller – oft aufgesetzten – Frivolität gehören rasche Bettgeschichten oder gar Promiskuität in diesem Kreis nicht zur Tagesordnung. [...] Für Zelda ist Flirt, ist die erotische Provokation über jedes anerzogene Rollenspiel hinaus eine Äußerung ihres vitalen Überschwangs und Übermuts – jedenfalls noch in den New Yorker Anfängen.«[27]

Die Fitzgeralds reisten von Mai bis Juli 1921 durch England, Frankreich und Italien. Schon vor der Abreise wussten sie, dass Zelda schwanger war. Am 26. Oktober 1921 brachte sie dann in St. Paul/Minnesota die Tochter Frances Scott (»Scottie«) zur Welt. Als sie mit dem Säugling nach Hause kam, war dort nichts dafür vorbereitet. Gerade noch rechtzeitig besorgte eine aufmerksame Freundin schnell Babysachen und eine Kinderschwester.

Mit der realistischen Darstellung seiner Generation in *Diesseits vom Paradies* hatte F. Scott Fitzgerald seine Karriere als Schriftsteller begründet. Auch mit seinem zweiten Roman, *The Beautiful and the Damned (Die Schönen und Verdammten)*, der im März 1922 erschien, wurde er zum Chronisten der *lost generation:* Die Protagonisten Gloria und Anthony Patch tummeln sich auf New Yorker Partys und inszenieren sich als Liebespaar. Aber die Ausschweifungen können sie auf Dauer nicht über den Selbstbetrug hinwegtäuschen, und die Exzesse erweisen sich als selbstzerstörerisch. Offenbar blickte F. Scott Fitzgerald als Schriftsteller hinter die Kulissen seines eigenen Lebens. Zelda, die maßgeblich zu Scotts Ideen beitrug, wies in der *New York Tribune* darauf hin, dass ihr Mann ohne ihr Wissen Zitate aus ihren Tagebüchern und Briefen eingebaut habe: »Es kommt mir vor, als ob ich auf einer Seite eine Passage aus einem meiner alten Tagebücher wiedererkenne, das kurz nach meiner Hochzeit auf mysteriöse Weise verschwunden war, und auch Auszüge aus Briefen, die mir irgendwie bekannt vorkommen, obwohl sie gründlich bearbeitet wurden. Mr Fitzgerald – ich denke, so schreibt er sich – scheint tatsächlich zu glauben, dass der Diebstahl geistigen Eigentums zu Hause beginnt.«[28]

Im April 1924 schifften sich die Fitzgeralds mit ihrer Tochter nach Europa ein. Nach einem Aufenthalt in Paris genossen sie den Sommer in einer Villa in Valescure bei Saint Raphaël und ließen sich in den Freundeskreis des in Antibes lebenden amerikanischen Ehepaares Gerald und Sara Murphy aufnehmen, dem viele Künstler angehörten, zum Beispiel Pablo Picasso und Fernand Léger, Cole Porter, John Dos Passos und Ernest Hemingway. Scott stellte die Toleranz der Gastgeber nicht nur durch die Folgen seiner exzessiven Trinkerei auf die Probe, sondern auch durch Wutausbrüche, zum Beispiel als er seine Frau verdächtigte, eine Affäre mit dem 25-jährigen, in Fréjus stationierten Piloten Edouard Jozan zu haben.* Vier Wochen lang sperrte Scott seine Frau ein, und sie legten ihren Ehekrach erst bei, als Jozan im Herbst nach Indochina abkommandiert wurde. Danach erzählte Scott den Freunden von Zeldas angeblicher Affäre und flunkerte, der Fliegeroffizier habe sich nach der Trennung umgebracht.

Ende Oktober schickte er seinem Lektor Maxwell Perkins das Manuskript des Romans *The Great Gatsby*.

Den Winter über lebten die Fitzgeralds in Rom. Dort musste

---

* Katrin Boese, die Autorin des Tatsachenromans *Zelda Fitzgerald. »So leben, dass ich frei atmen kann«* (Aviva Verlag, 2010), hält es für möglich, dass Zelda sich im Sommer 1924 wegen Edouard Jozan von ihrem Mann scheiden lassen wollte. Einen literarischen Hinweis darauf gibt es in Zeldas unveröffentlichem Roman *Caesar's Things* (Persönliche Mitteilungen, Mai/Dezember 2011).

Zelda ihren Mann einmal mit Hilfe des amerikanischen Konsulats und einer Kaution aus dem Gefängnis holen, weil er sich mit Taxifahrern geprügelt hatte, von denen er wegen seines trunkenen Zustands abgewiesen worden war. Vielleicht war der Alkohol auch die Ursache dafür, dass er sich wenig um seine Frau kümmerte, als diese im Dezember wegen einer Eileiterschwangerschaft ins Krankenhaus musste und sich nur langsam erholte. Im Frühjahr 1925 reiste die Familie dann nach Capri und weiter nach Paris. Auf der Insel hatte Zelda bereits Zeichenunterricht genommen, und in Paris entschloss sie sich, ihre 1918 abgebrochene Ballettausbildung wieder aufzunehmen und sich von Ljubow Jegorowa, der Leiterin der Djagilew-Ballettschule, Stunden geben zu lassen. In dieser Zeit trafen die Belegexemplare des im April 1925 veröffentlichten Romans *The Great Gatsby (Der große Gatsby)* ein.

Scott Fitzgerald freundete sich mit Ernest Hemingway an, der seit 1921 ebenfalls in Paris lebte. Zelda konnte den derben Kerl nicht ausstehen. Weil ihr Mann nicht zuließ, dass sie sich wie ihre Jugendfreundin Tallulah Bankhead als Schauspielerin versuchte, begann Zelda zu schreiben. Die *Chicago Sunday Tribune* veröffentlichte im Juni 1925 erstmals eine Kurzgeschichte von ihr – *Our Own Movie Queen* –, allerdings unter dem Namen ihres Mannes. Dabei strebte Zelda eigentlich danach, aus seinem Schatten herauszutreten und ebenfalls berühmt zu werden, wenn nicht als Schauspielerin, dann als Schriftstellerin (oder später als Tänzerin).

Auch in den Jahren 1925 und 1926 verbrachten die Fitzgeralds die Sommermonate an der Côte d'Azur, und zwar in Antibes, wo sie sich wieder mit Gerald und Sara Murphy trafen. Scott bekannte sich inzwischen offen dazu, Alkoholiker zu sein. Betrunken war er ein komplett anderer Mensch. »Wenn es jemals einen Jekyll-und-Hyde-Charakter gab, war es F. Scott Fitzgerald, ein Mann mit zwei völlig verschiedenen Persönlichkeiten. Die eine war liebenswürdig, die andere grausam. Eine war ganz und gar gesetzt, die andere wurde nie erwachsen. Eine wollte geliebt und bewundert werden, die andere wollte verachtet werden. Eine versuchte, Menschen besser zu machen, die andere zog sie herab. Eine war um sich besorgt bis hypochondrisch, die andere setzte Gesundheit und Sicherheit leichtfertig aufs Spiel.«[29] Scott Fitzgerald fiel immer wieder durch abstoßende, irritierende Verhaltensweisen auf, so schlug er in Nizza etwa einer alten Frau die von ihr zum Kauf angebotenen Süßigkeiten aus der Hand. Und während einer Dinner-Party bei den Murphys warf er einer Prinzessin eine reife Feige ins Rückendekolleté. Doch Zelda stand ihm an Impulsivität kaum nach: Als Scott während eines Essens im Restaurant »Colombe d'Or« in St. Paul-de-Vence heftig mit Isadora Duncan flirtete, verließ sie das Lokal so überreizt, dass sie auf der Steintreppe stürzte und sich verletzte.*

Zweieinhalb Jahre blieben die Fitzgeralds in Europa. Im Dezember 1926 gingen sie in Genua an Bord eines Dampfers und kehrten in die USA zurück. Weihnachten verbrachten sie mit Zeldas Eltern in Montgomery. Danach fuhren sie zu Scotts Eltern, die inzwischen in Washington, D.C., lebten. Bei ihnen ließen sie ihre fünfjährige Tochter zurück, bevor sie sich Anfang 1927 in einem Apartment-Hotel in Hollywood einquartierten, weil Scott Drehbücher schreiben wollte. Als das Vorhaben scheiterte, holten sie Scottie ab und richteten sich im März in dem gemieteten Landhaus Ellerslie bei Wilmington/Delaware ein. Von dort fuhr Zelda dreimal pro Woche nach Philadelphia zum Ballettunterricht. Parallel dazu ließ sie sich in Kunst unterweisen. Einen weiteren Paris-Aufenthalt von April bis August 1928 nutzte sie, um sich erneut von Ljubow Jegorowa Stunden geben zu lassen. Im Oktober 1928 kehrten die Fitzgeralds nach Wil-

---

* Einige Biografen nehmen sogar an, dass Zelda sich absichtlich die Treppe hinunterstürzte.

mington zurück, und Zelda fuhr wieder regelmäßig nach Philadalphia. Nach dem Auslaufen des Mietvertrages für das Haus Ellerslie im Frühjahr 1929 reisten sie noch einmal nach Frankreich und verbrachten den Sommer, wie gewohnt, an der Riviera. Ansonsten lebten sie in Paris.

Im April 1930 wurde Zelda wegen eines Nervenzusammenbruchs im Sanatorium de la Malmaison bei Paris aufgenommen. Einen Monat später brachte Scott seine Frau in die Valmont-Klinik bei Montreux. Von dort holte er sie nach eineinhalb Wochen mit dem Auto ab, aber statt mit ihr nach Paris zurückzukehren, übernachtete er mit ihr in einem Hotel in Lausanne und fuhr sie am nächsten Morgen in die psychiatrische Privatklinik Les Rives de Prangins bei Nyon am Genfer See. Zelda fühlte sich ausgebrannt und niedergeschlagen. Der berühmte Psychiater Eugen Bleuler stellte im November die Diagnose Schizophrenie.* Scott führte den Zusammenbruch dagegen auf den übertriebenen Ehrgeiz seiner Frau beim Balletttraining zurück. Erst im September 1931 wurde Zelda aus der Klinik Les Rives de Prangins entlassen. Daraufhin kehrte Scott mit ihr in die USA zurück und mietete ein Haus in Montgomery, wo Zeldas Eltern nach wie vor lebten. (Ihr Vater starb zwei Monate später, am 17. November.)

Während Scott noch einmal versuchte, sich als Drehbuchautor in Hollywood einzuführen – wieder ohne Erfolg –, dachte Zelda (erneut) über eine Scheidung nach. Sie wusste jedoch, dass sie in diesem Fall aufgrund der psychiatrischen Behandlungen und wegen ihrer aussichtslosen finanziellen Lage wahrscheinlich das Sorgerecht für ihre Tochter verlieren würde. Statt sich von Scott zu trennen, begann sie daher, an einem Enthül-

---

* Der Schweizer Psychiater Auguste-Henri Forel, der Zelda Fitzgerald 1930/31 behandelte, zweifelte später an der zunächst auch von ihm gestellten Diagnose Schizophrenie (Sally Cline: *Zelda Fitzgerald. Her voice in paradise*, Arcade Publications, 2003, Fußnote auf S. 445; Sara Mayfield: *Exiles from paradise. Zelda and Scott Fitzgerald*, Delacorte Press, 1971, S. 153). Und Katrin Boese vermutet, dass es sich um eine »reaktive Depression« handelte (persönliche Mitteilung vom 5. Januar 2012).

lungsroman über ihre Ehe zu arbeiten. Das Buchprojekt verlor sie auch dann nicht aus den Augen, als sie wegen eines erneuten psychischen Zusammenbruchs im Februar 1932 von ihrem Mann in die Henry-Phipps-Klinik des Johns Hopkins Hospitals in Baltimore/Maryland gebracht wurde und dort vier Monate blieb. Mit ausdrücklicher Erlaubnis der behandelnden Ärztin stellte Zelda in dieser Zeit einen autobiografischen Roman fertig. Vor dessen Veröffentlichung im Oktober schickte der Verlag Charles Scribner's Sons das Manuskript allerdings ihrem Mann, und Scott setzte massive Änderungen durch, zu der auch die Verharmlosung des Titels von *Save Me* in *Save Me the Waltz* gehörte.

Im Juni holte Scott seine Frau aus dem Krankenhaus und richtete sich mit ihr in dem Anwesen La Paix in Towson bei Baltimore ein, das er kurz zuvor gemietet hatte. Während es dem leitenden Psychiater der Phipps-Klinik nicht gelungen war, Scott in die Behandlung mit einzubeziehen, konnte ein jüngerer Arztkollege das Ehepaar im Jahr darauf wenigstens zu einem Gespräch in La Paix überreden, das ein Stenograf aufzeichnete. Auf diese Weise wurde festgehalten, was Scott zu seiner Frau sagte, die einen neuen Roman* angefangen hatte: »Du bist eine drittklassige Schriftstellerin und eine drittklassige Balletttänzerin […] verglichen mit mir – na ja, da gibt es keinen Vergleich … Ich bin ein professioneller Schriftsteller mit einer riesigen Leserschaft. Ich bin der höchstbezahlte Storyschreiber der ganzen Welt. […] Ich will, dass du tust, was ich will. Genau das – und du weißt es … Alles, was wir gemeinsam gemacht haben, war *meine Sache* […] ich bin der professionelle Schriftsteller, und ich sorge für dich. Das ist alles mein Material, nichts gehört dir […]. Ich will, dass du aufhörst, Prosa zu schreiben. Ob du schreibst oder nicht, ist ohnehin von keiner großen Bedeutung.«[30]

---

* *Caesar's Things* blieb unvollendet.

In ein Notizbuch schrieb er: »Plan – angreifen auf allen Ebenen/Theaterstück (unterdrücken), Roman (verzögern), Bilder (unterdrücken), Charakter (überschütten??), Kind (loslösen), Tagesablauf (verwirren, um Schwierigkeiten zu machen), kein Maschineschreiben/wahrscheinliche Folge – neuer Zusammenbruch/Gefahr für Scotty (?)/sie selbst (?)/Dies ist alles heimlich«[31].

Wegen eines weiteren psychischen Zusammenbruchs kam Zelda im Januar 1934 in die Sheppard-Pratt-Klinik in Towson/Maryland. Nach Behandlungen in zwei anderen Kliniken kehrte sie im Mai dorthin zurück. Zwei Jahre später, im April 1936, wechselte sie ins Highland Mental Hospital in Asheville/North Carolina.

Vom 29. März bis 30. April 1934 waren in einer Galerie in Manhattan zwar Gemälde von ihr unter dem Motto »Parfois la folie est la sagesse«* ausgestellt worden, Zelda hatte allerdings den Glauben an sich vollkommen verloren. Ihre Träume von einer Karriere als Schriftstellerin, Tänzerin oder Malerin waren zerstoben, und ihre Ehe lag in Trümmern. »Wir hatten alles gehabt – Liebe, Geld und eine großartige Zeit –, alles außer Glück.«[32] In ihrer Verzweiflung habe Zelda mehrere Selbstmordversuche unternommen, behauptete Scott.**

Die Tochter Scottie wechselte nach dem Abschluss einer College Preparatory School in Baltimore im Herbst 1936 auf ein Internat in Simsbury/Connecticut. Der Vater ließ es sich nicht nehmen, für seine 15-jährige Tochter zwei Tage vor Weihnachten einen Tanztee im Belvedere Hotel in Baltimore zu veranstal-

---

* Warum Verrücktheit Weisheit ist

** Katrin Boese kennt zwar die Passagen über angebliche suizidale Absichten Zelda Fitzgeralds in den Biografien von Matthew Joseph Bruccoli, Sally Cline, Nancy Milford und Kendall Taylor, bezweifelt jedoch, dass Zelda Fitzgerald sich wirklich das Leben zu nehmen versuchte, da sie Scott Fitzgeralds Zeugenaussage für unglaubwürdig hält und eine weitere biografische Notiz nicht verifiziert ist. (Persönliche Mitteilungen, Mai 2011)

ten. Als sich ihre Freundinnen jedoch weigerten, mit dem Betrunkenen zu tanzen, warf er alle Gäste hinaus und blieb mit der von ihm engagierten Musikkapelle allein zurück.

Um seine Schulden begleichen zu können, zog Scott im Sommer 1937 erneut nach Los Angeles und verdiente etwas Geld mit dem Schreiben von Drehbüchern. Im Juli lernte er die acht Jahre jüngere Klatschkolumnistin Sheilah Graham (eigentlich: Lily Sheil) kennen. Sie verliebten sich ineinander und wurden ein Paar. »Er bemüht sich zwar, mit ungezählten Dosen Coca-Cola am Tag ›trocken‹ zu bleiben. Wenn er aber anfallsweise trinkt, ist die Wirkung katastrophal; dann schlägt sein hochmütiger Puritanismus durch, und sie sinkt mit ihren Männererfahrungen für ihn zur Prostituierten herab.«[33] Sheilah Graham blieb bei ihm, obwohl er sie demütigte und vor anderen Leuten ohrfeigte; sie verließ ihn auch nicht, als er wegen seiner Alkoholkrankheit im Februar 1939 die Anstellung als Drehbuchautor verlor.

Im April 1939 flog Scott mit Zelda und der Tochter – die inzwischen am Vassar College studierte – zur Erholung nach Kuba. Bei der Rückreise zertrümmerte er in New York die Einrichtung ihres Hotelzimmers und wurde in ein Krankenhaus eingeliefert. Zelda kehrte daraufhin allein nach Asheville zurück. Ein Vierteljahr später überwarf Scott sich mit Harold Ober, dem Literaturagenten, der ihn von Anfang an vertreten hatte. Er schrieb an einem neuen Roman: *The Love of the Last Tycoon (Der letzte Tycoon)*, den er allerdings nicht mehr fertigstellen konnte. Denn am 21. Dezember 1940 erlag der 44-Jährige in Sheilah Grahams Apartment in Hollywood einem Herzinfarkt.

Zelda war nach der Entlassung aus dem Highland Mental Hospital in Asheville im April 1940 zu ihrer Mutter nach Montgomery gezogen. »Sie malte, schrieb an einem Roman, besuchte häufig Gottesdienste, engagierte sich beim Roten Kreuz und kümmerte sich um ein spastisch gelähmtes Mädchen in der Nachbarschaft.«[34] Im Sommer 1943 ließ sie sich nach einem Besuch bei ihrer Tochter, die seit Jahresanfang in New York verheiratet war, für ein weiteres halbes Jahr im Highland Hospital aufnehmen.

Vier Jahre später, im November 1947, kehrte sie wegen schwerer Depressionen dorthin zurück. In der Nacht auf den 11. März 1948 brach in der Küche des Krankenhauses ein Feuer aus. Da Zelda in ihrem Zimmer eingeschlossen war, verbrannte sie ebenso wie acht andere Patientinnen. Ihre Leiche war nur noch anhand des Gebisses und eines verkohlten Pantoffels zu identifizieren.

Christine Keeler

(*1942)

———•◆•———

DER PROFUMO-SKANDAL

Die Liaison des britischen Kriegsministers John Profumo mit einer Edelprostituierten, die im Verdacht stand, gleichzeitig eine Affäre mit einem russischen Spion gehabt zu haben, brachte ihn um sein Amt und führte zum Sturz der Regierung.

Christine Keeler wurde am 22. Februar 1942 in Uxbridge/Middlesex, geboren. Die Eltern trennten sich drei Jahre später, und im Jahr darauf zog Julie Keeler mit ihrer Tochter und ihrem neuen Lebensgefährten Ted Huish in einen ausrangierten Eisenbahnwaggon, der in Wraysbury stand, einer Ortschaft in Berkshire westlich von London.

Als in der Schule auffiel, dass Christine unterernährt war, schickte man sie im Sommer 1951 für einen Monat zur Erholung in ein Ferienlager im Badeort Littlehampton. Sobald sie 15 war, ging die Mutter mit ihr zur Arbeitsvermittlung, die Christine eine Anstellung als Hilfskraft in einem Büro verschaffte. Lange hielt sie es weder dort noch an den folgenden Arbeitsplätzen aus. Weil Julie Keeler nicht wusste, wie sie ihre Tochter zur Vernunft bringen sollte, konsultierte sie mit ihr einen Psychotherapeuten, der zu der Ansicht kam, das Mädchen rebelliere mit ihrem Verhalten gegen den Lebensgefährten der Mutter. Um

Christine daher für einige Zeit von Ted Huish fernzuhalten, brachte Julie Keeler sie zu frisch verheirateten Verwandten in Redhill im Süden von London, die sie allerdings nur widerwillig aufnahmen. Vorübergehend arbeitete Christine dort in einer Krawattenfabrik, dann kehrte sie vorzeitig nach Wraysbury zurück. Nachdem sie sich als Mannequin in einem Londoner Modegeschäft beworben und den Job bekommen hatte, begann sie mit der Bahn zwischen Wraysbury und London zu pendeln.

Von einem Studenten aus Ghana, der in dem Modegeschäft putzte, ließ sie sich zu einem Wochenendbesuch einladen – und überreden, mit ihm ins Bett zu gehen. Zwar versprach er ihr, sich mit Petting zu begnügen, aber am Ende deflorierte er sie doch: »Sobald er angefangen hatte, gab es kein Halten mehr.«[1] Danach kündigte Christine ihre Anstellung, weil sie ihn nicht mehr sehen wollte, und begann als Empfangsdame in einem Geschäft in Wraysbury zu arbeiten. In ihrer Autobiografie gibt Christine Keeler zu, mit 16 Jahren mehrere Affären gehabt zu haben. »Ich wollte immer einen Mann in meiner Nähe. Ich dachte, überall im Leben ginge es um Paare und Zusammensein [...]. Der sexuelle Aspekt der Beziehung schien ein Bestandteil davon zu sein.«[2] Als sie merkte, dass sie schwanger war, wollte sie den Embryo mit Rizinusöl und heißen Bädern abtreiben, aber das gelang ihr nicht. Am 17. April 1959 griff die inzwischen 17-Jährige daher zu Stricknadeln und löste damit eine Frühgeburt aus. Das Kind starb nach sechs Tagen im Krankenhaus. Noch im selben Jahr zog Christine Keeler nach London und fing als Garderobiere in einem griechischen Restaurant an. Durch einen Stammgast lernte sie Maureen O'Connor kennen, die ihr Geld als Tänzerin in einem Nachtklub in Soho verdiente, in »Murray's Cabaret Club«. Maureen stellte Christine dem schottischen Besitzer Percy (»Pops«) Murray vor, der die attraktive junge Frau als Showgirl engagierte. Bei ihren Auftritten fiel sie dem 47-jährigen Londoner Modearzt Dr. Stephen Ward auf. Er hatte am

Kirksville College of Osteopathy and Surgery in Missouri studiert und sich auf die chiropraktische Behandlung von Rückenbeschwerden spezialisiert. Nachdem es ihm 1944 geglückt war, Mahatma Gandhis Rückenschmerzen zu lindern, hatte sich sein Name unter Prominenten herumgesprochen, und inzwischen zählten Winston Churchill, Paul Getty, Frank Sinatra, Elizabeth Taylor und Ava Gardner zu seinen Patienten. In seiner Freizeit malte er Porträts, vorzugsweise von Mitgliedern der königlichen Familie. (Im Juli 1960 hielt er für den *Daily Telegraph* Szenen aus dem Prozess gegen Adolf Eichmann in Jerusalem mit dem Zeichenstift fest.) 1949 hatte er ein 14 Jahre jüngeres Model geheiratet, aber die Ehe mit Patricia Mary Baines war schon nach sechs Wochen zerbrochen. Bei Partys war Stephen Ward ein gern gesehener Gast, und das nicht nur, weil er mitunter jemandem spontan den Rücken einrenkte, sondern auch wegen der reizvollen Mädchen, mit denen er sich gern schmückte und die er seinen Freunden aus der High Society zur Verfügung stellte. Auf diese Weise knüpfte er nicht nur ein Netzwerk von Beziehungen, sondern erfuhr auch intime Details aus dem Leben einflussreicher Männer, mit denen er sie unter Druck setzen konnte.

Wenn wir Christine Keeler glauben dürfen, verhielt er sich Frauen gegenüber mitunter eigenartig. Sie erzählt, wie er einmal mit ihr zu einem Straßenstrich in London fuhr und sie drängte, eine Prostituierte zu imitieren. »Warum gehst du nicht einfach mal die Straße entlang und schaust, wie viele Männer versuchen, dich aufzugabeln.« Und als sie fragte, warum sie das tun solle, antwortete er: »Es wird uns einen Kick geben. Wir werden Wetten abschließen.«[3]

Julie Keeler ahnte von all dem nichts, als ihre Tochter und Stephen Ward sie im Juni 1959 in Wraysbury besuchten. Offenbar hatte sie nichts dagegen, dass er mit der 17-Jährigen nach Cliveden bei Maidenhead fuhr, denn der distinguiert auftretende Jaguar-Fahrer schien ihr trotz des Altersunterschiedes von 30 Jahren eine exzellente Partie für Christine zu sein. Das schlossartige Anwesen Cliveden war 1893 in den Besitz des amerikanischen Milliardärs William Waldorf Astor gelangt. 1942 übergab die Familie Astor das Grundstück und die Gebäude einer nationalen Stiftung, behielt sich jedoch das Recht vor, dort zu wohnen. William (»Bill«) Lord Astor gehörte zu Stephen Wards Freunden, seit dieser ihn nach einem Reitunfall bei einer Fuchsjagd im Jahr 1950 behandelt hatte. 1956 vermietete er dem fünf Jahre jüngeren Arzt das zu Cliveden gehörende Landhaus Spring Cottage für die symbolische Jahresmiete von einem Pfund. Selbst dieses Nebengebäude muss der in einem Eisenbahnwaggon aufgewachsenen Christine luxuriös vorgekommen sein. An diesem Tag unterhielt Stephen Ward sich dort zwei, drei Stunden mit ihr, dann brachte er sie wieder nach Hause. Sie fühlte sich von ihm ernst genommen und schätzte es, dass er die Ansicht vertrat, hübsche Mädchen sollten nicht von der gehobenen Gesellschaft ausgegrenzt werden. Kurze Zeit später nahm sie sein Angebot an, zu ihm in das Apartment zu ziehen, das er im Londoner Stadtviertel Marylebone bewohnte. Er versuchte allerdings nicht, sich ihr sexuell zu nähern. Und Christine Keeler sollte bald herausfinden, dass er anderes mit ihr vorhatte. »War es wirklich nur Zuneigung? Ich war daran gewöhnt, dass Männer mich mochten, aber ich hatte gelernt, dass dabei immer auch ein Unterton mitschwang, der normalerweise bedeutete, dass ich mich auszog. Der Unterschied bei Stephen war, dass er mich nackt haben wollte, wenn andere da waren. Einflussreiche Leute.«[4] Die 17-Jährige gehörte nun zum Kreis der Mädchen, mit denen sich der Modearzt umgab und die er seinen Freunden anbot. »Leute wie ich [...] waren zum Wohl anderer da – man half dir nicht und liebte dich nicht deinetwegen, sondern wegen dem, was sie durch dich erreichen oder von dir kriegen konnten.«[5]

Einmal bei einer Party im Spring Cottage erschienen die Gäste wie für einen Opernbesuch gekleidet, aber nach dem Dinner legten sie die festliche Garderobe ab, und Ward forderte seine Begleiterin auf, sich ebenfalls auszuziehen (»off with your clothes«). Immer wieder nahm Christine Keeler an solchen Sexorgien teil. »Die Leute und die Körper in allen Formen und Größen wechselten, aber der Ablauf blieb weitgehend gleich. Drinks, meist in großen Mengen, Speisen und Wein und Sex in allen Varianten. Es handelte sich immer um eine schicke Gesellschaft, die von Chauffeuren in Bentley- oder Rolls-Royce-Limousinen gebracht wurde.«[6]

Im Juni 1960 lernte Christine Keeler durch ihre neue Freundin Sherry Danton den Immobilienhai Peter Rachman kennen, auf den der Begriff »Rachmanism« zurückgeht, mit dem die skrupellose Ausbeutung von Mietern gemeint ist. Der 41-Jährige riet ihr, Stephen Ward zu verlassen, sich lieber mit Sherry Danton eine von ihm zur Verfügung gestellte Wohnung im Stadtteil Marylebone zu teilen, ihren Job als Showgirl im »Murray's Cabaret Club« aufzugeben und sich stattdessen als Model zu versuchen. Damit sie sich für die Modelkarte fotografieren lassen konnte, gab er ihr Geld. Christine Keeler ließ sich von Rachman überreden und holte ihre Sachen aus Furcht vor einem Streit mit Stephen Ward heimlich aus dessen Wohnung. Rachman erwartete nicht wie Ward von ihr, dass sie anderen Männern zur Verfügung stand. Im Gegenteil: Er betrachtete sie als sein alleiniges Eigentum. Es kam ihm darauf an, dass er sie selbst jederzeit haben konnte. Zärtlichkeiten gab es dabei keine, und er wählte die Stellungen so, dass sie ihm während der Kopulation nicht ins Gesicht sehen konnte. »Sex war für Peter ein Bestandteil des alltäglichen Lebens. Er nahm ihn sich wie eine Vitaminpille, aus gesundheitlichen Gründen, sagte er, und er fickte mich jeden Tag. [...] Da gab es keine Romantik, kein Vorspiel.«[7]

Im Herbst 1960 verließ Christine Keeler die von Peter Rachman zur Verfügung gestellte Wohnung, zog vorübergehend zu einer Freundin und trat einige Wochen lang wieder als Showgirl in »Murray's Cabaret Club« auf. Dort war inzwischen auch die Polizistentochter Marilyn (»Mandy«) Rice-Davis aus Solihull/Birmingham beschäftigt. Christine freundete sich mit ihr an und stellte sie Stephen Ward vor, den sie unter den Gästen entdeckt hatte. Um eine Wohnung mieten zu können, die sie sich mit Mandy Rice-Davies teilen wollte, erbat sie sich das Geld für die Kaution von Michael Lambton, einem Verehrer, der hoffte, sie als Lebensgefährtin zu gewinnen. Mitten in der Nacht wollte Mandy sich aus ihrem bisherigen Apartment davonschleichen und ihre Sachen mit Hilfe von Christine und Michael Lambton abtransportieren. Doch ihre Vermieterin ertappte sie dabei und hielt sie zurück, weil Mandy ihr noch einige Monatsmieten schuldete. Lambton löste sie aus. Um ihn noch ein wenig mehr auszunützen, log ihm Christine kurz darauf vor, sie müsse sich operieren lassen.

Im November 1960 übernachteten Christine und Mandy mit Stephen Ward und einem Piloten im Spring Cottage. Eine Woche später besuchte der Arzt die beiden jungen Damen in Begleitung von Lord Astor. »Bill Astor war kein Schönheitsidol, aber ein charmanter Mann mit tadellosen Umgangsformen und guter Laune – mehr galant als großartig. In dem Augenblick, in dem Stephen ihn Mandy und mir vorstellte, jagte uns der gute Lord Astor durch die Wohnung und versuchte, uns in den Hintern zu kneifen.«[8] Dann brachte Stephen Ward die zwei Mädchen mit Douglas Fairbanks jr. zusammen. In ihrer Autobiografie schildert Christine Keeler einen flotten Dreier mit dem 51 Jahre alten amerikanischen Filmschauspieler. Außerdem ließen sie und Mandy sich von einer Bekannten namens Nina Gadd zu »Dinner Partys« einladen – »purely on a sex-for-money arrangement«[9].

Ende 1960 brachte Christine Keeler ihre Freundin mit Peter

Rachman zusammen, und Mandy Rice-Davies wurde dessen Geliebte. Noch im selben Winter versuchten sie ihr Glück an der Côte d'Azur. Aber dort gefiel es Christine nicht. »Reiche alte Männer, womöglich mit bösem Husten, waren nicht mein Fall. Ich vermisste London.«[10] Von dem französischen Filmproduzenten Leo Lux ließ sie sich daher das Geld für den Rückflug geben, und weil sie ihre Wohnung vor der Abreise aufgegeben hatte, zog sie wieder bei Stephen Ward ein.

Über Colin Coote, den stellvertretenden Herausgeber des *Daily Telegraph*, der sich wegen seiner Rückenschmerzen behandeln ließ, lernte Stephen Ward den russischen Fregattenkapitän Jewgenij (»Eugene«) Iwanow kennen. Der war am 27. März 1960 als stellvertretender Marineattaché der sowjetischen Botschaft nach London gekommen und arbeitete für den Geheimdienst der sowjetischen Streitkräfte (GRU). Am 11. Januar 1961 hatte er seinen 35. Geburtstag gefeiert. Zehn Tage später lud Colin Coote ihn und Stephen Ward zum Essen ein. Spekulationen zufolge geschah dies auf Veranlassung des für Spionageabwehr zuständigen Geheimdienstes MI5, mit dessen Generaldirektor Roger Hollis der Zeitungsherausgeber regelmäßig Golf spielte. Vielleicht sollte Ward den Russen mit Hilfe schöner Frauen aushorchen. Christine Keeler vermutete allerdings, dass Stephen Ward und Jewgenij Iwanow schon bald miteinander konspirierten, und dies auch von Roger Hollis so gewollt war. Sie hielt Roger Hollis für einen Doppelagenten und Stephen Ward für einen antiamerikanischen Salonkommunisten, der seinem Kontaktmann Informationen über die Stationierung amerikanischer Kernwaffen in Europa beschaffen sollte. »Stephen führte einen Spionagering, als ich ihn kennenlernte, und die Machenschaften waren gut am Laufen.«[11]

Am 6. Juni 1961 kam Stephen Ward mit Keith Wagstaffe vom MI5 nach Hause. Christine Keeler, die für die beiden Männer Kaffee kochte, hörte angeblich, dass Wagstaffe sich nach der Beziehung des Gastgebers zu Jewgenij Iwanow erkundigte. Als Ward behauptete, er habe nichts Verdächtiges an dem Marineattaché bemerkt, soll ihm der Geheimagent geraten haben, den Umgang mit Iwanow fortzusetzen und ihn unauffällig zu beobachten. Etwa zur gleichen Zeit begegnete Christine Keeler dem aus Jamaika eingewanderten Blues-Sänger Aloysius (»Lucky«) Gordon. Weil sie wusste, dass Stephen Ward nach einem dunkelhäutigen Mädchen suchte, fragte sie ihren neuen Bekannten, ob er ihrem »Bruder« eines vermitteln könne. Zwei Tage später rief der Jamaikaner an: Seine Schwester sei bereit, sich mit Stephen Ward zu treffen. Mit Lucky Gordon handelte sich Christine Keeler einen ebenso lästigen wie gefährlichen Verehrer ein. Sobald sie versuchte, auf Distanz zu gehen, warf er ihr vor, rassistisch zu sein.

Am 7. Juli 1961 fuhren Christine Keeler und ihr persischer Freund Leo Norell im Auto zum Spring Cottage von Stephen Ward, der kurz nach ihnen ebenfalls dort eintraf. An diesem Abend waren bei Lord Astor und seiner dritten Ehefrau, dem früheren Model Janet Bronwen Alun Pugh, im Herrenhaus von Cliveden etwa 40 Gäste eingeladen, darunter der pakistanische Staatspräsident Muhammed Ayub Khan und der britische Kriegsminister John (»Jack«) Dennis Profumo mit seiner Ehefrau, der Filmschauspielerin Valerie Hobson. Während Christine nach Einbruch der Dunkelheit nackt im Pool schwamm, näherten sich unerwartet Bill Astor und John Profumo vom Haupthaus her und unterhielten sich mit Stephen Ward, der am Beckenrand stand. Die offenbar beschwipsten Männer schauten zu, als Christine aus dem Wasser stieg und sich mit einem kleinen Handtuch notdürftig bedeckte. Wie ausgelassene Schuljungen versuchten sie, ihr das Handtuch wegzureißen und jagten sie um den Pool herum. Plötzlich schaltete Lord Astor die Beleuchtung ein. Dadurch wurden andere Gäste aus dem Haupthaus angelockt, darunter auch Lady Astor und Valerie Hobson. Um die

Situation zu retten, bat Bill Astor kurzerhand seinen Arzt und dessen Gäste zu einem Drink ins Haupthaus – und ließ Christine Keeler Zeit, sich anzuziehen. Stephen Ward entging es nicht, dass sie dem Kriegsminister gefiel.

Am folgenden Sonntag, dem 9. Juli 1961, lud Stephen Ward außer Christine und einen ihrer Freunde noch zwei weitere seiner Mädchen sowie Jewgenij Iwanow ins Spring Cottage ein. Wie zwei Tage zuvor begegnete Ward mit seiner Entourage den Astors und deren Gästen am Pool. John Profumo, der auch wieder dabei war, ließ sich auf ein lustiges Wettschwimmen mit Jewgenij Iwanow ein. Danach kletterte Christine Keeler auf die Schultern des Ministers, und sie alberten mit dem russischen Marineattaché und einem anderen Mädchen bei einem »Reiterkampf« herum. Als die Party vorbei war, bat Ward seinen sowjetischen Freund, Christine Keeler nach London zurückzubringen. Später erzählte sie, Iwanow habe sie mit in seine Wohnung genommen und es auf dem Fußboden mit ihr getrieben. »Er ließ sich Zeit. Er wollte guten, altmodischen Sex ohne Akrobatik oder Schikanen. Er war ein sowjetischer Krieger.«[12]

Stephen Ward teilte seiner Mitbewohnerin am nächsten Tag mit, dass er John Profumo die Telefonnummer seines Apartments in London gegeben habe. Am 12. Juli rief der zur Conservative Party gehörende Minister auch prompt an und verabredete sich mit Christine Keeler. Der 46-Jährige begann eine Affäre mit der 27 Jahre Jüngeren, ohne auch nur zu ahnen, dass sie drei Tage zuvor mit einem sowjetischen Geheimagenten zusammen gewesen war. »Er fand es angenehm, noch eine Frau zu haben. Klar, dass er bereits unerlaubte Affären und Getändel gehabt hatte, bevor er mich überhaupt nur traf. Er kannte die Methoden, wusste, was er sagen musste und wann er mit seiner Hand über deinen Arm streifen oder wie zufällig deine Brust berühren konnte.«[13] In der Folge holte Profumo seine Geliebte mehrmals mit Chauffeur und Dienstlimousine von Wards Apartment ab.

Einmal nahm er sie sogar in seine Privatwohnung mit. Ein anderer Liebhaber Christine Keelers war verblüfft, als er bei einem Besuch den Minister mit ihr allein in Stephen Wards Stadtwohnung antraf.

Unterhielt Christine Keeler tatsächlich zur gleichen Zeit intime Beziehungen zu einem britischen Regierungsmitglied und einem russischen Geheimagenten? Sie selbst behauptet, mit Jewgenij Iwanow nur ein einziges Mal Sex gehabt zu haben. Mandy Rice-Davies erzählte dagegen, ihre Freundin habe sich auch weiterhin mit Jewgenij getroffen. »Mehr als einmal geschah es, dass, wenn ›Jack‹ (Profumo) die Wohnung Christines verließ, der hübsche Iwanow hereinkam. Wir machten immer Witze darüber.«[14]

Nachdem John Profumo von einem Kabinettsmitglied vor Christine Keeler gewarnt worden war, schrieb er ihr am 8. August 1961: »Liebling, in großer Eile und weil ich dich telefonisch nicht erreiche. Leider ist mir etwas dazwischengekommen, und ich kann morgen Abend nicht. Es tut mir schrecklich leid, vor allem, weil ich am Tag darauf fort muss, zuerst auf mehreren Dienstreisen und dann in Urlaub sein werde, sodass ich dich nicht vor irgendwann im September wiedersehen kann. Verdammt! Bitte pass gut auf dich auf und lauf nicht davon. In Liebe, J.«[15] Offenbar fiel es Profumo sehr schwer, sich endgültig von seiner Geliebten zu trennen, denn im Oktober besuchte er mit ihr zusammen »Murray's Cabaret Club«. Christine Keeler behauptet, er habe sie anschließend im Auto geschwängert.[16] Da Abtreibungen generell unter Strafe standen, sei es ihr erst im vierten Monat gelungen, eine »Engelmacherin« zu finden.

Als Christine Keeler und Mandy Rice-Davies ihren Mentor Stephen Ward von einer Sexorgie in Bayswater abholten, soll sich die Gastgeberin, die mit dem Nachtklub-Besitzer Horace Dibben verheiratete frühere Stripperin Mariella Novotny, mit fünf nackten Männern im Bett gewälzt haben. Schlimmer noch:

Ein bis auf eine Gesichtsmaske nackter Mann bediente die Gäste und forderte sie auf, ihn mit Peitschenhieben zu bestrafen, wenn sie mit seinem Service nicht zufrieden waren. Die Frage, um wen es sich bei dem »man in the mask« handelte, sollte später einen Untersuchungsausschuss beschäftigen, doch wir wollen nicht vorgreifen.

Im Frühjahr 1962 traf Christine Keeler in einem Nachtklub in Soho zufällig wieder auf Lucky Gordon. Sie nahm ihn mit, um mit ihm und einigen Freunden in einer Privatwohnung weiterzufeiern. Plötzlich habe er mit einer Axt in der Hand die anderen Gäste fortgeschickt, erzählte sie später. Dann sei sie von ihm vergewaltigt und zwei Tage lang festgehalten worden. Besonders glaubwürdig klingt das nicht. Auf jeden Fall scheint sie sich vor dem Jamaikaner gefürchtet zu haben. Deshalb besorgte sie sich eine Pistole – und war froh, dass ihr der 30 Jahre alte, von der Karibikinsel Antigua stammende Jazz-Promoter John (»Johnnie«) Edgecombe, den sie im September kennenlernte, seinen Schutz anbot. Als Johnnie Edgecombe am 27. Oktober 1962 mit Christine Keeler in einem Nachtklub Lucky Gordon sah, ging er mit einem Messer auf ihn los und zerschnitt ihm das Gesicht. Bevor die Polizei eintraf, floh er. Die Wunde musste mit 17 Stichen genäht werden. Und Christine Keeler wusste nun nicht mehr, wer gefährlicher war: Lucky Gordon oder Johnny Edgecombe. Weil beide Männer Stephen Wards Adresse kannten, fühlte sie sich dort nicht mehr sicher und zog vorübergehend zu einer Bekannten. Am 14. Dezember kehrte sie in das Apartment in Marylebone zurück, um Mandy Rice-Davies – die Peter Rachman wieder einmal verlassen und bei Stephen Ward Zuflucht gefunden hatte – abzuholen und mit ihr Weihnachtseinkäufe zu erledigen. Während Christine auf die Freundin wartete, die sich noch zurechtmachte, klingelte Johnny Edgecombe an der Haustüre. Statt ihm zu öffnen, schaute Christine aus dem Fenster. Da zielte er mit der Pistole, die sie bei ihm hatte liegen lassen, auf sie. Dann versuchte er, das Schloss der Haustüre aufzuschießen. Mandy rief die Polizei, die sofort kam und den Randalierer festnahm.

Zu diesem Zeitpunkt ahnte noch niemand, welche Folgen dieser Vorfall haben würde. Nach der Schießerei vor dem Haus, in dem Stephen Ward wohnte, zogen Journalisten Erkundigungen über die Beteiligten ein – und fanden heraus, dass Christine Keeler des Öfteren mit John Profumo ausgegangen war. Weil die britischen Medien das Privatleben der Politiker damals noch respektierten (»in the deferential spirit of the 1950s«[17]), zögerten sie zunächst mit der Berichterstattung über die Affäre. Allerdings kursierten schon bald einige Gerüchte.

Christine Keeler befürchtete zunächst weniger die Enthüllung ihres Abenteuers mit dem Kriegsminister als die Aufdeckung ihrer Liaison mit Lucky Gordon und Johnny Edgecombe, denn weiße Frauen, die sich mit dunkelhäutigen Männern einließen, mussten damals mit gesellschaftlicher Ächtung rechnen. Daher erschrak sie auch, als Nina Gadd – die bereits erwähnte Veranstalterin von »Dinner Partys« – am 22. Januar 1963 zu ihr kam und einen Reporter des Revolverblatts *Sunday Pictorial* mitbrachte. Er interessierte sich aber vor allem für ihre Affäre mit dem Kriegsminister und bot 1000 Pfund für Einzelheiten. Dem Geld konnte Christine Keeler nicht widerstehen: Bereits am nächsten Tag suchte sie in Begleitung von Mandy die Redaktion auf, erzählte ihre Geschichte und übergab John Profumos Brief vom 8. August 1961 als Beweisstück. Die Zeitung wagte es jedoch nicht, den brisanten Artikel zu veröffentlichen.

Offenbar erfuhr auch die Polizei von den Gerüchten, denn am 26. Januar wurde Christine Keeler von Scotland Yard vernommen. Ein mit Stephen Ward befreundeter amerikanischer Geschäftsmann unterrichtete den Sekretär des US-Botschafters in London über die Dreiecksbeziehung von Christine Keeler mit John Profumo und Jewgenij Iwanowin. Der russische Marineattaché kehrte am 29. Januar 1963 fluchtartig in die UdSSR zurück. Etwa zur gleichen Zeit setzte man auch Premierminister Harold Macmillan ins Bild. War Profumo von einer Geliebten im Auftrag des sowjetischen Geheimdienstes ausgehorcht worden? Der Generalstaatsanwalt, der dem Verdacht ebenfalls nachging, ließ sich allerdings von der Beteuerung des Ministers überzeugen, Christine Keeler sei nicht seine Geliebte gewesen.

Weil Christine Keeler im Prozess gegen Johnnie Edgecombe – der mit seiner Verurteilung zu sieben Jahren Haft endete – als Zeugin geladen war, am 14. März 1963 jedoch nicht vor Gericht erschien, wurde Profumo verdächtigt, dass er sie habe »verschwinden lassen«, damit man sie nicht weiter über ihn befragen konnte. Tatsächlich war sie aber aus eigenem Entschluss mit einer Freundin und einem Freund im Auto nach Süden unterwegs. Nach einem mehrtägigen Aufenthalt in Paris mieteten sie schließlich ein Ferienhaus in Altea an der Costa Blanca.

Doch das Gerede über John Profumo und Christine Keeler hörte nicht auf. Bemerkenswert ist, dass der Skandal nicht von den Medien, sondern von einem Politiker ausgelöst wurde. Der Labour-Abgeordnete George Wigg erwähnte am 21. März 1963 gegen 23 Uhr im Unterhaus Gerüchte über eine Affäre eines Ministers mit »einer Miss Christine Keeler«. »Weder unter den ehrenwerten Abgeordneten noch auf der Pressetribüne gibt es jemanden, der nicht in den letzten paar Tagen über einen Minister der Regierung Gerücht über Gerücht gehört hätte.«[18] Der Regierungschef ließ daraufhin John Profumo aus dem Bett holen. Fünf führenden Mitgliedern seiner Partei versicherte der Minister, dass er kein Verhältnis mit Christine Keeler gehabt habe. Und am nächsten Tag beteuerte er in einer Erklärung vor dem Unterhaus, er kenne die Dame zwar, aber die Beziehung sei in keiner Weise unanständig. »Jede Andeutung, ich sei in irgendeiner Weise damit befasst oder verantwortlich gewesen, dass sie nicht zur Gerichtsverhandlung im Zentralen Strafgerichtshof

(Old Bailey) erschien, ist ganz und gar unwahr. Meine Frau und ich lernten Fräulein Keeler im Juli 1961 bei einer Hausparty in Cliveden kennen. Unter den Gästen war Dr. Stephen Ward, dem ich bereits hin und wieder begegnet war, und ein Herr Iwanow, ein Attaché der russischen Botschaft. [...] In der Zeit von Juli bis Dezember 1961 traf ich Fräulein Keeler etwa ein halbes Dutzend Mal in Doktor Wards Wohnung, wenn ich ihn und seine Freunde besuchte. Fräulein Keeler und ich waren befreundet. In meiner Bekanntschaft mit Fräulein Keeler gab es keine Unschicklichkeit irgendwelcher Art. [...] Ich werde nicht zögern, einstweilige Verfügungen zu beantragen und Beleidigungsklagen einzureichen, sollte jemand außerhalb des Parlaments verleumderische Beschuldigungen gegen mich erheben oder wiederholen.«[19] Trotz Profumos Drohung mit Verleumdungsklagen berichteten die Medien nun ausführlich über seinen Ehebruch mit Christine Keeler und spekulierten darüber, ob die Edelprostituierte den Minister für einen Liebhaber aus der UdSSR ausspioniert haben könnte. Im Kalten Krieg war das ein heißes Thema.

Christine Keeler kehrte erst Anfang April nach London zurück. Inzwischen plante der Regisseur Robert Spafford einen Kinofilm über sie – *Ich, Christine Keeler*. Der Fotograf Lewis Morley erhielt daher im Mai den Auftrag, sie für das Filmplakat aufzunehmen. Christine Keeler verpflichtete sich zwar vertraglich, nackt zu posieren, sträubte sich dann aber doch, bis Morley sie überredete, sich mit gespreizten Beinen verkehrt herum so auf einen Stuhl zu setzen, dass die Lehne ihren Bauch und die aufgestützten Unterarme ihre Brüste verbargen. Somit war der Vertrag erfüllt, aber nicht ihr ganzer Körper sichtbar. Eine aus der Fotoserie gestohlene und vom *Sunday Mirror* ohne Genehmigung veröffentlichte Aufnahme wurde zu einer Ikone der Sechzigerjahre.

Wenn John Profumo geglaubt hatte, den Skandal mit seinen Erklärungen und Klagedrohungen abwenden zu können, wurde er nun eines Besseren belehrt: Premierminister Harold Macmillan besprach das weitere Vorgehen am 29. Mai 1963 mit dem Oppositionsführer Harold Wilson. Am nächsten Tag kündigte der Hohe Lordkanzler eine Untersuchung der Vorwürfe gegen John Profumo an. Das FBI erfuhr möglicherweise bereits vor Macmillan von der Affäre. In einem Papier vom 2. Juni 1963 ist zu lesen: »Es heißt, auf dem Cliveden-Anwesen Lord Astors von England hätten Sexorgien stattgefunden. Dort war es, wo Profumo Keeler erstmals begegnete.«[20] Unter dem Codenamen »Bowtie« legte das FBI eine Akte über den Fall an.

Am 3. Juni kehrte John Profumo mit seiner Ehefrau Valerie Hobson von einem Italien-Urlaub zurück. Offenbar hatte er ihr den Seitensprung mit Christine Keeler inzwischen gebeichtet. Jedenfalls gestand er am nächsten Tag in einem Brief an den Premierminister, gelogen zu haben, und bot daher auch seinen Rücktritt an: »In meiner Stellungnahme sagte ich, es habe in dieser Verbindung keine Unschicklichkeit gegeben. Zu meinem tiefsten Bedauern muss ich zugeben, dass dies nicht der Wahrheit entsprach, und dass ich Sie, meine Kollegen und das Parlament täuschte. Ich bitte Sie, zu verstehen, dass ich das tat, um – wie ich dachte – meine Frau und meine Familie zu schützen, die wie auch meine professionellen Ratgeber ebenfalls getäuscht wurden. Ich habe erkennen müssen, dass ich mich durch diesen Betrug eines schwerwiegenden Amtsvergehens schuldig machte.«[21]

Das Liebesabenteuer mit Christine Keeler hätte John Profumo vermutlich nicht das Amt gekostet, aber als sich herauskristallisierte, dass er das Parlament am 22. März belogen hatte, war er als Kabinettsmitglied nicht länger tragbar. Der Premierminister entschuldigte sich in einem Schreiben an die Königin für das »schreckliche Verhalten« (»terrible behaviour«) seines Ministers. Harold Macmillan »gab zu, dass er ›keine Vorstellung von der seltsamen Unterwelt hatte, der anzugehören sich Leute erlaubten, leider auch Herr Profumo‹. Auf dramatische Weise kam er zu dem Schluss, dass ihm die Beschuldigungen gegen Minister wie eine ›Verschwörung zur Zerstörung des etablierten Systems‹ vorkämen.«[22]

Nach Profumos Rücktritt überschlugen sich die Sensationsmeldungen über den Skandal. »Die englische Öffentlichkeit ist gewohnt, das Privatleben ihrer Führer mit Toleranz zu betrachten [...]. Zutiefst erregt aber ist das Land über den sich in der Affäre widerspiegelnden politischen Leichtsinn und moralischen Verfall der konservativen Führungselite.«[23] Der *Daily Mirror* fragte am 6. Juni in einer Schlagzeile: »Was, zum Teufel, geht in diesem Land vor?«[24]

Am selben Tag verkaufte Christine Keeler ihre Geschichte dem Skandalblatt *News of the World*, angeblich für 23 000 Pfund. Und Mandy Rice-Davies erzählte dem *Daily Sketch* Einzelheiten über die Beziehungen ihrer Freundin mit John Profumo und Jewgenij Iwanow.

Christine Keeler hatte Lucky Gordon am 18. April angezeigt und behauptet, er habe sie im Oktober 1962 vergewaltigt und auf der Straße zusammengeschlagen. Daraufhin war er verhaftet worden. Im Juni 1963 wiederholte Christine Keeler ihre Anschuldigungen unter Eid vor Gericht. Ein Farbiger, der eine Weiße vergewaltigt hatte war Wasser auf die Mühlen der Xenophoben. Lucky Gordon wurde zu drei Jahren Haft verurteilt, in der Berufungsverhandlung Anfang August jedoch freigesprochen.

Der Skandal verästelte sich weiter, als Stephen Ward am 8. Juni 1963 verhaftet und in den Zentralen Strafgerichtshof in London (»Old Bailey«) gebracht wurde. Dem von Christine Keeler bei ihren Vernehmungen geäußerten Verdacht, Stephen Ward habe mit dem mutmaßlichen sowjetischen Geheimagenten Jewgenij Iwanow konspiriert, gingen die Staatsanwälte nicht weiter nach. Stattdessen beschuldigten sie den Arzt, in der Zeit vom 1. Juni 1961 bis 8. Juni 1963 ganz oder teilweise auf Kosten von Prostituierten gelebt und minderjährige Mädchen zum Geschlechtsverkehr angehalten zu haben. Das wiederum hielt Christine Keeler für Unsinn: »Stephen hatte es niemals nötig gehabt, auf Kosten von Frauen zu leben. Da mag Geld herumgereicht worden sein, aber es war niemals so, als hätte er ein Bordell geführt. Es war kein Betrieb für Sex gegen Bezahlung. Stephen benutzte Mädchen, nicht um Geld zu verdienen, sondern um Einfluss zu gewinnen.«[25] Die Medien bohrten nach und stießen dabei auf haarsträubende Einzelheiten, über die zunächst wieder nur hinter vorgehaltener Hand getuschelt wurde.

Der Verteidigungsminister Duncan Sandis, Churchills Schwiegersohn, gab am 20. Juni in einer Kabinettssitzung zu, dass Gerüchte zirkulierten, denen zufolge er der Mann auf einer Serie von Polaroids war, die Ian Douglas Campbell, Herzog von Argyll, bei seiner Frau gefunden hatte. Die Herzogin war darauf gut zu erkennen. Sie trug nichts außer einer Perlenkette und stimulierte mit dem Mund den Penis eines ebenfalls nackten Mannes, dessen Kopf nicht im Bild war. Beschriftet waren die Fotos mit »before«, »thinking of you«, »during – oh«, »finished«. Mit diesen und anderen Polaroids sowie einer Liste von 88 angeblichen Liebhabern seiner Frau hatte der Herzog von Argyll im März die Scheidung beantragt.[26] Duncan Sandis bot seinen Rücktritt an, aber statt darauf einzugehen, schlug ihm der Premierminister vor, sich von einem Arzt bestätigen zu lassen, dass er nicht der Mann auf den Fotos war.

Am nächsten Tag beauftragte der Regierungschef den Richter Lord Denning mit der Untersuchung der Vorwürfe gegen John Profumo sowie der Identifizierung des »headless man« auf Lady Argylls Fotos und des »man in the mask« auf Mariella Novotnys Party. Der Sonderermittler fing am 24. Juni mit der Befragung von 160 Zeugen an. Das Gerichtsverfahren gegen Stephen Ward begann am 22. Juli. Begierig schnappte die Öffentlichkeit auf, was die Medien in diesem Zusammenhang über die

Partys reicher Leute kolportierten. »Die Lebensweise der Reichen und Berühmten der Nation kam mit Stephen auf den Prüfstand.«[27] Gleichzeitig mit dem Prozess wurde im Stadtteil Holborn eine Kunstausstellung mit Bildern von Stephen Ward eröffnet. Ein Unbekannter kaufte am fünften Tag alle Porträts von Mitgliedern der königlichen Familie auf. Sie wurden seither nie wieder gesehen. Der Schuldspruch wurde für den 31. Juli erwartet. In der Nacht davor schluckte Stephen Ward in seiner Gefängniszelle eine Überdosis Schlaftabletten und starb dann am 3. August.

Lord Denning kam in seinem offiziellen Untersuchungsbericht vom 25. September 1963 zu dem Schluss, dass Christine Keeler nicht versucht hatte, den Kriegsminister auszuhorchen, und von diesem keine Staatsgeheimnisse verraten worden waren. An Profumos Loyalität gegenüber dem Staat sei nicht zu zweifeln, hieß es. »Manche mögen gedacht haben – tatsächlich ist so gedacht worden –, dass diese Gerüchte ein Symptom des Verfalls der Integrität des öffentlichen Lebens in diesem Land seien. Ich glaube nicht, dass dies zutrifft. Es hat keine Senkung der Standards gegeben.« Allerdings, so Lord Denning weiter, sei das Risiko von öffentlichen Enthüllungen inzwischen höher. »Skandalöse Informationen über allseits bekannte Leute wurden zu vermarktbarer Ware. Wahr oder falsch, real oder erfunden, sie können verkauft werden. Je größer der Skandal, desto höher der Preis, der dafür gefordert wird. [...] Die Geschichte wird beim Erzählen immer besser. Sie wird solchen Zeitungen angeboten – es gibt nur wenige davon –, die mit dieser Ware handeln. Sie konkurrieren untereinander um den Zuschlag. Jede davon befürchtet, die andere könne ihr zuvorkommen. Deshalb kaufen sie die Informationen in der Hoffnung, dass sie sich als profitabel erweisen.«[28]

Harold Macmillan fühlte sich aufgrund der Profumo-Affäre so angeschlagen, dass er am 18. Oktober 1963 vom Amt des Premierministers zurücktrat.» Konservativer Wohlstand, ein Wahlschlager im Jahr 1959, wurde nun weitgehend mit Unmoral und Dekadenz assoziiert. Eine zunehmend kritische Presse schlug aus dieser außergewöhnlichen Affäre das Maximum heraus. *The Times* erklärte, ›es ist ein moralisches Problem‹, und behauptete, ›elf Jahre Herrschaft der Konservativen haben die Nation psychologisch und geistig auf einen Tiefstand gebracht‹. *The Sunday Citizen* erwartete nichts mehr von einer ›verkommenen‹ Nation wie dieser. *The Daily Mirror* meinte zusammenfassend, dass die Briten nun statt in einer wohlhabenden [affluent] in einer niedergehenden [effluent] Gesellschaft leben würden.«[29]

Christine Keeler wurde im Dezember 1963 wegen Meineids im Verfahren gegen Lucky Gordon festgenommen und zu neun Monaten Haft verurteilt, kam jedoch im Juni 1964 vorzeitig frei. Im Oktober 1965 ehelichte sie in Reading den 24-jährigen Mechaniker James Levermore. Zwei Wochen nach der Hochzeit überwarfen sich die beiden zum ersten Mal, und nach weiteren Zerwürfnissen und Versöhnungen trennten sie sich im Juli 1966 endgültig. Kurz darauf wurde ihr Sohn Jimmy geboren.*

Stolz erzählt Christine Keeler in ihrer Autobiografie, dass sie sich 1967 die Brüste hatte vergrößern lassen: »Ich besaß eines der ersten Brustimplantate. Ich war eine Silikon-Pionierin.«[30]

Am 18. Februar 1971 heiratete sie Anthony Platt, den ebenfalls geschiedenen 31-jährigen Direktor einer Metallfabrik im Norden Londons. Und im Dezember brachte sie ihren zweiten Sohn zur Welt: Seymour. Doch glücklich wurde sie auch in dieser Beziehung nicht: Bereits im März 1972 gingen Christine Keeler und Anthony Platt auseinander – und stritten sich dann jahrelang über das Sorgerecht für Seymour.

In seiner 1987 unter dem Titel *Spycatcher* veröffentlichten Autobiografie bestätigte der Anfang 1976 deaktivierte MI5-

---

* Die Scheidung erfolgte im Juni 1970.

Agent Peter Wright den von Christine Keeler geäußerten Verdacht, dass Roger Hollis, der von 1956 bis 1965 Generaldirektor des MI5 gewesen war, als »Maulwurf« für die UdSSR gearbeitet habe.

Auch nach vielen Jahren griffen die Medien und einige Kunstschaffende immer wieder den Skandal um John Profumo, Christine Keeler und Jewgenij Iwanow auf. Der Film *Scandal*, der die Profumo-Affäre behandelt, kam am 3. März 1989 ins Kino.[31] Vier Jahre später bezahlte der *Daily Express* Christine Keeler eine Reise nach Moskau, wo sie sich auf dem Roten Platz medienwirksam bei einem Kuss mit Jewgenij Iwanow fotografieren ließ. Der britische Fernsehsender ITV sendete am 21. Februar 2001 eine Dokumentation mit dem Titel *Christine Keeler: Sex Bomb*. Und im Greenwich Theatre in London wurde am 30. Januar 2007 das Musical *A Model Girl* über Christine Keeler uraufgeführt.

In ihrer Autobiografie beklagt sie sich, dass sie auf die Profumo-Affäre reduziert worden sei: »Mein Leben wurde durch Sex verpfuscht, den ich nicht sonderlich mochte.«[32] »Was du verlierst, ist deine Identität, nicht nur deine Individualität, sondern das, was dich zu dir macht.«[33] »Du kannst niemals wieder du selbst sein.«[34] »Ich spreche noch immer von ›Christine Keeler‹ in der dritten Person. Weil sie und ich nicht dieselbe sind.«[35]

Petra Kelly

(1947 – 1992)

———•◆•———

DIE TRAGÖDIE EINER EGOMANEN IDEALISTIN

Durch ihren rastlosen Einsatz für Frieden und Umweltschutz ruinierte Petra Kelly ihre Gesundheit. Im Alter von 44 Jahren wurde sie von ihrem verzweifelten Lebensgefährten erschossen.

Als die 17-jährige Marianne Birle im Mai 1947 den fünf Jahre älteren Kriegsheimkehrer Siegfried Lehmann heiratete, war sie bereits schwanger. Am 29. November 1947 gebar sie in Günzburg an der Donau eine Tochter, der sie den Namen Petra gab. Noch bevor das Kind im Frühjahr 1953 eingeschult wurde, hatte der Vater die Familie bereits verlassen. Die Scheidung erfolgte 1954. Marianne Lehmann, die seit dem Scheitern ihrer Ehe mit Petra bei ihrer verwitweten Mutter Kunigunde Birle in deren Haus in Günzburg wohnte, fand eine Stelle als Verkäuferin im PX-Store* der US Army in Leipheim. Weil sie erst abends von der Arbeit nach Hause kam, wurde die Großmutter für Petra zu einer wichtigen Bezugsperson. »Petra Kelly ist [...] nicht das Kind von Eltern oder einer Mutter, sondern das einer Großmutter«,[1] schreibt Alice Schwarzer in ihrem Buch *Eine tödliche Liebe.*

---

* PX-Stores sind Supermärkte auf US-Militärstützpunkten, in denen ausschließlich Armeeangehörige einkaufen dürfen.

»Kein Zweifel: Omis bedingungslose, selbstlose, adorierende Arbeit für Petra prägt deren Verständnis von Liebe nachhaltig. Sie wird ein Leben lang die Tendenz haben, von ihren Lieben totale Aufopferung und Akzeptanz zu erwarten.«[2]

In der Schule brachten die Lehrkräfte die Linkshänderin dazu, mit der rechten Hand zu schreiben. »Das Mädchen empfand sich als Außenseiterin. Es war ein blasses und ängstliches Kind. Petra [...] fühlte sich schwach, war physisch krank und sozial nicht integriert.«[3] »Petra lernte leicht und gern und fiel schon früh durch ihren Ehrgeiz auf – ein Umstand, der vielleicht nicht gerade dazu beitrug, Freundinnen zu gewinnen. Es gab daher lediglich ein paar Briefpartnerinnen, mit denen sie eifrig korrespondierte.«[4]

Schon mit sieben oder acht Jahren litt Petra unter Nierensteinen und wurde im März 1958 deshalb zum ersten Mal operiert. Zu diesem Zeitpunkt besuchte sie das Maria-Ward-Mädchengymnasium der Englischen Fräulein in Günzburg. Ihre Mutter war seit Kurzem mit John Edward Kelly liiert, einem 34-jährigen Captain der US Army, den sie im PX-Store kennengelernt hatte. Als Marianne Lehmann den Amerikaner am 23. Dezember 1958 heiratete, war sie wieder schwanger. Petra, die zwar nicht von John Kelly adoptiert wurde, aber seinen Familiennamen erhielt, wechselte vom Institut der Englischen Fräulein auf eine Schule des US-Militärstützpunktes. Am 25. Mai 1959 wurde ihre Halbschwester Grace Patricia Kelly* geboren. Ende 1959 zog John Kelly mit seiner Familie nach Columbus/Georgia und setzte seinen Militärdienst auf einem nahen Stützpunkt fort. Kunigunde Birle blieb in Deutschland, verkaufte das Haus in Günzburg und mietete in ihrem Heimatort Nürnberg eine Wohnung. Für Petra bedeuteten die Trennung von der Großmutter, die familiären

---

* Das Kind wurde nach der monegassischen Fürstin Gracia Patricia benannt, die schon vor ihrer Heirat unter dem Künstlernamen Grace Kelly als Filmschauspielerin berühmt geworden war.

Veränderungen und die neue Umgebung in den USA einen tiefen Einschnitt. In Columbus besuchte sie die Junior Highschool, und weil sie rasch Englisch lernte, konnte sie dem Unterricht ohne Weiteres folgen. »Das amerikanische Schulsystem, das den Wettbewerb in den Mittelpunkt stellte, kam ihrem Ehrgeiz nur entgegen. Konnte sie auch bei den sportlichen Aktivitäten nicht mithalten, so war sie doch fest entschlossen, dieses Manko durch andere Leistungen zu kompensieren und die Nase dabei möglichst weit vorne zu haben. Noch mehr als daheim in Günzburg entwickelte sich Petra Kelly zu einer ›Streberin‹, der gute Noten mehr wert waren als Freundschaften mit Gleichaltrigen.«[5] Obwohl sie keine Kontakte zur Bürgerrechtsbewegung in den USA knüpfte, wurden die gewaltfreien Aktionen der Afroamerikaner und der von Martin Luther King propagierte zivile Ungehorsam zu Leitbildern für sie.

Petra wechselte im September 1962 zur Baker Highschool in Columbus. 1964 kam John Kelly von einem Einsatz in Südkorea zurück und zog mit ihr, seiner Frau, Grace und dem 1960 geborenen Sohn John Lee nach Hampton/Virginia, wo er nun stationiert war. Dort schloss Petra im Juni 1966 die Highschool ab. Mit ihren schulischen Leistungen gehörte sie zu den besten fünf Prozent ihres Jahrgangs. Im Herbst 1966 begann sie, an der zur American University in Washington, D.C., gehörenden School of International Service zu studieren. »Petra Kelly arbeitete auch weiterhin wie eine Besessene. Mochten sich Altersgenossinnen mit Flirts und *dates* die Zeit vertreiben, sie steckte lieber ihre Nase in die Bücher oder organisierte auf dem Campus politische Veranstaltungen.«[6]

Kurz nachdem Petra ihr Studium aufgenommen hatte, wurde bei Grace ein bösartiger Tumor diagnostiziert, und das Mädchen erblindete auf einem Auge. Operationen und Bestrahlungen konnten die Metastasierung nicht aufhalten. John Kelly ließ sich im Juni 1967 wieder nach Deutschland versetzen und zog mit seiner Frau und den beiden jüngeren Kindern nach Würzburg, später nach Mannheim. In Würzburg wurde Grace im US-Militärkrankenhaus behandelt; von Mannheim aus brachten die Eltern sie zur medizinischen Versorgung in die Czernyklinik des Universitätsklinikums der Stadt Heidelberg. Petra, die in Washington geblieben war, musste sich dort im Sommer 1967 einer weiteren Nierenoperation unterziehen. Um Weihnachten mit ihrer Familie in Deutschland feiern zu können, bat sie Kurt Georg Kiesinger in einem Brief um finanzielle Unterstützung. Der deutsche Bundeskanzler leitete ihr Gesuch an den Deutschen Caritasverband in Freiburg weiter, der schließlich die Kosten für das Flugticket übernahm.

An der Hochschule wurde Petra Kelly, die sich in einer ganzen Reihe von Studentenorganisationen engagierte, zur »outstanding woman of the year« (1967) gewählt.

Altersmäßig gehörte Petra Kelly durchaus zu den Achtundsechzigern. Doch sie war »eher eine aktive Beobachterin als eine Gestalterin der Prozesse um 1968«[7]. »Sie umgab sich eher mit engagierten Studenten, Professoren und Politikern, nicht mit Straßenkämpfern, die die Welt verändern wollten. Auch in ihrem politischen Engagement agierte Kelly nicht rebellisch.«[8]

Nachdem sie bereits im Dezember 1966 anlässlich des »Foreign Student Day« beim Händedruck mit Senator Robert Kennedy fotografiert worden war, traf sie im Februar 1968 bei einer Fernsehdebatte an der American University auf den US-Vizepräsidenten Hubert Humphrey. Immer wieder suchte sie den Kontakt zu hochrangigen Persönlichkeiten. So erreichte sie beispielsweise, dass Grace und sie am 19. Juni 1968 im Rahmen einer Generalaudienz von Papst Paul VI. persönlich begrüßt wurden. Und als ihr Stiefvater 1969 in den Vietnam-Krieg geschickt werden sollte, konnte Petra das mit einer Eingabe beim Verteidigungsministerium verhindern, sodass er bei seiner todkranken Tochter bleiben durfte.

Grace starb am 17. Februar 1970 im Alter von zehn Jahren. Für Petra Kelly, die am nächsten Tag zum Begräbnis nach Deutschland flog, waren die Krankheit und das Sterben ihrer Halbschwester eine traumatische Erfahrung. Drei Jahre später gründete sie die Grace P. Kelly Vereinigung zur Unterstützung der Krebsforschung für Kinder e. V. Während die Familie nach dem Tod des Mädchens wieder in die USA zog, verließ Petra das Land mit einem Bachelor-Abschluss. Ihr Studium setzte sie im Herbst 1970 am Europa-Institut der Universität Amsterdam fort und schloss es im Mai 1971 mit dem Master Degree ab. Einen Monat später erhielt sie die Zusage für ein am 1. Oktober beginnendes Praktikum bei der Europäischen Kommission in Brüssel. Im Rahmen dieser Tätigkeit lernte sie im Sommer 1972 Sicco L. Mansholt kennen, den Präsidenten der Europäischen Kommission. Der 64-Jährige, der seine Frau schon 16 Jahre vor Petra Kellys Geburt geheiratet hatte, ließ sich trotz seiner Ehe und des Altersunterschiedes auf eine Liebesaffäre mit der Praktikantin ein. Die wurde im November vom Sekretariat des Europäischen Wirtschafts- und Sozialausschusses als Verwaltungsreferendarin übernommen und elf Monate später zur Verwaltungsrätin befördert. Sicco Mansholt merkte nach der ersten Begeisterung, dass seine junge Geliebte nicht nur egoman war, sondern von ihm auch die Übernahme lästiger Alltagsarbeiten wie Kochen und Einkaufen erwartete. Reumütig kehrte er daher Mitte der Siebzigerjahre zu seiner Ehefrau zurück. Petra Kelly tröstete sich mit John Carroll, dem Vorsitzenden der Irish Transport & General Workers' Union, der im August 1975 mit ihr Kontakt aufgenommen hatte. Auch bei ihm handelte es sich um einen verheirateten und deutlich (22 Jahre) älteren Mann.

Ihre Teilnahme an Demonstrationen der Anti-Atomkraft-Bewegung verband Petra Kelly mit dem Engagement als Feministin, Pazifistin und Ökofundamentalistin. Schon seit 1973 gehörte sie dem Bundesverband Bürgerinitiativen Umweltschutz und der SPD an. Ende 1977 wurde sie außerdem Mitglied im Bund für Umwelt und Naturschutz Deutschland e. V. (BUND). Im Frühjahr 1978 unterstützte sie John Carroll bei der Vorbereitung eines Symposiums seiner Gewerkschaft, das den Widerstand gegen den Bau von Atomkraftwerken stärken sollte. Knapp drei Monate später flog sie mit Carroll nach Japan zu den Gedenkveranstaltungen, die den verheerenden Folgen der am 6. beziehungsweise 9. August 1945 über Hiroshima und Nagasaki abgeworfenen Atombomben gewidmet waren.

Im selben Jahr ließ sie eine Abtreibung vornehmen. Wie hätte sie auch ihr Leben mit der Erziehung eines Kindes vereinbaren sollen? 130 Stunden pro Woche wandte sie für ihre berufliche Tätigkeit und ihr politisches Engagement auf. Kaum eine Nacht schlief sie länger als drei Stunden. Die Folgen waren Migräne, Depressionen, Panikattacken und Erschöpfung. »Niemand hat Petra Kelly je geduldig erlebt.«[9] Rücksichtslos beutete sie ihre Mitarbeiter und sich selbst aus – ein Raubbau ganz im Widerspruch zu ihrer ökologischen Grundhaltung. »Es gibt zahlreiche Erzählungen darüber, wie schwer erträglich Petra Kelly als Chefin gewesen sein soll, wie unpräzise ihre Arbeitsaufträge gewesen seien, wie maßlos sie mit den Kräften ihrer Mitarbeiter umgegangen sei, wie unfair sie sie behandelt habe. Alle ihre Anliegen waren stets gleich wichtig, und auf den Zetteln, die die Arbeitsaufträge enthielten, fünf Mal unterstrichen. Petra Kelly rief ihre Mitarbeiter mitten in der Nacht und am frühen Morgen an [...]. Sie forderte Präsenz rund um die Uhr an sieben Tagen in der Woche.«[10] Damit machte sie sich unbeliebt. »Nicht ein einziges Mal wurde Petra Kelly eingeladen, wenn Kollegen nach Dienstschluss im privaten Kreis zusammentrafen. Und das hat ganz offenbar nicht nur daran gelegen, dass es für die junge Frau so etwas wie ›Dienstschluss‹ gar nicht zu geben schien.«[11]

Alice Schwarzer meint, dass Petra Kelly alles ungefiltert an sich heranließ und durch die pausenlose Aktivität ihre psychischen Probleme ausblendete.« Petra Kelly kann nur schwer Distanz halten. Das geht ihr in Beziehungen so, in der Partei und beim Elend dieser Welt.«[12] »Petra Kelly [...] wollte die Welt verändern, grundlegend, sofort und kompromisslos. Sie war daher bereit, rund um die Uhr und an allen Fronten zu kämpfen, gegen Umweltzerstörung, Atomenergie, Unterdrückung, Hunger und Elend, den Kalten Krieg und den Rüstungswettlauf, scheinbar gegen alle Ungerechtigkeiten auf dieser Erde überhaupt. Dass sie sich in diesem – zunehmend einsameren Kampf – körperlich wie seelisch aufgerieben hat, nahm sie ebenso in Kauf wie die Tatsache, dass es ein Leben jenseits ihres leidenschaftlichen Engagements für sie nicht mehr gab. All ihre Freunde und Lebenspartner waren zugleich Kombattanten, die die gleichen ehrgeizigen Ziele verfolgten wie sie selbst.«[13]

500 Delegierte verschiedener alternativer Listen und Bürgerinitiativen bildeten am 17./18. März 1979 in Frankfurt am Main die »Sonstige Politische Vereinigung (SPV) – Die Grünen«, um gemeinsam zur ersten Wahl des Europäischen Parlaments im Juni antreten zu können. Petra Kelly, die im Februar ihr SPD-Parteibuch zurückgegeben hatte, wurde zur Listenführerin gewählt. Um den Wahlkampf führen zu können, ließ sie sich in Brüssel drei Monate lang unbezahlt beurlauben. Ihre Großmutter assistierte ihr bei ihrem Engagement nach Kräften. Es kam durchaus vor, dass Petra Kelly zu einer Versammlung reiste, ohne sich vorher um eine Übernachtungsmöglichkeit gekümmert zu haben. In Uelzen zum Beispiel rief sie um drei Uhr morgens die Polizei und das Rote Kreuz an, weil sie kein Hotelzimmer fand. »Kelly redete öffentlich, sie organisierte nicht.«[14]

Bei der Europawahl bekam sie zwar kein Mandat, aber mit 3,2 Prozent der Stimmen erzielte die SPV immerhin einen Achtungserfolg. Eine Delegiertenversammlung der SPV beschloss dann im Januar 1980 in Karlsruhe, aus der »Sonstigen politischen Vereinigung« eine Partei zu machen. »Die Bundestagswahl 1980 vor Augen, drängten sowohl die AUD* als auch die GLU** auf eine Zusammenarbeit mit den bunten und alternativen Listen. Durch die Kooperation vieler Organisationen sollte die Fünf-Prozent-Hürde übersprungen werden.«[15] Petra Kelly wurde zwei Monate später auf einem Programmparteitag in Saarbrücken in den Vorstand dieser Partei der Grünen gewählt. Sie wurde nun häufig zu Talkshows eingeladen und entwickelte sich zum Medienstar der alternativen Bewegung. »Petra Kelly erlebte Anfang der 1980er-Jahre als Jeanne d'Arc der Friedensbewegung und Galionsfigur der deutschen Grünen den Höhepunkt ihrer Karriere.«[16]

»Zum programmatischen Kristallisationspunkt und zur medialen Machtbasis Petra Kellys entwickelte sich Anfang der 1980er-Jahre die Debatte um die Nachrüstung und der Protest gegen die Stationierung von Mittelstreckenraketen in der Bundesrepublik.«[17] Die NATO hatte nämlich am 12. Dezember 1979 die Aufstellung von SS20-Raketen durch den Warschauer Pakt mit einem sogenannten Doppelbeschluss beantwortet, demzufolge ab 1983 amerikanische Pershing-II-Raketen und Cruise Missiles nach Europa gebracht werden sollten, falls die zugleich angebotenen Abrüstungsverhandlungen erfolglos bleiben würden. Dagegen agitierte Petra Kelly vehement. Sie engagierte sich bei den Grünen nicht in erster Linie aus ökologischen Gründen, sondern als Pazifistin: »Umweltpolitik war für sie Teil einer umfassenden Friedenspolitik, nicht anders herum.«[18]

Dass sie noch immer in Brüssel wohnte und arbeitete, verschärfte die Belastung, der sie sich durch ihren politischen Einsatz für die Grünen in der Bundesrepublik aussetzte, zumal sie aus ökologischen Gründen kein Auto besaß. Während des Wahlkampfes für die Bundestagswahl am 5. Oktober 1980, bei

---

* Aktionsgemeinschaft Unabhängiger Deutscher
** Grüne Liste Umweltschutz

der die Grünen nur 1,5 Prozent der Zweitstimmen bekamen, erlitt Petra Kelly einen Schwächeanfall. Danach brach sie vollends zusammen und wurde bis Anfang November in einer Klinik in Radolfszell behandelt. »Petra Kelly kämpfte für eine ›bessere‹ Welt und ein ›menschlicheres‹ Zusammenleben. Gleichzeitig war sie zerbrechlich und getrieben von dem, was sie tat. Und sie war krank: Körperlich litt sie seit ihrer Kindheit an ihren schwachen Nieren, hatte mehrere Operationen über sich ergehen lassen müssen und lange Krankenhausaufenthalte hinter sich. Psychisch brach sie immer wieder zusammen, spätestens seit den 1970er-Jahren begleiteten Angstgefühle ihren Alltag – letztlich so stark, dass sie es nicht mehr ertragen konnte und vermied, allein zu sein. Gleichwohl, und so beschrieb sie es selbst, zog sie einen Großteil ihrer Kraft gerade aus diesem Getriebensein.«[19]

Bei einer Podiumsdiskussion in München zum Thema »Frauen und Militär« lernte sie am 1. November 1980 Gert Bastian kennen. Gert Bastian wurde am 26. März 1923 in München als Sohn des deutschstämmigen Brasilianers Alberto G. Bastian und dessen deutscher Ehefrau geboren. Im Zweiten Weltkrieg meldete sich der 18-jährige Hitlerjunge fünf Wochen nach dem deutschen Angriff auf die Sowjetunion (22. Juni 1941) freiwillig zum Kriegseinsatz. Im Jahr darauf lernte der Offizier während eines Heimaturlaubs die Ungarin Charlotte (»Lotte«) Baronin von Stipsicz kennen. Die beiden verliebten sich ineinander und heirateten am 8. März 1945 in München. Da war Charlotte bereits schwanger. Nach sechs Wochen in amerikanischer Kriegsgefangenschaft kehrte Gert Bastian im Juni 1945 zu seiner Frau zurück. In der Folge absolvierte er eine Buchbinderlehre, arbeitete als Büroangestellter und wurde 1956 erneut Offizier. Wegen seiner Ablehnung des NATO-Doppelbeschlusses geriet der Generalmajor 1979 in die Kritik. Deshalb bat er den Verteidigungsminister im Januar 1980 um seinen vorzeitigen Abschied. Ein halbes Jahr später wurde er tatsächlich in den Ruhestand versetzt. Im gleichen Jahr gewann Gert Bastian Petra Kelly dafür, mit ihm zusammen am 15./16. November in Krefeld an einem Forum teilzunehmen, das einen von ihm mitformulierten Appell veröffentlichte, den »selbstmörderischen Rüstungswettlauf« einzustellen und den Beschluss zur Stationierung neuer atomarer Mittelstreckenraketen in Europa zurückzunehmen.

In einem Interview aus dem Jahr 1982 bezeichnete Petra Kelly John Carroll – der sich inzwischen von seiner Ehefrau getrennt hatte – als ihren Lebensgefährten. Tatsächlich war sie zu diesem Zeitpunkt längst die Geliebte ihres 24 Jahre älteren Mitstreiters Gert Bastian. Parallel dazu, behauptet Alice Schwarzer, habe Petra Kelly bis zum Sommer 1983 eine Affäre mit dem drei Jahre jüngeren Grünen-Politiker Lukas Beckmann gehabt.

Am 10. Juni 1982 traten Petra Kelly und Gert Bastian neben Heinrich Böll, Willy Brandt und anderen Prominenten als Redner bei einer Friedensdemonstration im Bonner Hofgarten vor 400 000 Menschen auf. Vier Tage später erklärte Petra Kelly in einem *Spiegel*-Interview, dass es sich bei den Grünen um eine »Antipartei-Partei« handele: »Die Parlamente sind für uns ein Ort wie der Marktplatz, wie der Bauplatz, wo wir sprechen können, unsere Standpunkte hineintragen und Informationen hinaustragen können. [...] Das Parlament ist kein Ziel, sondern Teil einer Strategie. Wir sind die Antipartei-Partei.«[20]

Als Petra Kelly mit den *Spiegel*-Redakteuren redete, führte sie bereits wieder Wahlkampf, diesmal ging es um den bayerischen Landtag. Die Grünen hatten sie als Direktkandidatin für Kempten und Spitzenkandidatin der schwäbischen Liste aufgestellt. Dreimal erlitt sie in diesen Wochen einen Kollaps. Zwei Monate nachdem die Grünen bei der Landtagswahl am 10. Oktober in Bayern an der Fünf-Prozent-Hürde knapp gescheitert waren, ließ Petra Kelly sich dann vom Wahlkreis Nürnberg-Nord als Direktkandidatin für die bevorstehende Bundestagswahl nominieren. Am 6. März 1983 erhielten die Grünen 5,6 Prozent der Zweitstimmen und 27 Sitze im Deutschen Bundestag. Petra Kelly, die im Dezember in Stockholm mit dem Alternativen Nobelpreis ausgezeichnet worden war, zog daraufhin mit den 26 ebenfalls gewählten Parteifreunden – zu denen auch Gert Bastian gehörte – ins Parlament und ließ sich neben Otto Schily und Marieluise Beck-Oberdorf zur Sprecherin der Fraktion wählen. Im April wurde die »Lady Di der Grünen«[21], »die schönste Frau im Deutschen Bundestag«[22] Mitglied des Auswärtigen Ausschusses, und am 4. Mai hielt sie ihre Jungfernrede im Plenum. »Die nun anfallenden Tätigkeiten, die fehlenden Arbeitsstrukturen und die Organisation in der Fraktion waren allerdings so nervenaufreibend, dass Petra Kelly nach zwei Wochen im Parlament zusammenbrach und ins Krankenhaus eingeliefert werden musste. Sie litt unter ständigen Kreislaufstörungen, unter anderem auch deshalb, weil Kritik an ihr laut wurde und Anhänger der Grünen in Hamburg und in Süddeutschland ihr Profilierungssucht und Staralüren vorwarfen. Sie sei elitär, weil sie häufiger im Fernsehen auftrete als andere und weil sie nach einer Bürokraft verlange.«[23]

Die Abgeordneten-Diäten erlaubten es Petra Kelly endlich, ihre Arbeitsstelle in Brüssel aufzugeben. Im Juni zog sie daher in ein Reihenhaus im Bonner Stadtteil Tannenbusch. Gert Bastian, der mit seiner Ehefrau Charlotte in München wohnte, hatte zwar in Bonn eine eigene Wohnung gemietet, übernachtete jedoch während der Woche meistens bei seiner Geliebten. Nach eineinhalb Jahren zog er dann bei ihr ein.

Petra Kelly, Gert Bastian und drei weitere Grüne demonstrierten am 12. Mai vor der Weltzeituhr auf dem Alexanderplatz in Ostberlin mit Transparenten, auf denen beispielsweise die in der DDR verbotene Friedenslosung »Schwerter zu Pflugscharen« stand. Nach wenigen Minuten wurden sie von der Polizei abgeführt. Zwei Monate später reisten Petra Kelly und Gert Bastian mit Parteifreunden nach Washington, D.C., um gegen die

Stationierung amerikanischer Mittelstreckenwaffen in Europa zu protestieren. Petra Kelly stellte sich am 10. Juli 1983 als erste deutsche Politikerin in der legendären amerikanischen Fernsehsendung *Meet the Press* den Fragen der Journalisten. (Vielleicht gab dieser Auftritt den Ausschlag dafür, dass die amerikanische Friedensfrauengruppe »Women Strike for Peace« Petra Kelly im August zur »Frau des Jahres« kürte.) Sie gehörte auch zu der Delegation der grünen Bundestagsabgeordneten, die am 31. Oktober Erich Honecker besuchte, den Staatsratsvorsitzenden der DDR. Dabei trug sie ein T-Shirt mit der Aufschrift »Schwerter zu Pflugscharen«. Und sie bestand auf Gesprächen mit Bürgerrechtlern. Auch in anderen Ostblockstaaten setzte sich Petra Kelly für Dissidenten ein und prangerte Menschenrechtsverletzungen an.

Wegen politischer Meinungsverschiedenheiten – vor allem wegen seiner Ablehnung des Rotationsprinzips* – verließ Gert Bastian Anfang 1984 die Fraktion der Grünen, behielt jedoch sein Bundestagsmandat bei. Auch Petra Kelly eckte immer wieder in der Partei an. »Sie war eine der ersten, die die Ehrenamtlichkeit des politischen Arbeitens in Frage stellte. Sie war eine der ersten, die die Basisdemokratie kritisierten, und eine der ersten, die den Rotationsbeschluss anzweifelten und sich ihm letztlich widersetzten. Und sie gehörte zu denjenigen, die die Medienaufmerksamkeit ungefiltert auf sich zogen und sich weder mit ihren Fraktionskollegen, geschweige denn mit dem Parteivorstand, darüber absprach, mit welchen Themen sie nun an die Presse ging. Petra Kelly war immer dort, wo die Mikrofone waren. Sie suchte die Nähe der Medien mit einem Geltungsdrang, der stärker war, als es ihr gut tat.«[24] »In der politischen Arbeit kreiste sie vor allem

---

* Die Grünen hatten zunächst beschlossen, dass jeder Abgeordnete in der Mitte der Legislaturperiode einem Nachrücker Platz machen sollte. Für die Parteiführung galt eine entsprechende Regelung. Dieses Rotationsprinzip wurde allerdings bald aufgeweicht und dann fallen gelassen.

um sich selbst.«[25] »Zwar handelte sie im Namen und lange auch im Sinne der Grünen, doch unterwarf sie sich niemals den Vorgaben und dem Programm der Partei.«[26] »Nach außen hin mochte sie zwar noch der Star und das Aushängeschild der Grünen sein, intern aber begann sie ihren Parteifreunden mehr und mehr auf die Nerven zu gehen. Der grüne Politstar, so schien es, hatte alles Leid der Welt auf seine Schultern geladen, fühlte sich für alles verantwortlich und wollte, die Realitäten meist völlig verkennend, alles zum Besseren wenden. Sie sah nicht das, was bereits erreicht war, nur das, was noch erreicht werden musste [...]. Petra Kelly weigerte sich, auch nur die geringste Ungerechtigkeit schulterzuckend hinzunehmen. Doch immer und von allem betroffen, immer am Rande der Verzweiflung, war sie für ihre Umgebung mitunter kaum noch zu ertragen.«[27] Im April 1984 bildeten sechs Abgeordnete der Grünen einen rein weiblichen Fraktionsvorstand und drängten Petra Kelly aus dem Amt der Sprecherin. Die Unterlegene lehnte es aber ebenso wie Gert Bastian ab, ihr Bundestagsmandat einem Nachrücker zu überlassen. Ihr Antrag bei der Landesversammlung der Grünen in Bayern im Sommer 1984 auf eine Ausnahmeregelung wurde jedoch mit klarer Mehrheit zurückgewiesen. Im Januar 1985 erklärte Petra Kelly schriftlich, sie werde ihr Bundestagsmandat trotz anderslautender Beschlüsse der Partei bis zum Ende der Legislaturperiode behalten. Freunde machte sie sich damit natürlich keine. Sie sei »sehr bekannt, doch nicht beliebt«, kommentierte die *Westdeutsche Allgemeine* denn auch am 1. Februar 1985.

Weil Petra Kelly aber als Stimmenfängerin galt, wurde sie dennoch im August 1986 für die nächste Bundestagswahl als Direktkandidatin aufgestellt und über den fünften Platz auf der bayerischen Landesliste abgesichert. Bei dieser Wahl, die am 25. Januar 1987 stattfand, vergrößerten die Grünen ihren Stimmenanteil auf 8,3 Prozent und die Zahl der Mandate auf 42. So behielt Petra Kelly ihren Sitz im Bundestag.

Seit sie im Dezember 1971 die SOS-Kinderdorf-Patenschaft für das damals zehnjährige tibetische Waisenmädchen Nima Chonzom übernommen hatte, setzte sie sich immer wieder für Tibet ein, das ihrer Meinung nach widerrechtlich von der Volksrepublik China annektiert worden war. Im Juni 1986 brachte sie mit Gert Bastian und Herbert Rusche eine erste Anfrage über die Lage in Tibet im Deutschen Bundestag ein. Bei der Vorstellung des von ihr und Gert Bastian herausgegebenen Buches *Tibet – ein vergewaltigtes Land. Berichte vom Dach der Welt* begegnete sie 1988 in Stuttgart dem Dalai-Lama erstmals persönlich. Im Jahr darauf organisierten Petra Kelly und Gert Bastian eine überparteiliche Tibet-Anhörung mit internationalen Experten.

Gert Bastian war für Petra Kelly inzwischen als Lebensgefährte und politischer Mitstreiter unentbehrlich. »Der lebenstüchtige und fürsorgliche Bastian ist seit langem nicht nur ihr stolzer Begleiter bei Kongressen, Empfängen und Essen mit Vaclav Havel oder Jane Fonda, er gleitet auch mehr und mehr in die Rolle ihres Beschützers, Managers und Hausdieners. Er betreut und bedient sie rund um die Uhr, wie wir es sonst nur umgekehrt – von einer Frau für einen Mann – gewohnt sind.«[28] »Eigene Interessen hat der Ex-General schon lange nicht mehr, er geht ganz auf in den ihren, wie eine Frau.«[29] Petra Kelly habe sich geweigert, den Haushalt zu führen, und sei aus der Rolle der zu versorgenden Tochter nie herausgekommen, behauptet Alice Schwarzer. Sie schildert die Politikerin als eine Frau, die auch als 40-Jährige noch zum Kind regredierte, wenn jemand bereit war, sie entsprechend zu bemuttern. »Draußen ist Kelly die coole, souveräne Politikerin, drinnen ist sie nicht selten ein klammerndes Kind. Bekommt sie ihren Willen nicht, schreit sie, knallt die Türen und schließt sich aus Wut ein. Bastian scheint diese kindliche Seite durch seine väterliche Fürsorge zu verstärken.«[30] Petra Kelly habe sich absichtlich »klein« gemacht, meint Alice Schwarzer. »Fast alle Briefe und Zettel an Gert Bastian sind unterschrieben mit Formulierungen wie: ›Dein armes kleines Petralein‹.«[31] »Statt die Freiheit zu wagen, setzt sie auf Abhängigkeit.«[32] »Der Kavalier alter Schule ist Kellys Ängsten und ihrem Appell an sein Mitleid und seine Fürsorge – Du musst mich lieben, ich bin so arm und so hilflos! – ganz ausgeliefert. Ihre Hilflosigkeit belastet ihn. Aber sie schmeichelt ihm auch. Er beginnt selbst zu glauben, dass sie ohne ihn nicht mehr existieren kann.«[33] Für Gert Bastian bedeutete das eine enorme Belastung, aber er wagte es nicht, Petra Kelly zu verlassen, auch nicht, als sie 1989 eine Affäre mit Palden Tawo begann, einem verheirateten tibetischen Arzt, der in einem Krankenhaus in Lüdenscheid beschäftigt war. Sie flogen sogar zu dritt nach Tokio und Washington. Zwischendurch war Petra Kelly im Sommer 1990 mit Palden Tawo in New York. Erst im Herbst 1991 beendete Palden Tawo die Affäre. Später erinnerte er sich, dass Gert Bastian im November 1990 zu ihm gesagt hatte: »Ich kann nicht mehr. Wenn es überhaupt nicht mehr geht, dann gehe ich und nehme Petra mit. Ich erschieße sie im Schlaf und dann mich.«[34]

Für die Bundestagswahl am 2. Dezember 1990 wurde Petra Kelly nicht wieder als Kandidatin aufgestellt. Die Grünen erhielten jedoch ohnehin kein Mandat, denn sie scheiterten an der Fünf-Prozent-Hürde. Petra Kelly verkannte offenbar ihre Lage und kandidierte im April 1991 auf der Bundesversammlung der Grünen in Neumünster für das Amt einer Sprecherin im Bundesvorstand. Das Wahlergebnis war niederschmetternd: Gerade einmal 32 von 660 abgegebenen Stimmen entfielen auf sie. »Die Niederlage auf dem Parteitag in Neumünster bedeutete das Ende für Petra Kellys parteipolitische Karriere.«[35]

Ab Februar 1992 moderierte sie daraufhin an jedem zweiten Dienstag das Umweltmagazin *Fünf vor Zwölf* auf SAT1. Weil die Zuschauerquote aber unter den Erwartungen blieb, stellte der Sender die ursprünglich mit 26 Folgen geplante Reihe bereits im Mai ein.

Als Bundesaußenminister Hans-Dietrich Genscher am 21. März 1992 in Halle seinen 65. Geburtstag feierte, gehörten auch Petra Kelly und Gert Bastian zu den Gästen. Am Tag darauf machte sich Bastian auf den Weg zu seiner Familie nach München, und seine Geliebte begleitete ihn. In Nürnberg besuchten sie erst noch Kunigunde Birle und füllten ihr den Kühlschrank auf. Gegen 20 Uhr trafen sie dann im Hotel in München ein. Obwohl Charlotte Bastian schon seit sechs Stunden auf ihren Mann wartete, ließ dieser sich von Petra Kelly überreden, noch Äpfel und Bananen im Bahnhof zu kaufen. Beim Überqueren der Straße lief er vor ein Taxi. Während er mit einem zertrümmerten Schienbein ins Krankenhaus gebracht wurde, rief Petra Kelly ihre beste Freundin in Calw an und drängte sie, sofort zu ihr nach München zu kommen, denn das Alleinsein hätte sie nicht ertragen.

Im April wurde Gert Bastian aus der Klinik entlassen und im Krankenwagen zur Rehabilitation ins Schlosshotel Bühlerhöhe im Schwarzwald gefahren. Petra Kelly begleitete ihn. Nach dem Aufenthalt dort wohnten sie noch einige Zeit in einem Hotel am Tegernsee. Ein anderer Gast soll sich über lautstarke Auseinandersetzungen des Paares beschwert haben. Ende August trafen Petra Kelly und Gert Bastian wieder in Bonn ein. Einen Monat später hielten sie sich anlässlich der Zweiten Weltkonferenz der Strahlenopfer in Berlin auf, obwohl Bastian noch immer auf Krücken angewiesen war. Von dort kehrten sie am 30. September in Petra Kellys Reihenhaus in Bonn-Tannenbusch zurück. Wie üblich ging sie erst im Morgengrauen zu Bett. Vorher legte sie Gert Bastian noch einen Zettel hin: Weil Kunigunde Birle Geburtstag hatte, sollte der Frühaufsteher die Lieferung einer Blumenschale veranlassen: »Mein Gertilein! [...] Bitte rufe Blumen Domberg an (früh) in Bonn (1 Schale für 1. Okt. – 50 DM). Omis Geburtstag. Früh soll Schale dort sein. Mit Karte: Gert – Petra umarmen Dich fest zum 87. Geburtstag. Gottes Segen für Dich.«[36]

Während Petra Kelly noch schlief, erledigte Gert Bastian am 1. Oktober 1992 den Auftrag und schrieb anschließend seiner Ehefrau, von der er wusste, dass sie in drei Tagen nach Griechenland in den Urlaub reisen wollte. Gegen zehn Uhr telefonierte er auch noch mit ihr. Am Nachmittag – Petra Kelly hatte sich inzwischen noch einmal hingelegt – begann er, einen Brief an den Münchner Rechtsanwalt Hartmut Wächtler zu tippen. In der zehnten Zeile brach er mitten im Wort ab: »Wir müs«. Dann holte er seine zweiläufige Pistole, Modell Derringer 38, setzte sie seiner auf dem Bauch schlafenden Geliebten an die linke Schläfe und drückte ab. Hierauf lehnte er sich im Flur vor dem Schlafzimmer gegen die Wand und schoss sich die zweite Kugel in den Kopf. Im Sturz riss er ein Bücherregal um.

Als Charlotte Bastian am 19. Oktober aus Paros nach Hause zurückkam, wunderte sie sich darüber, dass sie weder ihren Mann noch dessen Geliebte telefonisch erreichen konnte. Besorgt bat sie daher in Bonn wohnende Bekannte des Paares, die über Reserveschlüssel für das Reihenhaus in Bonn-Tannenbusch verfügten, dort nachzusehen. Rosemarie Lötters und ihre beiden Söhne fanden dann die Leichen, die seit fast drei Wochen dort lagen.

Verschwörungstheorien über einen politischen Doppelmord rankten sich um die Tatsache, dass die Terrassentüre nicht verschlossen und die Alarmanlage nicht aktiviert war. In einer Presseerklärung der zuständigen Staatanwaltschaft vom 4. März 1993 hieß es aber, es habe sich um einen erweiterten Suizid gehandelt. Darüber empört sich Alice Schwarzer in ihrem Buch *Eine tödliche Liebe. Petra Kelly und Gert Bastian*: »Petra Kelly wurde gegen ihren Willen erschossen.«[37] Alice Schwarzer nimmt an, dass sich das Binnenmachtverhältnis in der Beziehung von Petra Kelly und Gert Bastian im Lauf der Zeit zu ihren Gunsten verschoben hatte und er das nicht ertrug. Wären die Geschlechter vertauscht gewesen, hätte es keine Tragödie gegeben, meint die Feministin. Hätte der Mann mehr genommen als gegeben und wäre die Frau selbstlos für ihn da gewesen, hätte die Konstellation den Rollenvorstellungen entsprochen und keine Konflikte verursacht. »Ein männliches Ich und ein weibliches relatives Wesen – so sind wir es gewohnt, so ist die Welt in Ordnung. Nur – hier war es umgekehrt.«[38] »Die Geschichte dieser ›tödlichen Liebe‹ ist besonders und exemplarisch zugleich. Sie zeigt, dass Petra Kelly und Gert Bastian nicht nur an ihrer Frauenrolle und Männerrolle, sondern vor allem auch an der Halbherzigkeit ihres Ausbruchs aus dieser Rolle gescheitert sind, an der Halbherzigkeit ihrer Emanzipation. Da hat eine Frau es nicht ausgehalten, stark zu sein und einen Mann zu dominieren, ohne sich permanent dafür zu entschuldigen und klein zu machen. Und da hat ein Mann es nicht ausgehalten, schwach zu sein und sich einer Frau unterzuordnen, ohne Aggressionen deswegen zu bekommen – bis hin zum tödlichen Hass.«[39]

Die Spekulation, Gert Bastian habe aus Hass gehandelt, wird von den Autorinnen Saskia Richter und Karin Feuerstein-Praßer jedoch nicht geteilt. Sie halten es für wahrscheinlicher, dass Gert Bastian sein Leben nicht länger ertrug und seine Geliebte aus »Fürsorge« mit in den Tod nahm. Das vermutet auch Gert Bastians Sohn Till: »Ich glaube, dass mein Vater – der an schwerer Gefäßverkalkung auch der Herzkranzgefäße litt – an jenem Donnerstagmorgen von einem heftigen Angina-Pectoris-Anfall, einem Infarkt oder einer Lungenembolie heimgesucht wurde; im Gefühl des kommenden Todes glaubte er vielleicht, Frau Kelly, die oft beteuert hatte, nicht ohne ihn leben zu können, nicht allein lassen zu dürfen, sondern mit in den Tod nehmen zu sollen, und erschoss erst sie und dann sich. Es wäre dies eine soldatische Art gewalttätiger Fürsorge gewesen, wie sie sehr gut zu meinem Vater gepasst hätte. Ob alles wirklich so gewesen ist, kann ich freilich nicht mit letzter Sicherheit beweisen.«[40]

Prinzessin Diana
(1961–1997)

Camilla Mountbatten-Windsor
(*1947)

DIE SCHÖNE, DIE FORSCHE UND DER PRINZ

Der britische Thronfolger liebte Camilla, aber als seine Braut kam sie nicht in Betracht, weil sie eine »Vergangenheit« hatte. Prinz Charles heiratete daher Diana, um Erben zu zeugen. Sie war jünger und hübscher als die Geliebte, trotzdem konnte Charles sich nicht von Camilla lösen. 34 Jahre lang mussten die beiden warten, bis sie endlich auch offiziell ein Paar werden konnten.

»Glauben Sie, dass Frau Parker Bowles zur Zerrüttung Ihrer Ehe beitrug?«, fragte der Interviewer Prinzessin Diana, und sie antwortete: »Nun, in dieser Ehe waren wir zu dritt, deshalb war es ein wenig eng.«[1] Als die Aufzeichnung des Interviews am 20. November 1995 abends von der BBC ausgestrahlt wurde, waren die Straßen in England leer: 23 Millionen Briten saßen vor den Fernsehgeräten und verfolgten die groß angekündigte Sendung. Die 34-jährige Ehefrau des Thronfolgers trug ein schlichtes schwarzes Kostüm, darunter ein weißes Top, und ihre Augen waren dunkel geschminkt. Verletzt, leidend und Tapferkeit demonstrierend, weckte sie das Mitgefühl der Bevölkerung.

Diana Spencer wurde am 1. Juli 1961 als drittes Kind von John (»Johnnie«) Spencer, Viscount Althorp, und dessen Ehefrau Frances in Park House geboren. Das Anwesen liegt ein paar Hundert Meter südwestlich des von Königin Victoria erworbenen Schlosses Sandringham House, in dem die königliche Familie Weihnachten und Neujahr zu verbringen pflegte. Diana Spencers Großmutter Ruth Roche, Baroness Fermoy, war eine Kammerfrau und Vertraute der Königinmutter Elizabeth. Die Spencers können ihren Stammbaum bis ins 15. Jahrhundert zurückverfolgen und gehören zu den angesehensten Adelsgeschlechtern Englands. Ihr Stammsitz ist Althorp House, ein Herrenhaus zehn Kilometer nordwestlich von Northampton.

1967 verließ Frances Spencer ihre Familie wegen des schottischen Schafzüchters Peter Shand Kydd, der ebenfalls verheiratet war. Nachdem sie sich beide hatten scheiden lassen, heirateten sie 1969. Johnnie Spencer behielt das Sorgerecht für die vier zwischen 14 und fünf Jahre alten Kinder Sarah, Jane, Diana und Charles. Dass die Mutter fortgegangen war, verstörte Diana und ihre Geschwister. »Seitdem konnte sie niemandem wirklich vertrauen. Diana war einer der unsichersten Menschen, die ich je kennengelernt habe.«[2]

Durch den Tod seines Vaters am 9. Juni 1975 wurde Johnnie Spencer zum 8. Earl Spencer, und Diana erhielt drei Wochen vor ihrem 14. Geburtstag den Titel Lady. Ein Jahr später, am 14. Juli 1976, heiratete er Raine McCorquodale. Die kurz zuvor nach 29 Jahren Ehe von ihrem Mann Gerald Legge, 9. Earl of Dartmouth, geschiedene Tochter der Schriftstellerin Barbara Cartland, war eine exaltierte Person, die »das ›Unmöglichsein‹ zu ihrem Markenzeichen«[3] gemacht hatte. Diana und ihre Geschwister befürchteten, dass die schrille Stiefmutter ihnen den Vater wegnehmen würde. »Sie verabscheuten Raine vom ersten Moment an.«[4]

Im Jahr darauf kam Prinz Charles, der inzwischen mit Dianas

22 Jahre alter Schwester Sarah befreundet war, erstmals nach Althorp House. Diana erzählte später: »Mein erster Eindruck war: Mein Gott, was für ein trauriger Mann! [...] Ich erinnere mich noch, dass ich eine dicke, pummelige, ungeschminkte, unschicke junge Dame war, aber ich machte viel Lärm, und er mochte das, und nach dem Dinner kam er zu mir, und wir tanzten ausgiebig [...]. Und er war der Charme in Person, und als ich am nächsten Tag neben ihm stand, eine 16-Jährige, und er so jemandem seine Aufmerksamkeit schenkte – da war ich einfach verblüfft. Warum sollte jemand wie er sich für mich interessieren? Und es war wirklich Interesse.«[5]

Im Dezember 1977 beendete Diana die Schule ohne Abschluss. Ihr Vater schickte sie zwar noch auf ein Schweizer Mädchenpensionat, aber nach ein paar Monaten hatte sie keine Lust mehr und verließ die Schule in Gstaad. Entsprechend lückenhaft blieb ihre Bildung, zumal sie auch nicht gern Bücher las. »Sie war intelligent«, meint später eine Freundin, »aber es war eine ungeschliffene Intelligenz.«[6]

Sarah Spencer hatte im Februar 1978 zwei Klatschreportern von ihrem Alkoholkonsum erzählt und sich dadurch als mögliche Braut des Prinzen von Wales* disqualifiziert. Diana hingegen wurde im November zu einem Ball anlässlich des 30. Geburtstages des Thronfolgers im Buckingham Palace eingeladen. Sie hatte im Herbst 1978 als Hilfskraft im Young-England-Kindergarten im Londoner Stadtteil Pimlico zu arbeiten angefangen. Ein halbes Jahr später wandte sie sich an eine Agentur, die Kindermädchen vermittelte, und kam so als Nanny eines neun Monate alten Jungen zu einer amerikanischen Familie. Mary Robertson ahnte anfangs nicht, dass sie eine echte Lady beschäftigte, deren Schwester Jane im Kensington Palace wohnte.** Für

---

* Die im Deutschen übliche Übersetzung des Titels »Prince of Wales« mit »Prinz von Wales« ist streng genommen falsch; historisch korrekt wäre »Fürst von Wales«.
** Janes Ehemann Robert Fellowes war damals Assistent des Privatsekretärs der Königin.

junge Damen aus der Oberschicht war es durchaus üblich, in der Zeit zwischen Schule und Ehe einfache, schlecht bezahlte Jobs anzunehmen. Damit demonstrierten sie, dass sie eigentlich nicht auf ein Gehalt angewiesen waren. Diana bezog denn auch im Sommer 1979 eine Drei-Zimmer-Wohnung in London, die ihr der Vater zur Volljährigkeit gekauft hatte. Im Juli 1980 wurde Diana dann zur Grillparty eines Freundes von Prinz Philip* und einer Hofdame der Königin in New Grove, einem Anwesen in Petworth/Sussex, eingeladen, zu der auch der Thronfolger kam. Sabrina Guiness, eine 26-jährige Bankierstochter, die ein Jahr zuvor eine Affäre mit Prinz Charles gehabt hatte und ebenfalls anwesend war, behauptete später, Lady Diana sei an diesem Abend darauf aus gewesen, den Prince of Wales zu beeindrucken. Diana wiederum erzählt, Charles habe sie »förmlich angesprungen«[7]. Jedenfalls lud er Diana und deren Großmutter Ruth Roche, Baroness Fermoy, kurz darauf zu einer Aufführung von Verdis Requiem in die Royal Albert Hall ein, und während der Cowes Week, einer Segelregatta vor der Isle of Wight Anfang August, war Diana mit ihm an Bord der königlichen Jacht »Britannia«. In Balmoral Castle am River Dee in Aberdeenshire traf sie erstmals auf Charles' langjährige Freundin Camilla Parker Bowles.

Als Diana Charles eines Tages zum Angeln begleitete, wurden sie von zwei Paparazzi belauert. Sie versteckte sich deshalb rasch hinter einem Baum, beobachtete die Männer mit ihrem Kosmetikspiegel und rannte dann zum Auto, bevor die Reporter ihr Gesicht sehen konnten. Trotzdem dauerte es nicht lange, bis die Boulevardpresse herausgefunden hatte, um wen es sich bei der Begleitung des Thronfolgers handelte. Am 8. September berichtete *The Sun* darüber. Zwei Monate später wurde Diana von zwei Reportern verfolgt, als sie mit ihrem Auto Schloss Sandringham verließ. Die Männer holten sie ein, und einer der beiden

---

* Prinz Philip, Herzog von Edinburgh, der Prinzgemahl von Königin Elisabeth II.

fotografierte sie während der Fahrt durch die Windschutzscheibe. Auf diese gefährliche Weise entstanden die ersten Pressefotos von ihr.

Seit der Zeitungsverleger Rupert Murdoch 1969 die sensationslüsternen Zeitungen *The Sun* und *News of the World* erworben hatte, nahmen die Boulevardblätter keinerlei Rücksicht mehr auf die königliche Familie, »die Firma«*. Das war man in England bis dahin nicht gewohnt gewesen. Das Spektrum der Medien verschob sich zum Knalligen, der Scheckbuch-Journalismus breitete sich aus, und Paparazzi konnten für einen Schnappschuss 100 000 Dollar und mehr kassieren. »Bis dahin stammten die Verleger der großen Zeitungen alle aus dem Establishment, einige waren gar adelig und mehr oder weniger Monarchisten. [...] Alle waren stinkreich und hielten sich ihre Blätter mehr zum Prestige als zum wirtschaftlichen Erfolg. Dann erschien der Australier Rupert Murdoch in der Fleet Street [...]. Marketing- und Anzeigenchefs gewannen an Macht in den Verlagen, und Gewinn wurde zum einzigen Ziel. [...] Die Presselandschaft wurde in ihrem Konkurrenzkampf immer aggressiver. Die alten Verleger gaben auf und verkauften.«[8] Da brachen Dämme. »Der britische Boulevard-Markt ist sehr brutal, er ist der brutalste der Welt. [...] Tricks, Legenden und Täuschung gehören zum Redaktionsalltag britischer Boulevardblätter. [...] Der Einsatz von Privatdetektiven ist bei den britischen Boulevardblättern ein Teil des Rechercheprogramms. [...] Abhören wurde offenbar Standard.«[9] Es gab kein Halten mehr.**

---

* Die Briten nennen die Royals, also die königliche Familie, auch »the firm«.
** Am 10. Juli 2011 stellte Rupert Murdoch die Sonntagszeitung *News of the World* ein. Damit reagierte er auf einen Skandal, der durch Enthüllungen über kriminelle Methoden der Informationsbeschaffung ausgelöst worden war. Mitarbeiter von *News of the World* sollen nicht nur Handy-Telefonate von Opfern des Terroranschlags in der Londoner U-Bahn am 7. Juli 2005, sondern auch die Mailbox der am 21. März 2002 entführten und später ermordeten 13-jährigen Schülerin Amanda (»Milly«) Dowler abgehört haben.

Der *Sunday Mirror* berichtete am 16. November 1980, man habe zehn Tage zuvor eine Blondine beobachtet, die nach Einbruch der Dunkelheit in den auf einem Nebengleis in Staverton/Wilshire abgestellten königlichen Zug gestiegen und einige Stunden später wieder herausgekommen sei. Es hieß, es habe sich um Lady Diana gehandelt. In Wirklichkeit hatte sich jedoch Camilla Parker Bowles zu Charles in den Zug geschlichen, aber das kam erst sehr viel später heraus. Ende 1980 wusste Diana noch nicht, dass Charles und Camilla mehr als nur eine freundschaftliche Beziehung verband. Sie wunderte sich allerdings darüber, dass Camilla ihr bereitwillig Ratschläge gab, wie sie mit Charles umgehen sollte, und offenbar den Inhalt von Gesprächen kannte, die Diana mit Charles unter vier Augen geführt hatte.

Trotz ihrer Bedenken wegen der Vertrautheit von Charles und Camilla nahm Diana den Heiratsantrag an, den ihr der Prinz von Wales am 6. Februar 1981 in Windsor Castle machte. Sie musste sich daraufhin vom Gynäkologen der Königin untersuchen lassen und übernachtete am 23. Februar in Clarence House, der Residenz der Königinmutter. Nach der Bekanntgabe der Verlobung am nächsten Tag antwortete Diana in einem BBC-Doppelinterview auf die Frage, ob sie verliebt seien: »Of course.« Charles murmelte dazu den kryptischen Satz: »Whatever ›in love‹ means.«[10]

Nach der Verlobung wurde Lady Diana eine Suite im Buckingham Palace zugeteilt. Während Prinz Charles von Ende März bis Anfang Mai eine sechswöchige Staatsreise nach Australien, Neuseeland und Lateinamerika absolvierte, fühlte Diana sich in dem riesigen Palast mit 775 Räumen sehr einsam. Simone Simmons behauptet in ihrem Buch *Diana. The Last Word*,[11] Diana sei vor allem von der Königinmutter und Prinz Philip immer wieder kritisiert worden und habe sich in Reaktion auf die unbehagliche Situation in einen Fitnesswahn hineingesteigert. Außerdem entwickelte sie eine Bulimie. Innerhalb eines halben Jahres nahm sie sechs Kilo ab, und ihre Taillenweite schrumpfte von 74 auf 60 Zentimeter. In dem eingangs erwähnten Interview meinte Diana, dass die Mitglieder der königlichen Familie ihr nicht beigestanden hätten. Wenn wir dem Autor Andrew Morton glauben dürfen, verhöhnte Prinz Charles seine Braut sogar wegen ihrer Bulimie.[12] Möglicherweise war er das von Diana mit den Worten »I suppose you're going to waste that food later on?«[13] zitierte Familienmitglied.

Am 29. Juli 1981 verfolgten 750 Millionen Fernsehzuschauer auf der ganzen Welt die prunkvolle Hochzeit des Thronfolgers mit seiner 20-jährigen Braut. »Gerade war ich noch ein Niemand«, kommentierte Prinzessin Diana später, »im nächsten Augenblick war ich die Prinzessin von Wales.«[14]

Prinz Charles war am 14. November 1948 im Buckingham Palace als erstes Kind der Thronfolgerin Elisabeth und ihres Ehemanns Philip geboren worden. Als er acht Monate alt war, zog die Familie vom Palast nach Clarence House. Schon von klein auf musste er sich an einen strengen Stundenplan gewöhnen, für dessen Einhaltung Kindermädchen verantwortlich waren. »Charles hat keine glücklichen Erinnerungen an seine Kindheit. [...] Er sagt, er habe sich nach ihrer [Eltern] ›Zuneigung und Anerkennung‹ gesehnt, die sie ihm jedoch ›nicht geben konnten oder wollten‹.«[15] Der Prinz von Wales behauptete, »seine Mutter sei kühl und herzlos gewesen, sein Vater schroff bis zur Schikane«.[16] Als Elisabeth II. ihrem am 6. Februar 1952 verstorbenen Vater Georg VI. auf den Thron folgte und mit ihrer Familie zurück in die königliche Residenz Buckingham Palace zog, blieb ihr noch weniger Zeit für ihren Sohn und die 1950 geborene Tochter Anne als zuvor. Während einer sechs Monate langen Commonwealth-Reise, die Königin Elisabeth II. und Prinz Philip von Herbst 1953 bis Frühjahr 1954 unternahmen, sahen die Kinder ihre Eltern überhaupt nicht.

Nachdem Charles im Palast von einer schottischen Gouvernante Lesen, Schreiben und Rechnen gelernt hatte, wurde er eine Woche vor seinem achten Geburtstag im Londoner Stadtteil Knightsbridge eingeschult. Der Weg war zwar nicht weit, aber selbstverständlich brauchte der Prinz nicht zu Fuß zu gehen, sondern wurde von einem Chauffeur mit einer Limousine hingebracht und abgeholt. Im September 1957 wechselte der Junge dann in das 1645 gegründete Internat Cheam School südlich von Newbury/Berkshire. Im Gegensatz zu seiner Schwester Anne war Charles schüchtern, introvertiert, nachdenklich und eigenbrötlerisch. Beim Schulfußball brachte er es aber zum Mannschaftskapitän, und im letzten Jahr in Cheam wurde er sogar zum Schulsprecher gewählt.

Am 26. Juli 1958 versammelte der Schulleiter Charles und einige andere Schüler vor dem Fernsehgerät in seinem Büro. Übertragen wurde die Abschlussfeier der British Empire and Commonwealth Games in Cardiff. Königin Elisabeth II. ließ sich wegen einer Erkrankung von Prinz Philip vertreten und über die Stadion-Lautsprecher eine Ansprache abspielen, mit der sie ihren Sohn zum Prince of Wales erhob.* Im Stadion applaudierten die Besucher, und in der Cheam School wurde ebenfalls geklatscht. Das dürfte dem unvorbereiteten neuneinhalb Jahre alten Schüler recht peinlich gewesen sein.

Mit 13 Jahren kam Prinz Charles an die Gordonstoun School in Elgin am Moray Firth, die der aus Deutschland geflohene Reformpädagoge Kurt Hahn 1934 gegründet hatte. »Immer offene Fenster bei Nacht, ob im Sommer oder im Winter, 14 quietschende Holzbetten im Schlafsaal in einer ehemaligen RAF**-Baracke. Kalt duschen nach dem obligatorischen Morgenlauf vor dem Frühstück. Stets kurze Hosen, egal bei welchem

---

* Die weit verbreitete Annahme, der englische Thronfolger sei von Geburt an automatisch »Prince of Wales«, ist falsch.
** Royal Air Force

Wetter, Liegestütze machen, Seile raufklettern und Enthaltsamkeit. [...] Es ist eine Welt, in der der Machismus regiert: Schweiß, Sport und Strafmärsche.«[17] Charles sang im Chor von Elgin und trat im Schultheater auf. Die Mitschüler hänselten den schüchternen Einzelgänger wegen seiner abstehenden Ohren als »Royal Dumbo«, und beim Rugby machten sie sich einen Spaß daraus, über den Thronfolger herzufallen. »Es ist eine solche Hölle hier, besonders in der Nacht«[18], klagte Prinz Charles in einem Brief. Die Illustrierte *Stern* veröffentlichte Auszüge aus einem Aufsatzheft, das ihm ein Mitschüler gestohlen hatte. »Charles fühlt sich gedemütigt und bloßgestellt. Er entwickelt eine tiefe Abneigung gegen Journalisten.«[19]

Königin Elisabeth II. und Prinz Philip schickten Charles im Februar 1966 für ein halbes Jahr in eine australische Schule. Im Juli des folgenden Jahres schloss er die Schulausbildung in Elgin ab und begann am Trinity College in Cambridge Archäologie und Anthropologie zu studieren. Zwischendurch besuchte er einige Monate das University College of Wales in Aberystwyth, um seine Kenntnisse der walisischen Sprache zu verbessern, bevor am 1. Juli 1969 im Schloss von Caernarfon seine Investitur als Prince of Wales gefeiert wurde. Im Jahr darauf machte er in Cambridge seinen Bachelor und war damit der erste englische Thronfolger mit einem Universitätsabschluss.

Die für einen Prince of Wales übliche militärische Ausbildung begann Charles im März 1971 als Fliegerleutnant bei der Royal Air Force. Einige Monate später begegnete er Camilla, die damals noch unverheiratet war und den Familiennamen Shand trug. Es heißt, sie habe Prinz Charles bei einem Poloturnier auf Smith's Lawn im Südosten des Windsor Great Park angesprochen und ihn darauf aufmerksam gemacht, dass ihre Urgroßmutter eine Mätresse seines Ururgroßvaters gewesen war. Das mag so geschehen sein, aber wahrscheinlich kannten sich die beiden zu diesem Zeitpunkt bereits, denn sonst hätte selbst die forsche 24-Jährige es wohl nicht gewagt, den Thronfolger auf diese Weise herauszufordern. Die Camilla unterstellte Äußerung über ihre Urgroßmutter stimmt jedenfalls. Alice Keppel war tatsächlich die Mätresse Edwards VII. Die bildschöne Admiralstochter – ihr Vater, der 4. Baron von Edmonstone, konnte seinen Stammbaum bis zum schottischen Königshaus Stuart zurückverfolgen – hatte 1891 den Offizier George Keppel geheiratet, den dritten Sohn des 7. Earl of Albermarle. Der fand sich mit dem Verhältnis ebenso ab wie Edwards Gemahlin Alexandra. Am 24. Mai 1900 brachte Alice Keppel ihre Tochter Sonia zur Welt, Camillas Großmutter. Die Gerüchte, denen zufolge nicht George Keppel, sondern Edward der leibliche Vater Sonias war, wurden nicht zuletzt durch den Titel der 1959 von ihr veröffentlichten Autobiografie angeheizt: *Edwardian Daughter*. Alice Keppel blieb auch Edwards Mätresse, als dieser 1901 Königin Victoria auf den Thron folgte.

Sonia Keppel heiratete 1920 Roland Cubitt, 3. Baron Ashcombe. Im Jahr darauf wurde Rosalind geboren, das erste ihrer drei Kinder. Rosalind heiratete 1946 den Kriegsveteranen Bruce Shand. Wiederum als erstes von drei Kindern kam Camilla am 17. Juli 1947 in London auf die Welt. Vier Jahre später richtete sich die Familie im ehemaligen Pfarrhaus The Laines in Plumpton/East Sussex ein.

Während Diana als Kind aufgrund des Fortgangs ihrer Mutter traumatisiert wurde und Prinz Charles unter der Distanz zu seinen Eltern litt, wuchs Camilla in einer Atmosphäre von Liebe und Geborgenheit auf. »Wenn Leute glauben, ich sei stark, dann ist das meiner Familie zu verdanken. Ich bekam so viel Liebe und Sicherheit, dass ich niemals daran zweifelte, dass meine Familie für mich in Krisenzeiten da sein würde. Was immer passierte, ich wusste, ich wurde geliebt und war gewollt. [...] Ich hatte den besten Start, den man sich nur wünschen konnte.«[20]

Eingeschult wurde Camilla 1952 in Ditchling, einem Dorf

fünf Kilometer nordwestlich von The Laines. »Allen Berichten nach war sie ausnahmslos ein gesundes, glückliches, aufgewecktes, gesprächiges, vergnügtes kleines Mädchen.«[21] Schon als Kind hatte Camilla eine tiefere Stimme als ihre Mitschülerinnen. »Camilla ist mutig bis zur Tollkühnheit, klettert auf Bäumen herum, fängt Fische mit der Hand und rauft sich mit den Dorfjungen. Sie hat keine Probleme, Freundschaften zu schließen, sie ist kommunikativ, witzig und beliebt, athletisch, gar nicht wehleidig, ehrgeizig und hat ziemliche Kräfte.«[22] Eine Mitschülerin erzählte später: »Wir müssen ungefähr sieben Jahre alt gewesen sein. Camilla hatte mal wieder im Unterricht geschwätzt und wurde nach draußen befohlen für die übliche Bestrafung. Sie kam wieder rein, und man konnte sehen, dass sie Schmerzen hatte. Aber sie setzte sich auf ihre wunden Pobacken und sah die Lehrerin herausfordernd an. Ihre Unterlippe zitterte, aber sie unterdrückte ihre Tränen. Sie war ein charakterstarkes und mutiges Mädchen.«[23]

Im Alter von zehn Jahren wechselte Camilla Shand zur Queen's Gate School in London. Die Bahnfahrt von Plumpton nach Victoria Station dauerte knapp eine Stunde, doch die Familie wohnte nun vorwiegend in der Hauptstadt. Camilla legte keinen Wert darauf, als Musterschülerin zu gelten, und sie sah auch nicht so hübsch aus, dass die anderen Mädchen neidisch geworden wären. Sie war beliebt. Die Pop-Sängerin Twinkle, die mit ihr zusammen in London zur Schule ging, gehörte allerdings nicht zu ihren Freundinnen: »Ich trug mit Vorliebe ausgefallene Klamotten, aber Milla erschien immer in Twinsets, Tweedkostümen und Perlen. Wir kamen nicht besonders gut miteinander aus, denn sie liebte das Jagen und Schießen. Wir haben uns darüber riesig gekracht, weil ich das total ablehnte. Aber sie hat eine Anziehungskraft und ein Selbstvertrauen, um die ich sie damals irre beneidete. Sie war eine von denen, die wissen, was sie wollen, und wissen, dass sie Erfolg haben werden im Leben. Sie war erst fünfzehneinhalb Jahre alt, aber schon damals wusste ich, dass die Welt von Milla Shand noch manches hören würde.«[24] Gyles Brandreth, der Autor eines Buches über Charles und Camilla, schreibt: »Mit fünfzehneinhalb war Camilla Shand strahlend und unbeschwert, sprühte vor Energie und Selbstvertrauen, war voll Schwung und Freude, fühlte sich wohl mit sich und ihrer Umgebung, war im Einklang mit ihrer Familie, ihren Freunden und ihrem Platz in der Welt.«[25] »Camilla war witzig und strahlend; die Jungen mochten sie gern. Auch als sie noch zu jung war, um ihr sexuelles Interesse zu wecken, war Camilla mit vielen Jungen befreundet. Sie konnte mit ihnen über Dinge reden, die sie interessierten. Sie war nie ein Mädchen, das sich mit Mädchen umgab, sondern immer mit Jungen.«[26] Dazu passt, dass sie nicht nur begeistert ritt, sondern auch Fechtunterricht nahm.

Nach der Mittleren Reife im Sommer 1964 schickten die Eltern Camilla für ein Jahr auf ein Schweizer Mädchenpensionat am Genfer See, und im Anschluss daran studierte Camilla noch kurz am Institut Britannique in Paris. Im März 1965 lud Rosalind Shand 150 Gäste zu einem Fest für ihre ältere Tochter ins »Searcys« in Knightsbridge ein. Diese Veranstaltung ersetzte den früher üblichen Debütantinnenball, bei dem die jungen Damen auf dem Heiratsmarkt vorgestellt worden waren. Mit der jahrhundertealten Tradition, jedes Frühjahr einen »Queen Charlotte's Ball« zu veranstalten, hatte Königin Elisabeth II. Ende der Fünfzigerjahre gebrochen.

Nach dem Aufenthalt am Genfer See und in Paris arbeitete Camilla einige Zeit in einem Stoffgeschäft in London und teilte sich mit ihrer Freundin Virginia Carington – der Tochter des späteren Außenministers – eine Wohnung in Chelsea. »Ihr Schlafzimmer sah aus, als hätte eine Bombe eingeschlagen«, behauptet jemand, der es sah.

Offenbar war sie immer gut gelaunt. »Sie ist eine Garantie

für einen lustigen Abend«, erzählte ein Freund. »Mit Camilla ist es nie langweilig.«[27] Sie habe auch über schmutzige Witze gelacht und selbst welche erzählt, schreibt ihre Biografin Tatjana Gräfin Dönhoff. Der Autor Gyles Brandreth glaubt zu wissen, dass sie am 27. März 1965 – also mit 17 – von einem zwei Jahre älteren Freund defloriert wurde. Das »fesche, pferdenärrische Mädchen mit großen Brüsten«[28] war »keines der Mädchen, die nur hinter vorgehaltener Hand und beschämt kichernd über Sex redet[en]«[29]. Eine Freundin von damals attestiert ihr »ein gesundes Verhältnis zu ihrer Weiblichkeit«[30], und ein ehemaliger Nachbar aus Sussex erzählte: »Sie war bodenständig und wohltuend sexuell. Sie sah nicht wie ein Filmstar aus, aber sie war eines der ersten Mädchen, das sich für Jungs interessierte.«[31]

Auf einer Party im Herbst 1966 lernte Camilla Shand den acht Jahre älteren Captain Andrew Parker Bowles lernen, einen Absolventen der Royal Military Academy Sandhurst, der als Frauenheld galt. Tatjana Gräfin Dönhoff zitiert einen Augenzeugen: »Ich dachte eigentlich, dass Camilla für Andrew nicht hübsch genug war. Gar nicht sein Typ. Er nahm sonst nur die schönsten und aufregendsten Mädchen auf dem Markt mit nach Hause. Aber es sah aus, als ob er von Camilla sofort fasziniert war. Sie hatte ihn neugierig gemacht. Sie war schlagfertig und hatte immer eine passende Entgegnung zu seinen schlüpfrigen Bemerkungen parat. Das hatte er so noch nicht erlebt. [...] Wenn ich etwa am Samstagmorgen zu ihm hinging, war Andrew auf, machte Frühstück und kochte Kaffee. So gegen elf stolperte Camilla die Treppe runter, zerknautscht und verschlafen. Meistens hatte sie eines seiner Hemden übergezogen.«[32] Schon hatten die beiden »den Ruf eines aufregenden, interessanten Paares«[33].

Die Königinmutter Elizabeth war Andrews Patentante. »Geld und Adel haben sich über die Generationen mehrfach prosperitiv verbunden. Verwandt sind die Parker Bowles' mit den Earls of Derby und Cadogan, den Dukes of Marlborough und über die Earls of Strathmore mit der Queen selbst. Viel vornehmer kann es kaum sein. [...] Die Parker Bowles' sind vermögende Leute. Grund und Immobilienbesitz in Enfield, im Norden Londons, haben mehreren Generationen ein gutes Leben gesichert. Vater Derek ist der beste Freund von Queen Mom, begleitet sie zu den Rennplätzen ihrer Wahl.«[34] Unter diesen Gegebenheiten sind die Gerüchte durchaus glaubwürdig, denen zufolge Andrew Parker Bowles Anfang der Siebzigerjahre eine Affäre mit Charles' Schwester Prinzessin Anne hatte.

Prinz Charles, der seine militärische Karriere inzwischen bei der Royal Navy fortsetzte, seine Schwester Anne, Camilla Shand und – nein, nicht Andrew Parker Bowles, sondern Gerald Ward, ein Freund sowohl des Thronfolgers als auch von Andrew, vergnügten sich am 22. Oktober 1972 in einem Nachtklub in London. Es war das erste Mal, dass der Prinz von Wales und Camilla Parker miteinander tanzten. Nach einiger Zeit verschwanden die beiden, ohne sich zu verabschieden, und verbrachten – wenn wir Tatjana Gräfin Dönhoff glauben dürfen[35] – die Nacht miteinander in Camillas Wohnung. »Am Anfang der Beziehung zwischen Camilla und Charles geht es nur um das Eine: um Sex. Das wird heute gerne vergessen. Die Begegnung von damals hat sich zur ›Liebe auf den ersten Blick‹ verklärt.«[36]

In der Zeit, als Prinz Charles in Portsmouth stationiert war, fuhr er so oft wie möglich zu seinem Großonkel und väterlichen Freund Louis Mountbatten, 1. Earl Mountbatten of Burma, dem früheren Vizekönig von Indien. Dessen Herrenhaus Broadlands befand sich in Hampshire. Im Einverständnis mit »Onkel Dickie« übernachteten Charles und Camilla dort, wenn auch angeblich in getrennten Zimmern. »Natürlich wusste jeder, dass die beiden miteinander schlafen«, erinnert sich John Barratt, der Privatsekretär des Hausherrn. »Eines der Betten war am nächsten Morgen immer unberührt.«[37]

Von einem Prinzen wurde durchaus erwartet, dass er vor der Ehe sexuelle Erfahrungen sammelte. Als Braut für den Thronfolger akzeptierte man allerdings nur eine Jungfrau. »Ich glaube, in einem Fall wie dem deinen sollte ein Mann sich die Hörner abstoßen und so viele Affären wie nur irgend möglich haben, ehe er sich auf eine Heirat einlässt«, schrieb Lord Mountbatten seinem Großneffen. »Als Ehefrau aber sollte er ein geeignetes, attraktives und sanftmütiges Mädchen wählen, bevor sie irgendeinen anderen trifft, in den sie sich verlieben könnte.«[38] Camilla Shand konnte sich also keine Hoffnungen darauf machen, Princess of Wales zu werden.

Bevor Charles England für acht Monate an Bord der Fregatte HMS »Minerva« verließ, verbrachte er das Wochenende vom 16./17. Dezember 1972 mit Camilla in Broadlands. Während seiner Abwesenheit verlobten sich Camilla Shand und Andrew Parker Bowles am 15. März 1973. Das Paar kaufte sich Bolehyde Manor nordwestlich von Chippenham in Wiltshire. Und am 4. Juli 1973 ließen der Katholik und die Anglikanerin sich in der Guards Chapel unweit des Buckingham Palace ökumenisch trauen. Unter den 700 Hochzeitsgästen befanden sich die Königinmutter Elizabeth und Prinzessin Anne. Charles blieb auf HMS »Minerva« in der Karibik.

Nach einer Woche Honeymoon am Cap d'Ail an der Côte d'Azur führte das frischgebackene Ehepaar in England eine Wochenendehe, denn Andrew war in London stationiert. Camilla wurde es allerdings nicht langweilig auf dem Land, denn sie hatte viele Bekannte, ritt gern aus und nahm an Jagdgesellschaften teil.

Bei der Hochzeit von Prinzessin Anne und Captain Mark Phillips am 14. November 1973 in Westminster Abbey sahen sich Camilla Parker Bowles und Prinz Charles erstmals nach elf Monaten wieder. Christopher Wilson, der Autor des Buches *The Windsor Knot. Charles, Camilla, and the Legacy of Diana*, glaubt zu wissen, dass die beiden kurz nach der Geburt von Camillas Sohn Thomas am 18. Dezember 1974 ihre intime Beziehung wiederaufnahmen. Sie trafen sich bei Freunden oder in Hall Place, dem Anwesen von Camillas Großmutter Sonia Cubitt in Hampshire. Nachdem die Queen davon erfahren hatte, achtete sie darauf, der intimen Freundin ihres Sohnes nicht zu begegnen, versuchte jedoch nicht, das ehebrecherische Verhältnis zu unterbinden. »Die Königin gehörte einer Generation und einer Gesellschaftsschicht an, die eheliche Untreue als bedauerliche Schwäche ansah, die es entschlossen zu ignorieren galt.«[39]

Ende 1976 schied der Prinz von Wales aus dem aktiven Militärdienst aus und übernahm verstärkt Repräsentationsaufgaben. Charles' Großonkel Lord Mountbatten hätte gern eine eheliche Verbindung seiner Enkelin Amanda Knatchbull mit dem Thronfolger erlebt, aber als dieser ihr im April 1979 einen Heiratsantrag machte, lehnte sie dankend ab. Vier Monate später, am 27. August, verübte die IRA* einen Sprengstoffanschlag auf die Yacht »Shadow V«, auf der Lord Mountbatten kurz zuvor den Hafen von Mullaghmore verlassen hatte. Mit ihm zusammen starben drei seiner Begleiter, drei weitere überlebten die Explosion schwer verletzt. Prinz Charles, der sich zum Zeitpunkt des Attentats in Island aufhielt, schrieb in sein Tagebuch: »Ich habe jemanden verloren, der für mein Leben unendlich wichtig war. Jemand, der mir seine Zuneigung zeigte, der mir auch Unangenehmes sagte […]. Jemand, dem ich vertrauen konnte […]. Er war für mich Vater, Großvater, Onkel, Bruder und Freund in einem.«[40]

Als feststand, dass Prinz Charles die Krone Mitte April 1980 bei der Unabhängigkeitsfeier von Südrhodesien beziehungsweise Simbabwe vertreten würde, setzte er sich in den Kopf,

---

* Die Irish Republican Army versuchte, die völlige Unabhängigkeit Irlands von Großbritannien mit Terroranschlägen zu erzwingen.

Camilla Parker Bowles als offizielle Begleiterin mitzunehmen, und ließ sich davon durch nichts abbringen. Um die delikate Situation zu retten, flog Andrew Parker Bowles ebenfalls nach Salisbury, aber der Thronfolger gab sich offenbar wenig Mühe, den Schein zu wahren. »Im Flugzeug nach Simbabwe schlossen sich Charles und Camilla ein, und die peinlich berührte Crew gab sich alle Mühe, die Freudenlaute zu ignorieren, die angeblich aus der nicht ganz schalldichten königlichen Kabine zu hören waren. Beim Dinner im Amtssitz des Gouverneurs flirtete Charles mit Camilla – im Beisein von Andrew Parker Bowles – so ungeniert, dass sein Privatsekretär Edward Adeane den Raum verließ.«[41]

Bald darauf erwarb Prinz Charles Highgrove House in Doughton, drei Kilometer südwestlich von Tetbury in Gloucestershire. Von dort war es eine halbe Stunde bis Bolehyde Manor, dem Herrenhaus der Familie Parker Bowles. Im Herbst erkrankte Camilla Parker Bowles während eines Aufenthalts in Balmoral Castle an Mumps und wurde mit hohem Fieber ins Krankenhaus gebracht. Da die hoch ansteckende Krankheit bei Männern zur Zeugungsunfähigkeit führen kann, herrschte große Aufregung im Königshaus, aber der Thronfolger hatte sich glücklicherweise nicht infiziert. Ein Dreivierteljahr später, am 29. Juli 1981, heiratete Prinz Charles Diana Spencer. Wollte er dabei nur seiner Pflicht nachkommen, einen Erben zu zeugen? Christopher Wilson glaubt, dass es so war, und unterstellt Lady Diana, sie sei vor allem darauf aus gewesen, Prinzessin von Wales zu werden. Andere Beobachter sind überzeugt, dass die beiden nicht berechnend handelten. Paul Burrell, der spätere Butler in Highgrove, behauptete, Diana sei »bis über beide Ohren« verliebt gewesen.[42] »Diana war 19, als Charles ihr den Antrag machte – eine ungebildete und enorm naive 19-Jährige. Sie hatte noch nie einen richtigen Freund gehabt. Sie hatte keine Ahnung. Sie hatte das Gefühl, in ihn verliebt zu sein. Natürlich hatte sie das. Aber sie wusste ja nichts. Ihre Vorstellung von Romantik entstammte den Romanen von Barbara Cartland.«[43]

Nach der Hochzeitsfeier verbrachte das frisch vermählte Paar drei Tage in Broadlands – wo Charles alles an seine Schäferstündchen mit Camilla erinnerte. Dann flogen Charles und Diana nach Gibraltar und brachen zu einer Mittelmeer-Kreuzfahrt auf. »Für die Prinzessin verstärkte der Aufenthalt auf der *Britannia* nur noch das Gefühl dichtbevölkerter Einsamkeit, die das Leben der Royals prägt. 21 Marineoffiziere, 256 Mann Besatzung, ein Kammerdiener, eine Ankleidedame, ein Privatsekretär und ein persönlicher Diener nahmen an der romantischen Kreuzfahrt teil.«[44] Prinz Charles scheint sich auch nicht besonders um seine Frau bemüht zu haben. Dass er sogar während der Flitterwochen Manschettenknöpfe mit zwei verschlungenen Cs – Charles und Camilla – trug, missfiel Diana, aber als sie bemerkte, dass er auch Fotos von Camilla Parker Bowles bei sich hatte, kam es zum Streit. »Ich weiß noch, wie ich mir in unseren Flitterwochen die Augen ausheulte«, erzählte sie später. »Von der Jacht fuhren wir direkt nach Balmoral [...] und dann setzte die Erkenntnis ein. Meine Träume waren furchtbar. Nachts träumte ich von Camilla [...]. Ich war von Camilla total besessen. Ich traute ihm [Charles] nicht, glaubte, er würde sie alle fünf Minuten anrufen.«[45] Unberechtigt war dieser Argwohn nicht: Denn der Thronfolger scheint mindestens einmal am Tag mit ihr telefoniert zu haben.

Nach den Flitterwochen richteten sich der Prinz und die Prinzessin von Wales im Kensington Palace ein.* Als das junge Ehepaar im Februar 1982 zwei Wochen lang auf der zu den Bahamas gehörenden Insel Eleuthera Urlaub machte, wurden Paparazzi-Fotos der schwangeren Prinzessin im Bikini veröffentlicht. Königin Elisabeth II. – die einige Wochen zuvor die

---

* Das Büro des Thronfolgers befand sich weiterhin im St. James's Palace.

Chefredakteure der überregionalen britischen Tageszeitungen zu mehr Zurückhaltung gegenüber ihrer Schwiegertochter ermahnt hatte – reagierte entsetzt auf die Bilder. Am 21. Juni wurde Prinz William geboren. »Dann litt ich unter einer postnatalen Depression, über die nie jemand spricht«, erzählte Diana später in einem Interview. »Man wachte morgens auf und wollte nicht aus dem Bett, man fühlte sich missverstanden und sehr, sehr niedergeschlagen. [...] Ich bekam alle möglichen Behandlungen, aber ich wusste selbst, dass ich eigentlich Raum und Zeit benötigt hätte, um mich an all die verschiedenen Rollen zu gewöhnen, mit denen ich konfrontiert war. [...] Ich fügte mir das selbst zu. Ich mochte mich selbst nicht, ich schämte mich, weil ich mit dem Druck nicht fertig wurde. [...] Ich verletzte mich an Armen und Beinen.«[46] Ihre Biografin Tina Brown schreibt: »Hinter der schillernden Fassade war sie ein Wrack.«[47]

Als die monegassische Fürstin Gracia Patricia am 13. September 1982 verunglückte und tags darauf ihren Verletzungen erlag, nahm Prinzessin Diana als Repräsentantin des britischen Königshauses an der Trauerfeier in Monaco teil. Die Journalisten lobten ihr vorbildliches Verhalten. Von da an suchte Diana die Anerkennung, die sie von ihrem Ehemann nicht bekam, bei den Medien, nicht zuletzt der Yellow Press, in der sie auch selbst lieber blätterte als in den seriösen Zeitungen. »Diana, Princess of Wales, lebte längst in jenem symbolischen Raum, den sie selber kreiert hatte und in dem sie souverän herrschte mit Hilfe der verteufelten Klatsch-Reporter und Fotografen. [...] Wärme, Aufmerksamkeit, Anerkennung erfährt sie in der Öffentlichkeit. Es ist eine körperlose, narzisstische Liebe – dieses Petting mit Millionen, das ihr die Zuneigung des Königsgatten nicht nur ersetzt, nein: Mit ihren Popularitätswerten triumphiert sie über ihn und den Rest der Windsors.«[48] »Diana führte ein verwirrendes Doppelleben, in dem sie von der Öffentlichkeit gefeiert, von ihrem Ehemann und vom Rest der Familie jedoch voller Zweifel und mit oft eifersüchtigem Schweigen beobachtet wurde. Die Welt urteilte, Diana habe das etwas angestaubte Image der Windsors aufpoliert, doch innerhalb der königlichen Familie, die die ererbten Werte der (Selbst-)Kontrolle, Distanz und Förmlichkeit hochhielt, galt sie als Außenseiterin und Problemfall.«[49]

Während einer mehrwöchigen Reise durch Australien und Neuseeland im Frühjahr 1983 stach Prinzessin Diana den Thronfolger ganz klar aus: Man merkte deutlich, dass die Schaulustigen auf Charles' Straßenseite enttäuscht reagierten, während die Menschen gegenüber Diana begeistert zujubelten. »Während wir beispielsweise durch Australien reisten, war überall zu hören: Oh, sie ist auf der anderen Seite«, erzählte sie später. »Nun, wenn man ein Mann ist, ein stolzer Mann wie der meine, ist es ärgerlich, wenn man das vier Wochen lang jeden Tag hört. Und man fühlt sich schlecht dabei, statt sich zu freuen und dieses Gefühl mit anderen zu teilen.«[50] Diana war plötzlich zum Star geworden, und der introvertierte Prinz, der das Bad in der Menge nicht genoss – »Wenn ich mich unter die Leute mische, dann ist das mehr Schein, und das Schreckliche ist, die Leute fühlen das auch genau«[51] –, neidete seiner attraktiven Frau die Popularität. Am 4. April schrieb er in einem Brief: »Ich mache mir solche Sorgen um Diana. Sie kann keinen Lidschlag tun, ohne von diesen grässlichen und meiner Überzeugung nach hirnlosen Menschen fotografiert zu werden ... Wie soll irgendjemand, geschweige denn eine 20-Jährige, diesen irrwitzigen Medienrummel unbeschadet überstehen?«[52]

Obwohl Diana sich in Highgrove nicht wohlfühlte, weigerte sich Charles strikt, seine Residenz in Gloucestershire aufzugeben – zumal die Familie Parker Bowles im September 1982 Bolehyde Manor verkauft und stattdessen Middlewick House bei Corsham in Wiltshire erworben hatte. Das neue Domizil der Geliebten lag noch ein wenig näher an Highgrove als das bisherige.

Am 15. September 1984 wurde die Prinzessin von ihrem Sohn Harry entbunden. In den sechs Wochen davor waren sie und der Thronfolger sich nach Dianas Aussage so nah wie nie zuvor gewesen. Aber die glückliche Phase brach jäh ab: »Und dann plötzlich, als Harry geboren war, machte es einfach peng, und unsere Ehe, das Ganze ging den Bach runter.«[53] Die Biografin Tina Brown vermutet ebenso wie Caroline Graham, die Autorin des Buches *Camilla and Charles. The Love Story*, dass Charles und Camilla nach der Geburt Harrys ihre seit Frühjahr 1981 unterbrochene sexuelle Beziehung wiederaufnahmen. Diana fühlte sich nun als Opfer. Die Schuld am Zerbrechen ihrer Ehe gab sie ihrer Rivalin, die sie hinter vorgehaltener Hand »the Rottweiler« nannte. Einige Bekannte der beiden waren allerdings überzeugt, dass der Thronfolger seine Ehe nicht leichtfertig aufgab. Seine Taufpatin versicherte: »Er hat es versucht, gewiss hat er es versucht.«[54] Auch Dianas Freundin Rosa Monckton sprach Charles die Bemühungen nicht ab, glaubte jedoch, dass er damit überfordert war: »Unter Dianas ständigem Druck versuchte er, sich ein bisschen weniger wie ein alter Kauz zu kleiden, aber er machte keinerlei Anstrengungen, an den Interessen seiner jungen Frau Anteil zu nehmen, und bemühte sich nicht, ihre Freunde zu mögen. [...] Als er sich mit ihren Schwächen konfrontiert sah [...], war er nicht in der Lage, damit umzugehen [...], wandte sich ab und suchte Trost in den Armen der einzigen Frau, die er die ganze Zeit über geliebt hatte – Camilla Parker Bowles.«[55] Ein von Gyles Brandreth zitiertes Mitglied der königlichen Familie sah das ähnlich: »Charles hat immer einen Tröster gebraucht. Was er heute von Camilla bekommt, hat er früher von seinem Kindermädchen bekommen. Von Diana bekam er es nie.«[56] Prinzessin Margaret, die jüngere Schwester der Königin, hatte wohl recht mit der Einschätzung: »Sie waren beide ausgesprochen hilfsbedürftig.«[57] Die Schriftstellerin und Klatschreporterin Dame Barbara Cartland spekulierte im Gespräch mit Gyles Brandreth, dass die Ehe gescheitert sei, weil die Prinzessin sich oralen Sexpraktiken verweigert habe.[58] Dass Diana gegenüber dem mit ihr befreundeten Arzt James Colthurst einmal von Problemen »geografischer« Art in der Beziehung mit ihrem Mann gesprochen haben soll,[59] könnte diese Auffassung stützen.

Zweifellos ließ sich auch Diana ab Mitte der Achtzigerjahre auf einige Affären ein. Und sie holte ihre persönlichen Dinge aus Highgrove. Angeblich wurden sie und ihr Leibwächter Sergeant Barry Mannakee im Juli 1986 in einer verfänglichen Situation ertappt.[60] Daraufhin entfernte man Mannakee aus ihrer Umgebung und versetzte ihn zum Diplomatenschutz. Zehn Monate später kam er bei einem Motorradunfall ums Leben. Eine jahrelange Affäre hatte Diana mit ihrem Reitlehrer James Hewitt. Heimlich trafen sie sich im Nebenraum eines Restaurants in London, das einer Freundin Dianas gehörte, oder – wie Charles und Camilla – bei verschwiegenen Freunden. Als James Hewitt 1994 in einem Interview für den *Daily Express* über die inzwischen beendete Liaison plauderte, entstand sofort das Gerücht, der rotblonde Liebhaber Dianas sei der leibliche Vater des rotblonden Prinzen Harry. Das scheint jedoch inzwischen durch Genvergleiche klar widerlegt zu sein.

Während Diana nun ihrer Wege ging, ließ Prinz Charles in Highgrove ein Gästezimmer für Camilla Parker Bowles reservieren. »Drei- bis viermal die Woche [...] sehen sich Charles und Camilla abends [...]. Die Wochenenden gehören [Camillas Ehemann] Andrew und den Kindern. Da erscheint Charles vielleicht zum Drink bei den Parker Bowles' oder sie fahren alle gemeinsam nach Highgrove und verbringen einen lustigen Nachmittag im königlichen Garten. Aber einen Jour fixe gibt es immer: der Sonntagabend, wenn Andrew nach London abgereist ist. Entweder fährt Camilla die 20 Meilen nach Highgrove oder Charles – was öfter geschieht – kommt zu ihr.«[61]

Im Gegensatz zu der weltstädtisch gekleideten Prinzessin, »die als eine Verkörperung des Schönheitsideals unserer Zeit galt«[62] und im Dezember 1992 vom Magazin *Woman* zur schönsten Frau des Vereinigten Königreichs gewählt wurde, arbeitete Camilla gern im Garten und trug dabei ausgeleierte Pullover. Wie Charles liebte sie das Leben auf dem Land einschließlich der Reitjagden. »›Sie ist eine rücksichtslose Reiterin – aggressiv, und sie schreit im Jagdgebiet herum‹, erzählte ein Mitglied der Beaufort-Jagd. ›Der Gebrauch des Wortes durchsetzungsstark wäre eine Untertreibung. Oft hört man sie brüllen, wenn man sich einem Hindernis nähert. Sie schreit: ›Verdammt, geht mir aus dem scheiß Weg!‹ Sie reitet andere über den Haufen und kann einem ganz schön Angst einjagen.‹«[63] Gyles Brandreth beschreibt Camilla als »elegant, aber handfest«[64]. Als positive Eigenschaften nennt er weiter »ihre Widerstandsfähigkeit in Stresssituationen, ihren Mangel an Berechnung, ihren selbstironischen Humor, ihren unkomplizierten Sinn für Spaß, ihren lockeren Umgang mit Leuten, ihre Bescheidenheit, ihren Stoizismus und ihren Mut«[65].

Im April 1987 reiste Prinz Charles für eine Woche zum Malen nach Italien – und Camilla Parker Bowles übernachtete in seiner Nähe. Im Herbst hielt er sich 37 Tage auf Balmoral auf, ohne seine Ehefrau auch nur einmal zu sehen. Im Frühjahr 1988 fuhr er allerdings mit ihr, seinem Bruder Andrew und dessen Ehefrau Sarah Ferguson (»Fergie«), Herzogin von York, nach Klosters in den Winterurlaub. Die Damen waren am 10. März im Chalet geblieben, als Charles mit mehreren Begleitern während einer Abfahrt in eine Lawine geriet. Ihm passierte nichts, aber Hugh Lindsay – dessen Ehefrau Sarah gerade schwanger war – kam ums Leben, und Patti Palmer-Tomkinson wurde schwer verletzt. Der Schock brachte Charles und Diana jedoch nicht wieder zusammen, sondern vergrößerte eher noch die Kluft zwischen ihnen. Während der Thronfolger sich verstört nach Highgrove zurückzog und um seinen Freund trauerte, blieb die Prinzessin im Kensington Palace.

Als Camillas Schwester Annabel Elliott am 2. Februar 1989 ihren 40. Geburtstag feierte, begleitete Diana ihren Mann unerwartet auf die Party im Haus des Ehepaars James und Annabel Goldsmith in London. Über das, was dort geschah, existieren verschiedene Aussagen. Sicher ist, dass Diana ihre Rivalin zur Rede stellte. Diana erzählte ihrem Biografen Andrew Morton später, sie habe ruhig und beherrscht mit Camilla gesprochen. Andere Gäste berichteten jedoch, Diana sei kurz nach ihrer Ankunft wie eine Furie auf Camilla losgegangen.

Im Mai machten Charles, Camilla und Andrew Parker Bowles zusammen eine Woche Urlaub an Bord einer Jacht vor der türkischen Küste. Nur auf Staatsreisen begleitete die Prinzessin von Wales jetzt noch ihren Mann. Aber es war längst ein offenes Geheimnis, dass Charles und Camilla ein Verhältnis hatten. Die *Sunday Times* wunderte sich allerdings über den Thronfolger: »Da ist er, der bekloppte Prinz, verheiratet mit der begehrenswertesten Frau der Welt neben Madonna, und zieht es vor, seine Zeit mit der alten Flamme Camilla zu verbringen.«[66] Unter den Royals konnte Diana allenfalls ihren Schwiegervater auf ihre Seite ziehen. »Charles, der seiner Mutter nahesteht, verbringt wenig Zeit mit seinem Vater. Im Gegensatz zu ihm hat Diana Philip mit ihrer Frohnatur und ihrer jugendlich-frischen Schönheit für sich eingenommen, aber der Königin ist sie jetzt nicht näher, als sie es vor neun Jahren bei der Hochzeit mit Charles war. ›Es gibt sehr viel gegenseitigen Respekt, ich glaube aber nicht, dass da irgendwelche Wärme ist‹, sagt ein Insider aus dem Palast.«[67]

1992 brach für die britische Monarchie ein *annus horribilis* an. Das Entsetzen begann, als sich Prinzessin Diana am 11. Februar während eines Staatsbesuchs mit Charles in Indien demonstrativ allein auf eine Marmorbank vor das als Monument liebender Paare berühmte Taj Mahal in Agra setzte. Das war ein geschickter PR-Schachzug, denn die Fotos dieser Szene veranschaulichten einprägsam ihre Einsamkeit und Verletzung. Ebenso öffentlichkeitswirksam machte sie anschließend Mutter Teresa in Kalkutta ihre Aufwartung. Dieser Imagepflege hatte der linkische Thronfolger nichts entgegenzusetzen.

Charles flog noch einmal für ein paar Tage zum Malen in die Toskana, und wieder war Camilla in seiner Nähe. Von Italien reiste er dann weiter nach Lech am Arlberg zum Skifahren mit seiner Familie. Dort erhielt er am 29. März die Mitteilung, dass sein Schwiegervater im Alter von 68 Jahren an einem Herzinfarkt in einem Londoner Krankenhaus gestorben war. Statt in dieser Situation selbst mit seiner Frau zu sprechen und sie zu trösten, ließ er ihr die Nachricht von einem Leibwächter überbringen. »Sie wehrte sich vehement dagegen, dass Charles sie nach England begleitete, um an der Beerdigung ihres Vaters teilzunehmen. Was für den Prinzen ein Gebot des Anstands war, hielt sie für widerwärtige Heuchelei, die nur dazu diente, der Öffentlichkeit eine heile Welt vorzugaukeln.«[68] Erst als die Queen eingriff, duldete Diana den Thronfolger bei der pompösen Trauerfeier am 1. April in Althorp an ihrer Seite.

Nach dem Tod des Vaters zögerten weder Diana noch ihr Bruder Charles – der 9. Earl Spencer –, die verhasste Stiefmutter aus dem Haus zu werfen. Angela Levin schildert in ihrem Buch *Raine and Johnnie. Spencers and the Scandal of Althorp*[69], wie Prinzessin Diana persönlich kontrollierte, dass Raine nur das mitnahm, was ihr auch nachweisbar gehörte. Nicht einmal bei Koffern machte sie eine Ausnahme, sodass der zuständigen Zofe nichts anderes übrig blieb, als Designer-Kleider in Müllsäcken zu verstauen.

Während Diana im April nach Ägypten reiste, flogen Charles, Camilla und Andrew Parker Bowles für einen Badeurlaub in die Türkei. Danach begleitete Diana allerdings den Thronfolger beim offiziellen Besuch der Expo in Sevilla.

Charles' Schwester, Prinzessin Anne, und Mark Phillips ließen sich am 28. April scheiden. Sein Bruder Andrew und Fergie, die Herzogin von York, hatten sich im Vormonat getrennt.* Damit waren die bis dahin geschlossenen Ehen der Geschwister allesamt gescheitert.

Am 7. und 15. Juni 1992 veröffentlichte The *Sunday Times* Auszüge aus dem Buch *Diana. Her True Story. In Her Own Words*[70] von Andrew Morton. Obwohl der Autor behauptete, die Darstellung gebe Dianas Sicht der Dinge wieder und 40 Seiten als wörtliche Abschrift ihrer Äußerungen deklarierte,[71] stritt sie ab, an dem Buch mitgewirkt zu haben. Tatsächlich hatte sie Tonbänder besprochen und mit Andrew Morton über einen Mittelsmann kommuniziert: ihren Vertrauten James Colthurst. Und um dem Verleger Beweise für das angeprangerte Liebesverhältnis des Prinzen von Wales und Camilla Parker Bowles liefern zu können, soll Diana ihrem Mann sogar Briefe von Camilla gestohlen haben. »Dass sie [Camilla] mit 45 ihre Briefe mit ›Deine treue alte Ziege‹[72] unterzeichnete, entbehrt nicht eines gewissen Humors.«[73]

Während Kolumnisten seriöser Blätter den Buchautor, den Verleger und den Chefredakteur der *Sunday Times* wegen des massiven Eingriffs in die Privatsphäre der königlichen Familie kritisierten, schlachtete die Yellow Press die Sensation weidlich aus. Die Klatschreporter, die ahnten, dass Andrew Morton das Buch nicht ohne Dianas Mitwirkung so hätte schreiben können, fühlten sich dadurch legitimiert, die Royals nun selbst uneingeschränkt auszuspähen. »Mortons Buch war deshalb so verheerend für die königliche Familie, weil es einem Sensationsjournalismus Vorschub leistete.«[74] Der Marktwert von Klatsch nahm in der Folge so zu, dass schließlich »ein ganzes Heer von Spitzeln, Schnüfflern und Skandaljägern versuchte, den Hunger nach

---

* Die Scheidung wurde am 30. Mai 1996 rechtswirksam.

schmutziger königlicher Wäsche zu stillen«.⁷⁵ Paparazzi bestachen Informanten, hetzten ihre Opfer durch den Straßenverkehr, bedrängten sie und schossen ihre Fotos mit Teleobjektiven aus dem Hinterhalt. Weil die Parker Bowles' das ständige Klingeln des Telefons nicht mehr ertrugen, ließen sie die Nummer ändern. Aber sie konnten nicht verhindern, dass Middlewick House von Reportern belagert wurde. Camilla floh daher zunächst zu einem Schwager nach Breconshire in Wales und reiste schließlich mit ihrer Schwester Annabel nach Venedig. Auch Prinzessin Diana wurde auf Schritt und Tritt verfolgt und wie eine Berühmtheit aus dem Showgeschäft behandelt. Reporter brachten sie sogar mit obszönen Beleidigungen zum Weinen, weil sich die Bilder dann noch besser verkaufen ließen. Bryce Taylor, der Besitzer des Fitness-Centers, das sie regelmäßig besuchte, fotografierte sie heimlich bei ihren Übungen und bekam für die vom *Sunday Mirror* auf neun Seiten veröffentlichten Aufnahmen angeblich 250 000 Pfund.

Der *Daily Mirror* druckte am 20. und 21. August 1992 auf einem Anwesen bei St. Tropez aufgenommene Paparazzo-Fotos von der 32-jährigen Herzogin von York und dem texanischen Finanzberater John Bryan ab. Fergie planscht im Pool und hat Bryans Kopf zwischen den Beinen, mit dem Mund am Zwickel ihres Badeanzugs. Auf einem anderen Foto sitzt er auf einer Sonnenliege und lutscht Fergies Zehen, wobei die Schwiegertochter der Königin »oben ohne« ist. »Der atemberaubende Scoop des *Mirror* versetzte das ganze Land in Aufregung.«⁷⁶ Die Queen traute ihren Augen nicht, als sie die Zeitungen aufschlug. Sie schickte Fergie, die sich zum Zeitpunkt der Veröffentlichung mit ihren beiden Töchtern bei den Royals in Balmoral aufhielt, erbost nach London zurück.

»Hätten sich Sarah Ferguson und Diana Spencer beispielsweise im Jahr 1980 wie zwei von Shakespeares Hexen auf einem Hügel hinter Schloss Windsor um Mitternacht getroffen und sich das Versprechen abgenommen, die britische Monarchie binnen zehn Jahren gründlich zu ruinieren – sie hätten es nicht effizienter machen können. Die Pointe der Geschichte liegt jedoch darin, dass sie das gar nicht vorhatten.«[77]

Drei Tage nach dem Scoop des *Daily Mirror* begann *The Sun* mit der Veröffentlichung der Mitschrift eines in der Silvesternacht 1989 abgehörten Telefongesprächs der Prinzessin von Wales mit James Gilbey, einem Gebrauchtwagenhändler, mit dem zusammen sie im Oktober 1989 beim Verlassen seiner Wohnung in London fotografiert worden war. »Im Verlauf der pikanten und unverbildeten, wenngleich geschwätzigen und etwas jugendlich-unreifen Unterhaltung hört man die Prinzessin über ihr unmögliches Leben mit Prinz Charles lamentieren und ihre Isolation innerhalb der königlichen Familie beklagen.«[78] Unverzeihlich war, dass sie die Royals als »fucking family« bezeichnete.

Damit war dieses *annus horribilis* noch nicht zu Ende. Am 20. November, dem 45. Hochzeitstag von Königin Elisabeth II. und Prinz Philip, brach in Windsor Castle ein Großbrand aus, der erst nach neun Stunden von 200 Feuerwehrleuten unter Kontrolle gebracht werden konnte. Offenbar hatte ein überhitzter Scheinwerfer einen Vorhang in Brand gesetzt. »Soldaten, Handwerker und Hauspersonal [...] bilden eine Menschenkette, um Bücher, Kunstwerke und Möbel auf die Wiese im Innenhof hinauszutragen. [...] Die Kunstsammlung von Windsor, die zu den wertvollsten der Welt zählt [...], kann nahezu unversehrt in Sicherheit gebracht werden.«[79] Der Schaden war dennoch gewaltig. Er wurde auf 100 Millionen D-Mark geschätzt, und die Renovierungsarbeiten dauerten fünf Jahre.

Knapp drei Wochen nach der Brandkatastrophe, am 9. Dezember 1992, wurde bekannt gegeben, dass der Prinz und die Prinzessin von Wales beschlossen hatten, sich zu trennen. Gleichzeitig versicherte man, dass es keine Scheidungsabsichten gebe.

Im November hatte es bereits Gerüchte über ein telefonisches Sex-Geplänkel von Prinz Charles mit Camilla Parker Bowles gegeben. Die zum Medienimperium von Rupert Murdoch gehörende australische Frauenzeitschrift *New Idea* veröffentlichte am 13. Januar 1993 ein Transskript des abgehörten, elf Minuten langen Telefongesprächs vom 17. Dezember 1989 spätabends (»Camillagate«).

»[...]
Charles: *Und dann muss man sich eben irgendwie seinen Weg ertasten [...].*
Camilla: *Hmm. Du bist jedenfalls einfach fantastisch darin, dir deinen Weg zu ertasten.*
Charles: *Oh, hör auf! Ich will mir meinen Weg auf dir ertasten, auf jedem Stück von dir und hoch und runter und hinein und hinaus.*
Camilla: *Oh.*
Charles: *Hinein und hinaus ganz besonders.*
Camilla: *O ja, das ist genau das, was ich im Augenblick gebrauchen könnte.*
[...]
Charles: *O Gott, wenn ich nur in deinen Hosen leben könnte oder irgend so etwas. [...]*
Camilla (lacht): *In was willst du dich denn verwandeln? In ein [...] Unterhöschen? (Beide lachen jetzt.) O ja, du wirst wiedergeboren als [...] Unterhöschen.*
Charles: *Um Gottes willen, oder als ein Tampon. [...]*
Camilla: *Du bist ein Vollidiot.* (Sie lacht.) *Ach, was für eine wundervolle Idee.*
Charles: *Mein Pech natürlich, ins Toilettenbecken geworfen zu werden und dort immer rundherum zu schwimmen und mich nie runterspülen zu lassen.*
Camilla (lacht): *Ach, mein Liebling [...] Oder du könntest*

> *vielleicht einfach als eine Schachtel wiedergeboren werden.*
> Charles: *Was denn für eine Schachtel?*
> Camilla: *Eine Schachtel Tampons, dann könntest du immer wieder drankommen [...] Ach, Liebling, ich will dich jetzt.*
> Charles: *Ja, willst du das?*
> Camilla: *Mmmm.*
> Charles: *Ich will dich auch. [...]*
> Camilla: *Leg jetzt auf.*
> Charles: *Ja, ich drücke gleich auf den Nippel.*
> Camilla: *Ja, mach das, Liebling. Ich wünschte, du würdest meinen Nippel drücken.*
> Charles: *O Gott, das wünschte ich auch. Fester und fester.*
> Camilla: *Ach, mein Liebling.*
> Charles: *Gute Nacht.*
> Camilla: *Gute Nacht.*
> Charles: *Ich liebe dich.*
> Camilla (gähnt): *Ich liebe dich, drück auf den Nippel.*
> *[...]*«[80]

Dass die Queen über dieses »Liebesgeflüster« nicht *amused* war, dürfen wir annehmen. In der ganzen Welt konnte man lesen, was die beiden Verliebten sich ausgemalt hatten. Das war an Peinlichkeit nicht zu überbieten. Zwei von der Regierung eingesetzte Untersuchungsausschüsse fanden keine Anhaltspunkte dafür, dass ein britischer Geheimdienst das Telefongespräch mitgeschnitten hatte. Das versicherte auch Dame Stella Rimington, die von 1992 bis 1996 den Inlandsgeheimdienst MI5 geleitet hatte, dem Buchautor Gyles Brandreth.[81] Bis heute ist unbekannt, von wem das Telefonat abgehört und aufgenommen worden war.

Im Herbst 1992 hatte Diana vermutlich eine Liaison mit dem 16 Jahre älteren Kunsthändler Oliver Hoare begonnen. Er war mit der Französin Diane de Waldner verheiratet und Vater von drei Kindern. Nachdem er die Affäre beendet hatte, um seine Ehe mit der Erbin eines Ölimperiums nicht zu zerstören, wurden er und seine Familie über Monate hinweg mit Anrufen belästigt, bei denen sich niemand meldete. Mit einer Fangschaltung verfolgte Scotland Yard die Anrufe im Januar 1994 zu fünf Anschlüssen zurück, von denen vier Diana gehörten und einer ihrer Schwester Sarah McCorquodale. Die Polizei unterrichtete daraufhin diskret den Sicherheitsdienst der Royals über das Ergebnis der Überprüfung, und Diane wurde ebenso taktvoll aufgefordert, die Belästigung einzustellen. »Wenn sie jemanden liebte, musste er alles andere zurücklassen, einschließlich der Kinder«, meinte dazu ihre Freundin Lady Bowker. »Ihre Besitznahme verschreckte die Männer. Alles wurde zum Drama.«[82]

Prinz Charles, der inzwischen eine Erzieherin für die beiden Söhne William und Harry eingestellt hatte, ließ sich von dem Journalisten Jonathan Dimbleby überreden, bei der Vorbereitung einer zweieinhalbstündigen Fernsehdokumentation über sein Leben mitzuwirken. Die Sendung wurde am 29. Juni 1994 ausgestrahlt. Dimbleby, der Briefe und Tagebücher hatte lesen dürfen, porträtierte den Thronfolger darin als nachdenklichen und intelligenten, pflichtbewussten und einfühlsamen Menschen. Charles behauptete, sein Vater habe ihm die Ehe mit Diana aufgedrängt, und gab zu, seiner Frau untreu gewesen zu sein, beteuerte jedoch zugleich, das sei erst geschehen, als die Ehe unrettbar gescheitert war (»irretrievably broken down, us both having tried«[83]). Und er klagte über seine Kindheit, »über die Gefühlskälte seiner Eltern im Allgemeinen und über Philips Schroffheit im Besonderen«[84]. Damit wollte er wohl Mitgefühl in der Bevölkerung wecken und die öffentliche Meinung zu seinen Gunsten beeinflussen. Parallel zur Fernsehdokumentation erarbeitete Jonathan Dimbleby eine wohlmeinende Buchbiografie, die am 3. November unter dem Titel *The Prince of Wales* erschien. »Das Charles-Buch zeichnet das Bild eines zutiefst unglücklichen Menschen, der von klein auf unter einem gefühlsrohen Vater und einer entrückten, kalten Mutter zu leiden hatte: Charles blickt auf eine ›wirklich unerfreuliche Kindheit‹ zurück. Queen-Gemahl Prinz Philip, Herzog von Edinburgh, der selbst unter zerrütteten Verhältnissen aufgewachsen war, hänselte seinen Ältesten mit Vorliebe in Gegenwart anderer und brachte ihn [...] immer wieder zum Weinen. Dafür verachtete Philip ihn als Weichling.«[85]

Nachdem ein Reporter herausgefunden hatte, dass Camilla Parker Bowles am 14. Dezember 1994 in London die Scheidung eingereicht hatte, erklärte das Ehepaar am 10. Januar 1995 öffentlich: »Die Entscheidung, unserer Ehe ein Ende zu setzen, ist von uns gemeinsam getroffen worden und ist eine private Angelegenheit.«[86] Camilla und Andrew Parker Bowles wurden Anfang März geschieden. Im Mai verkauften sie Middlewick House. Camilla wohnte daraufhin vorübergehend bei Freunden und erwarb im Oktober Ray Mill House am Rand von Lacock in Wiltshire, 20 Kilometer südöstlich von Highgrove.

Am 20. November 1995 strahlte die BBC ein zwei Wochen zuvor aufgenommenes Interview von Martin Bashir mit Prinzessin Diana aus. Es war eine der aufsehenerregendsten Sendungen in der Geschichte des britischen Fernsehens. Auch sie gab zu, die Ehe gebrochen zu haben. »Spätestens in diesem Augenblick tauschte Diana ihre private Person mit einer öffentlichen Konstruktion.«[87] Den Prinzen von Wales wird wahrscheinlich vor allem ihre Antwort auf die Frage geärgert haben, ob sie annehme, dass er jemals König sein werde: »Und weil ich seinen Charakter kenne, glaube ich, dass der Spitzenjob, wie ich es nenne, für ihn mit enormen Einschränkungen verbunden wäre, und ich weiß nicht, ob er damit zurechtkommen würde.« Kurz vor dem Ende des Interviews schlug Diana die Augen nieder und sagte leise: »Ich wäre gern die Königin der Herzen.«[88]

Später behauptete sie, spontan und unvorbereitet auf die Fragen des Reporters geantwortet zu haben, aber es handelte sich um eine geschickte Selbstinszenierung.»Sie glauben doch wohl nicht, dass sie ohne vorherige Absprache in das Interview ging«, meinte eine Freundin.»Nichts wurde dem Zufall überlassen. Sie übte ihre Antworten tagelang vor dem Spiegel im Badezimmer und testete verschiedene Outfits und Make-ups, um möglichst fragil und verletzlich auszusehen.«[89] Was Prinz Charles und Jonathan Dimbleby nicht besonders gut gelungen war, erreichte Prinzessin Diana durch das Fernsehinterview: Sie gewann sehr viel Mitgefühl in der Bevölkerung.»Diana [...] war zu einem Idol der Massen geworden, als hätte ihr die Mischung aus Glamour, Leid und öffentlicher Zurschaustellung eine magische Kraft verliehen.«[90] Viele Zuschauer konnten sich offenbar mit ihr identifizieren.»Es schien so zu sein, als spräche Diana mit allen, die sich irgendwann an den Rand gedrängt gefühlt hatten. [...] Sie sprach irgendwie die Versager im Leben an, trieb sich jedoch mit den Gewinnern herum.«[91] Dabei wiesen Dianas Image und Persönlichkeit krasse Gegensätze auf:»Märchenprinzessin und rachsüchtige [Ehefrau], Modepuppen-Schönheit und soziale Weltverbesserin, Medienopfer und geschickte Strippenzieherin, hingebungsvolle Mutter und bekennende Ehebrecherin, Sonderbotschafterin und später Geißel der Monarchie«[92].

Nach diesem PR-Coup hielt selbst Königin Elisabeth II. ein Ende mit Schrecken wohl für besser als einen Schrecken ohne Ende. Mitte Dezember forderte sie daher Charles und Diana auf, sich Gedanken über die Modalitäten einer Scheidung zu machen, und zwei Monate später bat sie ihre Schwiegertochter zu einer Unterredung in den Buckingham Palace. Am 28. Februar 1996 gab der Kensington Palace bekannt, dass die Prinzessin von Wales dem Scheidungsverlangen von Prinz Charles nachgegeben habe. Nach monatelangen Verhandlungen einigten sich die Parteien darauf, dass Diana sich zwar nicht mehr als »Königliche Hoheit« ansprechen lassen, aber den Höflichkeitstitel »Princess of Wales« weiterführen dürfe. Sie bekam 17 Millionen Pfund als Abfindung zugesprochen und jährliche Unterhaltszahlungen in Höhe von 400 000 Pfund. Das Sorgerecht für die Söhne William und Harry teilten sich die Eltern. Das vorläufige Scheidungsurteil erging am 15. Juli, rechtskräftig wurde es am 28. August 1996.

»Lady Di« blieb auch danach die »Königin der Herzen« und die am häufigsten fotografierte Frau der Welt. Sie nutzte ihre Beliebtheit, um für Hilfsorganisationen zu werben – und steigerte durch diese positive Rückkopplung die Begeisterung, mit der man sie überall in der Welt empfing. Um beispielsweise auf die Opfer von Landminen aufmerksam zu machen, reiste sie im Januar 1997 – während des angolanischen Bürgerkriegs – nach Cuito in Angola und ging für die Fotografen zweimal durch ein erst teilweise geräumtes Minenfeld. »Der zynische Verdacht, ihr Wohltätigkeitswerk sei nur Glamourtermin und Imagereparatur gewesen oder eine Art flüchtige Sinngebungsdiät im leeren Dauerstress zwischen Friseurtermin und Dinnerparty – dieser Verdacht kam bei ihr nie auf. Ihr Engagement wirkte echt.«[93]

»Wie keine andere Figur symbolisiert sie die schizophrene Aufgabenverteilung der Gegenwart«, räsonierte Tobias Kniebe in der *Süddeutschen Zeitung*. »Für die schmutzigen Jobs, die wir insgeheim erledigt wissen wollen (Verteidigung unseres Wohlstands, Abschottung unserer Grenzen, Terrorismusbekämpfung) nehmen wir die gewählten Regierungen in die Pflicht. Für die Darstellung unserer besseren Seiten, wie Großmut, Mitgefühl und globale Verantwortung, suchen wir uns Stellvertreter jenseits der Politik.«[94]

Eine Affäre Dianas mit dem Pakistaner Hasnat Khan, der in London als Herz- und Lungenchirurg arbeitete, endete im Sommer 1997 nach zwei Jahren. Zur gleichen Zeit lud der Ägypter Mohamed al-Fayed, der Besitzer des Kaufhauses Harrods in London und des ebenso traditionsreichen Hotels Ritz in Paris, Lady Di mit ihren beiden Söhnen zu einem Ferienaufenthalt in einer Villa an der Côte d'Azur ein. Sein 42-jähriger Sohn Dodi unternahm mit Diana zwei kurze Mittelmeer-Kreuzfahrten auf der Motorjacht »Jonikal« seines Vaters. Ein unscharfer Schnappschuss des sich küssenden Paares soll dem Paparazzo Mario Brenna drei Millionen Dollar eingebracht haben.

Am 21. August flog Lady Di im Privatjet von Stansted nach Nizza, um sich erneut mit Dodi Fayed zu treffen und diesmal mit ihm auf der Jacht nach Sardinien weiterzureisen. Neun Tage später flogen sie im Privatjet von dort nach Paris weiter. Weil es Diana in der ehemaligen Residenz des Herzogs und der Herzogin von Windsor im Bois de Bologne – die jetzt ebenfalls Mohamed al-Fayed gehörte – nicht gefiel, ließen sie sich zum Hotel Ritz bringen und von dort um 19 Uhr zu Dodis Wohnung. Eigentlich wollten sie im Restaurant »Chez Benoît« beim Centre Pompidou zu Abend essen, doch unterwegs überlegten sie es sich anders: Kurz vor 22 Uhr kehrten sie ins Ritz zurück. Statt aber im voll besetzten Restaurant »L'Espadon«, wo bereits hastig ein Tisch für sie gedeckt wurde, ließen sie sich das Essen in der Imperial Suite servieren. Als sie dann um Mitternacht zu Dodis Wohnung aufbrechen wollten, fuhr dessen Chauffeur vom Haupteingang an der Place Vendôme los, um die vor dem Hotel lauernden Paparazzi zu täuschen, während Dodi und Diana den Hinterausgang benutzten. Obwohl Henri Paul, der Sicherheitschef des Ritz, an diesem Abend vermutlich mehrere Gläser Pastis getrunken und Psychopharmaka eingenommen hatte, setzte er sich ans Steuer eines Mercedes 280S und fuhr um 0.20 Uhr mit den prominenten Gästen im Fond und deren Leibwächter Trevor Rees-Jones auf dem Beifahrersitz los. Das blieb den Paparazzi allerdings nicht verborgen. Um den Verfolgerpulk abzuhängen, gab Henri Paul Gas. Nach zehn Minuten verlor er im Straßentunnel unter der Place d'Alma die Kontrolle über den Wagen, streifte einen langsamer fahrenden Fiat Uno und prallte mit mehr als 100 Stundenkilometern gegen einen Betonpfeiler.

Dadurch wurde die schwere Limousine mit den nicht angeschnallten Insassen herumgerissen und auf die andere Straßenseite geschleudert.

Der 25-jährige Paparazzo Romuald Rat war als Erster bei dem rauchenden Wrack. Es hupte unaufhörlich, weil die Brust des toten Fahrers auf das Lenkrad drückte. Romuald Rat riss eine der hinteren Türen auf. Dodi Fayed war tot. Trevor Rees-Jones saß mit eingedrücktem Gesicht auf dem Beifahrersitz, Diana lag auf dem Rücken und steckte mit dem Kopf zwischen den Vordersitzen. Eine Minute später kam ein Arzt zufällig zur Unfallstelle und bemerkte schon von Weitem das Blitzlichtgewitter der Paparazzi. Ohne die Prinzessin von Wales zu erkennen, stülpte er ihr eine Sauerstoffmaske über, weil sie Probleme beim Atmen hatte. Wenig später trafen medizinisch ausgebildete Feuerwehrmänner ein, die sich um die Verletzten kümmerten und das Autodach aufschnitten, während eine inzwischen ebenfalls zur Unfallstelle geeilte Staatsanwältin sieben Paparazzi vorläufig festnahm. Nachdem es gegen ein Uhr gelungen war, Dianas Blutdruck und Atmung zu stabilisieren, zogen die Feuerwehrleute sie aus dem Wrack und legten sie auf eine Trage. Bevor sie in den Krankenwagen geschoben wurde, setzte ihr Herz aus, aber man konnte sie reanimieren. Um 2.10 Uhr, kurz nach der Einlieferung in die Klinik Pitié Salpêtrière, erlitt Diana einen weiteren Herzstillstand. Als die Ärzte ihren Brustkorb öffneten, entdeckten sie in der linken oberen Lungenvene einen Riss. Das Leben der Prinzessin war nicht mehr zu retten. Um vier Uhr früh wurde sie für tot erklärt.

Niemand wagte es, die Fotos von der in den Trümmern der Limousine Sterbenden zu veröffentlichen. Die Boulevard-Medien standen ohnehin vehement unter Druck, denn die über die Nachricht schockierte Weltöffentlichkeit nahm zunächst ebenso wie die Staatsanwältin an, Diana sei von der Paparazzi-Meute in den Tod gehetzt worden. »Ich habe schon immer geglaubt, dass die Presse sie irgendwann umbringen wird«, erklärte Dianas Bruder Charles, der sich gerade in Kapstadt aufhielt. »Doch selbst ich konnte mir nicht vorstellen, dass sie so direkt in ihren Tod verwickelt sein würden, wie es nun offenbar der Fall ist.«[95] (Die Paparazzi, die sich vor Gericht verantworten mussten, wurden jedoch nach jahrelangen Prozessen freigesprochen.)

Mohamed al-Fayed setzte das Gerücht in die Welt, Diana sei schwanger gewesen, und äußerte auch den Verdacht, man habe seinen Sohn und Lady Di auf Anordnung des Hofes ermordet, weil die Royals und das Establishment die Eheschließung der Mutter eines potenziellen Königs mit einem Moslem verhindern wollten. Außerdem tauchte ein handschriftlicher Brief Prinzessin Dianas vom Oktober 1993 an ihren Butler Paul Burrell auf, in dem sie den Verdacht geäußert hatte, Charles plane einen als Verkehrsunfall getarnten Mordanschlag gegen sie: »Mein Ehemann plant einen ›Unfall‹ mit mir in meinem Auto, Bremsversagen und schwere Kopfverletzung.«[96] Auf diesem Nährboden blühten diverse Verschwörungstheorien. So wurde beispielsweise behauptet, Henri Paul habe für den britischen Geheimdienst gearbeitet und sei gar nicht betrunken gewesen, sondern habe die Kontrolle über die Limousine verloren, als man ihn mit einem weißen Fiat Uno ausbremste beziehungsweise mit einem Lichtblitz blendete. Die französische Polizei, Scotland Yard und eine britische Untersuchungskommission kamen jedoch nach zum Teil jahrelangen Überprüfungen zu dem Ergebnis, dass es keine belastbaren Indizien für einen Mordanschlag gegen Prinzessin Diana gab.

Königin Elisabeth II., die in Balmoral vom Tod ihrer einstigen Schwiegertochter erfuhr, hielt es zunächst nicht für angebracht, sich in der Öffentlichkeit darüber zu äußern. Dagegen trat der erst drei Monate zuvor gewählte 44-jährige Premierminister Tony Blair schon wenige Stunden nach Dianas Tod vor die Fernsehkameras und sagte mit bewegter Stimme: »Ich fühle mich heute wie jeder andere in diesem Land zutiefst erschüttert. [...] Mit nur einem Blick oder einer Geste, vielsagender als Worte, zeigte sie uns die Tiefe ihres Mitgefühls und ihrer Mitmenschlichkeit. [...] Sie war die Prinzessin des Volkes und wird es bleiben, sie wird für immer in unserem Herzen und in unserem Gedächtnis bleiben.«[97]

Während das Blumenmeer vor den Schlössern wuchs (man schätzt, dass Blumen im Wert von 25 Millionen Dollar niedergelegt wurden) und manche Menschen bis zu acht Stunden anstanden, um sich in Kondolenzbücher einzutragen, nahm die Empörung über die vermeintliche Gleichgültigkeit der »Firma« zu. »Dieses Dreieck zwischen Leidenschaft, Betrug und Tod hatte die britische Monarchie in die tiefste Krise seit der Abdankung König Edwards VIII. gestürzt.«[98] Aber die königliche Familie änderte ihre Einstellung nur widerstrebend. »Es gibt bereits Anzeichen dafür, dass die Royals leider nichts aus dieser Tragödie gelernt haben. Ihre Verteidiger haben uns erklärt, dass die Royals Dinge einfach anders machen als Normalbürger. Normale Leute denken, dass sie ihre Sache einfach schlecht machen. Die Frage, die ›die Firma‹ stellte, als Diana lebte – ›Warum kann sie nicht wie wir sein?‹ – war immer die falsche. Sie hätte selbstverständlich lauten sollen: ›Warum können wir nicht sein wie sie?‹ [...] Man hätte denken können, dass der schreckliche Schock den Rest der Royals endlich in die Neunzigerjahre katapultieren würde. Bislang gibt es wenig Hinweise, dass dies geschehen ist. Stattdessen hängen sie derart verzweifelt an alten Gewohnheiten und alten Verhaltensregeln, dass es so aussieht, als ob sie die öffentliche Stimmung völlig missachteten. Nachdem sie ihr populärstes Mitglied verloren haben, traf ›die Firma‹ die Kamikaze-Entscheidung, sich noch weiter zu distanzieren.«[99]

Obwohl auf dem Buckingham Palace noch nie eine andere Fahne als die königliche Standarte geweht hatte, und auch das nur, um die Anwesenheit der Monarchin beziehungsweise des Monarchen anzuzeigen, hielten die Menschen den leeren Fahnenmast nun plötzlich für ein Zeichen dafür, dass die Royals nicht um Prinzessin Diana trauerten, und einige Medien verstärkten dieses Vorurteil noch. Der Königin blieb schließlich nichts anderes übrig, als vorzeitig von Schottland nach London zurückzukehren, erstmals den Union Jack am Buckingham Palace auf halbmast zu setzen und ihre Trauer in einer kurzen Beileidsbekundung im Fernsehen zum Ausdruck zu bringen. Aber dabei erreichte sie nicht die Überzeugungskraft des Premierministers. »Dann stellte sich heraus, dass der Beitrag der Königin als Darstellung aufgefasst wurde, die einigen Raum für Zweifel ließ, ob sie ihre wahren Gefühle in ihren eigenen Worten ausdrückte. Tony Blairs Würdigung rief keine solchen Zweifel hervor [...]. Wenn Tony Blairs Beitrag als ›aufrichtiger‹ als der der Königin eingeschätzt wurde, mag das daran gelegen haben, dass Blair, dessen öffentliche Persönlichkeit im Fernseh-Zeitalter geschult worden war, geschickter darin war, vor der Kamera das Bedürfnis nach einer innigen, persönlichen und scheinbar spontanen Ansprache zu erfüllen. Im Gegensatz dazu hatte die Königin ihre rhetorischen Fertigkeiten erworben, bevor das Fernsehen ein so beherrschendes Medium geworden war. Sie gehört einer Tradition an, in der offizielle öffentliche Reden hauptsächlich nach der Angemessenheit oder der Etikette beurteilt wurden. [...] In dieser Tradition der öffentlichen Rede ist es wichtiger, gesellschaftliche Konventionen zu beachten als individuelle Gefühle auszudrücken.«[100]

Im Beisein der Königin und ihrer Angehörigen fand am 6. September in der Westminster Abbey eine große Trauerfeier für die Verstorbene statt. Elton John sang eine mit neuem Text versehene Version seines Liedes »Candle in the Wind« – »Leb wohl, Rose Englands« –, und Dianas Bruder Charles hielt vor den 2000 geladenen Trauergästen eine bewegende Rede. Bestattet wurde Lady Di auf einer kleinen Insel in einem See auf dem Familiensitz der Spencers in Althorp.

Das Medieninteresse an den Royals ging auch danach weiter. *The Sun* deckte am 4. März 1998 auf, dass Camilla Parker Bowles über eine persönliche Assistentin, ein Arbeitszimmer und einen Salon im St. James's Palace verfügte. Von Camilla ließ Prinz Charles auch die Party zur Feier seines 50. Geburtstages am 14. November in Highgrove ausrichten. Und nachdem die letzten der 250 Gäste gegangen waren, übernachtete sie bei ihm. Ansonsten achteten die beiden tunlichst darauf, bei gemeinsam besuchten Veranstaltungen zu verschiedenen Zeiten einzutreffen beziehungsweise aufzubrechen. Das änderte sich erst am 26. Januar 1999: An diesem Abend erhielten Paparazzi einen Wink, sich vor dem Hotel Ritz in London einzufinden, wo Camillas Schwester Annabel Elliot ihren Geburtstag feierte. 200 Reporter standen daraufhin mit ihren Kameras bereit, als Prinz Charles und Camilla Parker Bowles miteinander das Hotel verließen und zusammen ins Auto stiegen.

Zur Hochzeitsfeier von Charles' Bruder Edward mit Sophie Rees Jones am 19. Juni 1999 wurde Camilla allerdings nicht eingeladen. Aber bei der von Prinz Charles am 3. Juni 2000 in Highgrove ausgerichteten Feier anlässlich des 60. Geburtstags seines Cousins, des 1973/74 abgesetzten Königs Konstantin II. von Griechenland, trafen Königin Elisabeth II. und Camilla Parker Bowles erstmals seit 20 Jahren wieder zusammen. »Die Begegnung lief, soweit ich weiß, ziemlich formell ab: Ein Hofknicks von Camilla, ein Lächeln der Königin, ein flüchtiger Wortwechsel, das war alles.«[101] Noch im selben Monat veranstaltete Königin Elisabeth II. in Windsor Castle ein Fest, auf dem der 100. Geburtstag ihrer Mutter (4. August), der 70. Geburtstag von Prinzessin Margaret (21. August), der 50. Geburtstag von Prinzessin Anne (15. August), der 40. Geburtstag von Prinz Andrew (19. Februar) und der 18. Geburtstag von Prinz William

(21. Juni) gefeiert wurden. Doch Camilla Parker Bowles stand auch diesmal nicht auf der Gästeliste der Queen.

Dennoch arbeiteten Charles und Camilla weiter daran, ihre Liebesbeziehung Schritt für Schritt »offiziell« zu machen. Am 26. Juni 2001 begrüßten sie sich vor den Kameras der Reporter auf einer Party in Somerset House mit zwei Wangenküssen. Und am 17. März 2002 besuchten sie erstmals gemeinsam einen Gottesdienst in der Kirche von Sandringham.

Nach dem Tod seiner Großmutter erbte Prinz Charles am 30. März 2002 das Anwesen Birkhall in Aberdeenshire und Clarence House in London. Diese ehemalige Residenz der Königinmutter ließ er renovieren und zog schließlich im Frühsommer 2003 mit Camilla dort ein. Am 10. Februar 2005 wurde die Verlobung des 56-jährigen Thronfolgers mit seiner ein Jahr jüngeren Lebensgefährtin bekannt gegeben. Die Eheschließung sollte am 8. April stattfinden. An diesem Tag wurde jedoch Papst Johannes Paul II. zu Grabe getragen, und weil der Prinz von Wales die britische Krone in Rom zu repräsentieren hatte, musste die Hochzeit auf den 9. April verschoben werden. Charles und Camilla Parker Bowles ließen sich in der Guildhall von Windsor von einer Standesbeamtin trauen. Zwei Stunden später segnete der Erzbischof von Canterbury die Ehe in der St. George's Chapel. Weil die anglikanische Kirche Scheidungen nicht anerkennt, war keine kirchliche Trauung möglich. Zur kirchlichen Zeremonie erschienen auch Königin Elisabeth II. und Prinz Philip, die anschließend noch zu einem Empfang in Windsor Castle einluden. Dass auch Andrew Parker Bowles und seine zweite Ehefrau Rosemary unter den Hochzeitsgästen waren, demonstrierte das freundschaftliche Einvernehmen zwischen den beiden Paaren.

Die Flitterwochen verbrachten der Prinz von Wales und Her Royal Highness, Duchess of Cornwall – so Camillas neuer Titel – in Birkhall, und im Mai machten sie noch eine Woche Ferien auf einer Jacht in der Ägäis.

Bei der Fahnenparade anlässlich der offiziellen Geburtstagsfeier der Königin am 11. Juni 2005 stand die Herzogin von Cornwall erstmals mit den übrigen Mitgliedern der königlichen Familie auf dem Balkon des Buckingham Palace. Den ersten Staatsbesuch absolvierte Camilla Windsor-Mountbatten im November 2005 an der Seite ihres Ehemanns in den USA.

»Es besteht kein Zweifel daran, dass Camilla Charles guttut und dass er durch sie ein glücklicherer Mann und ein besserer Prinz von Wales geworden ist.«[102]

Monica Lewinsky

(*1973)

———•◆•———

SEX IM WEISSEN HAUS

Eine Affäre mit der Praktikantin Monica Lewinsky hätte US-Präsident Bill Clinton beinahe um sein Amt gebracht. »Unmoralisch und dumm«, sei sein pennälerhaftes Sexualverhalten gewesen, gab er selbst zu. Skandalös war die Art und Weise, wie es aufgedeckt und instrumentalisiert wurde.

Am 23. Juli 1973 erließ der Kongress der Vereinigten Staaten von Amerika erstmals in der Geschichte eine Zwangsverfügung gegen einen amtierenden US-Präsidenten. Drei Emissäre des Senatsausschusses, der die Watergate-Affäre untersuchte, fuhren zum Weißen Haus und forderten Richard Nixon ultimativ auf, fünf Tonbänder herauszugeben. Die Bezeichnung »Watergate-Affäre« bezieht sich auf einen Gebäudekomplex in Washington, D. C. Dort waren in der Nacht vom 16./17. Juni 1972 fünf mit Kameras und Abhörgeräten in die Wahlkampfzentrale der Demokratischen Partei eingebrochene Agenten verhaftet worden, die »zumindest [im] indirekten Auftrag des ›Komitees zur Wiederwahl Nixons‹«[1] gehandelt hatten. Zwei Reporter* der *Washington Post* deckten diesen Skandal und weitere Fälle von

---

* Robert Woodward und Carl Bernstein

Amtsmissbrauch im Weißen Haus auf. So erfuhr die Öffentlichkeit beispielsweise im Sommer 1973, dass Nixon Gespräche im Oval Office heimlich hatte aufzeichnen lassen. Die drei Mitglieder des Untersuchungsausschusses verließen das Weiße Haus am 23. Juli 1973 jedoch mit leeren Händen, denn der Präsident weigerte sich, die angeforderten Tonband-Mitschnitte für die Ermittlungen zur Verfügung zu stellen. Schließlich leitete der Rechtsausschuss des Repräsentantenhauses ein Impeachment gegen ihn ein. Um der drohenden Amtsenthebung zuvorzukommen, trat Richard Nixon am 9. August 1974 zurück.

An dem Tag, an dem die Kongressabgeordneten im Weißen Haus die Tonbänder verlangten, wurde Monica Lewinsky in einer Kinderklinik in San Francisco geboren. Ihre Eltern hießen Bernard und Marcia. Bernard (»Bernie«) Lewinsky war der Sohn eines aus Deutschland stammenden Einwandererpaares. Als 25-jähriger Medizinstudent an der University of California begegnete er 1968 der fünf Jahre jüngeren Marcia Vilensky. Deren Eltern waren 1952 mit ihr von San Francisco nach Tokio gezogen, wo der Vater ein Handelsunternehmen gegründet hatte. Nachdem Samuel Vilensky 1964 einem Herzinfarkt erlegen war, zog die Witwe Bernice Vilensky mit Marcia und ihrer 1955 in Japan geborenen Tochter Deborah (»Debra«) zu ihrer Mutter ins Sonoma County bei San Francisco. Nur die finanzielle Unterstützung eines Onkels ermöglichte es Marcia, an der University of California in Northridge Städtebau zu studieren. Am 15. April 1969, ein Jahr nachdem sie sich kennengelernt hatten, heirateten Bernie Lewinsky und Marcia Vilensky in San Francisco nach jüdischem Ritus.

Zu diesem Zeitpunkt studierte William Jefferson (»Bill«) Clinton mit einem Rhodes-Stipendium an der Universität von Oxford in England. Der spätere US-Präsident war am 19. August 1946 in Hope/Arkansas als Sohn des Geschäftsreisenden William Jefferson Blythe jr. und dessen Ehefrau Virginia geboren worden. Die Eltern hatten sich am 3. September 1943 trauen lassen, obwohl Blythes dritte Ehe zu diesem Zeitpunkt noch nicht rechtskräftig geschieden war. Am 17. Mai 1946, drei Monate vor Virginias Niederkunft, hatte Blythe dann während einer Autofahrt die Kontrolle über seinen Wagen verloren und war tödlich verunglückt. Daraufhin war die Witwe im Herbst nach New Orleans gezogen und hatte den kleinen Sohn bei ihren Eltern zurückgelassen, die in Hope einen Gemischtwarenladen betrieben. Erst 1950, nach ihrer Eheschließung mit dem geschiedenen Autohändler Roger Clinton in Hot Springs/Arkansas hatte sie Bill wieder zu sich geholt. Mit einem Bachelor-Abschluss in International Affairs an der Georgetown University in Washington, D. C., ging Bill 1968 nach Oxford. »Der Saxofon spielende 17-Jährige mit dem Gesicht eines Engels, der jungen Klarinettistinnen, denen er bei einem Musikwettbewerb in Little Rock begegnet war, zum Spaß mit seinem Hotelzimmerschlüssel klimpernd zugewinkt hatte, war nun ein 23-jähriger Student mit Holzfällerbart, der eines Nachts in Oxford mit vier Freunden, davon drei Frauen, Strip-Poker spielte [...]. Mandy Merck [...] gewann, aber bevor sie ging, hatten sich die anderen vier Spieler einschließlich Clinton ausgezogen. ›Ich weiß nicht, ob die anderen absichtlich verloren oder so‹, sagte sie. ›Die Atmosphäre dabei war jedenfalls sexuell aufgeladen.‹«[2] Als Präsidentschaftskandidat gab Clinton 1992 zu, in dieser Zeit auch Joints geraucht zu haben: »Als ich in England war, versuchte ich ein-, zweimal Marihuana, aber ich mochte es nicht. Ich inhalierte den Rauch nicht, und ich probierte es nie wieder.«[3]

1973, in Monica Lewinskys Geburtsjahr, schloss Bill Clinton sein Jurastudium in Yale ab und ging nach einer dreimonatigen Dozententätigkeit an der University of Arkansas in Fayetteville für die Demokratische Partei in die Politik. Zwei Jahre später heiratete er Hillary Rodham, die Tochter eines mittelständischen Unternehmers.

Der Onkologe Bernie Lewinsky nahm 1976 das Stellenangebot einer Privatklinik in Los Angeles an und zog mit seiner Familie nach Beverly Hills. Dort brachte seine Frau Marcia im Jahr darauf ihren Sohn Michael zur Welt. Dessen Schwester Monica wurde 1979 in Bel Air eingeschult. Außerdem schickten die Eltern sie zum Hebräisch-Unterricht in die Sinai Akiba Academy. 1985 wechselte sie von der Privatschule zur Hawthorne Elementary School in Beverly Hills. Ihre Zeugnisse waren nicht schlecht, aber sie galt als Außenseiterin und wurde wegen ihrer Korpulenz verspottet. »Wenn sie sehr schlank und lockerer gewesen wäre, wäre sie vielleicht zurechtgekommen. Aber so gehörte sie einfach nicht dazu.«[4] Die Sommerferien 1986 verbrachte sie daher in einem Camp für übergewichtige Jugendliche in Santa Barbara und kam schlanker und mit gewachsenem Selbstvertrauen zurück. Im Herbst 1987 erfuhren Monica und Michael von ihrer Mutter, dass die Eltern beschlossen hatten, sich zu trennen. Kurz darauf mietete Bernie Lewinsky eine eigene Wohnung in Los Angeles, und im Herbst 1988 erfolgte die Scheidung. Nach dem Verkauf des Hauses in Beverly Hills zog Marcia mit den Kindern mehrmals um. Finanzielle Sorgen kannte sie keine: »Aus ihrer Ehe ging sie mit 554 749 Dollar durch den Verkauf des Hauses, 6000 Dollar pro Monat Alimente, 5000 Dollar pro Monat Unterhalt für die Kinder und 25 000 Dollar für ihre Anwaltskosten hervor.«[5]

Monica, die schwer unter der Trennung der Eltern litt und annahm, der Vater sei am Scheitern der Ehe schuld, weigerte sich in der Folge, ihn zu besuchen. Und noch etwas machte ihr zu schaffen: die Probleme mit ihrer Figur und der Snobismus an der Beverly Hills High, die sie seit 1988 besuchte. 1989 verbrachte sie einen Monat in einer auf Essstörungen spezialisierten Klinik in Culver City. Im Jahr darauf wechselte sie zu einer privaten Highschool in Bel Air, engagierte sich jedoch auch weiterhin am Schultheater der Beverly Hills High und entwarf beispielsweise

Kostüme für die Aufführungen. Der sieben Jahre ältere Bühnentechniker Andy Bleiler ging mit ihr ein Liebesverhältnis ein, obwohl er seit einiger Zeit mit einer geschiedenen Frau und deren Tochter zusammenlebte. Er beendete es auch nur vorübergehend, als er im Oktober 1991 heiratete und im Juli 1993 einen Sohn bekam. Nach mehreren Zerwürfnissen und Versöhnungen wollte Monica Lewinsky einen endgültigen Schlussstrich unter ihre Affäre mit Andy Bleiler ziehen, als sie im Herbst 1993 nach Portland/Oregon zog, um am Lewis and Clark College Psychologie zu studieren. Ihr Vater und dessen zweite Ehefrau Barbara halfen ihr bei der Einrichtung ihres Zimmers in einem kleinen Haus, das sie mit zwei Kommilitonen zusammen gemietet hatte. »Ich war mit mir selbst viel zufriedener als je zuvor.«[6]

Aber im Sommer des folgenden Jahres, als Andy Bleiler in Portland eine Arbeitsstelle und eine Wohnung suchte, setzte Monica Lewinsky das Verhältnis mit ihm fort. Das hielt sie aber nicht davon ab, sich mit dessen Ehefrau Kate anzufreunden und des Öfteren auf deren Kinder aufzupassen. »Für Monica waren ihre sexuelle Beziehung zu diesem Mann und ihre Zuneigung für seine Frau und die Kinder zwei völlig voneinander getrennte Angelegenheiten. Sie liebte die Kinder aufrichtig. Sie passte auf sie auf, weil sie gerne mit ihnen zusammen war. Für Monica gab es keinen Widerspruch in ihrem Verhalten.«[7]

Im November 1994 schrieb Monica Lewinsky ihrem heimlichen Geliebten einen Abschiedsbrief, kam jedoch wieder nur ein paar Wochen ohne ihn aus. Als sie im Frühjahr 1995 herausfand, dass Andy Bleiler eine weitere Affäre mit einer Schülerin in Los Angeles hatte, schlief sie zwar aus Rache mit seinem jüngeren Bruder Chris, hörte aber dennoch nicht auf, sich mit ihm zu treffen. Damit Kate keinen Verdacht schöpfte, gab Andy Bleiler vor, in der Schauspielabteilung des Lewis and Clark College tätig zu sein. Hin und wieder stimmte das auch, aber meistens log er, und im Frühjahr 1995 ließ er sich als »Beweis« sogar einen Brief mit der von Monica gefälschten Unterschrift des Werkstattleiters schicken.

Im Mai 1995 bestand Monica Lewinsky die Abschlussprüfung und erwarb damit den Bachelor-Titel.

Marcia Lewinsky, die seit einiger Zeit ein Apartment im Watergate Building in Washington, D.C., bewohnte, riet ihrer Tochter, sich nach dem Studienabschluss erst einmal für ein unbezahltes sechswöchiges Praktikum im Weißen Haus zu bewerben. Monica würde bei ihrer Mutter wohnen können oder auch bei deren Schwester Debra. Die lebte zwar mit ihrem Ehemann, dem Kardiologen Bill Finerman, in Virginia, aber das Paar besaß im Watergate Building eine Zweitwohnung.

Im Weißen Haus amtierte seit 20. Januar 1993 Präsident Bill Clinton. Während die »Überlebenskünstlerin«[8] Gennifer Flowers seit seiner Wahlkampagne lediglich behauptete, er habe seine Ehe mit ihr gebrochen, verklagte ihn die Staatsbedienstete Paula Jones im Mai 1994 wegen sexueller Belästigung. Ihrer Aussage zufolge hatte er sie am 8. Mai 1991 – er war damals noch Gouverneur von Arkansas – in einem Hotelzimmer in Little Rock/Arkansas mit heruntergelassener Hose aufgefordert, seinen Penis zu küssen (»Zippergate«). Außerdem stand das Ehepaar Clinton im Verdacht, in dubiose Immobiliengeschäfte verwickelt gewesen zu sein (»Whitewater-Skandal«) und im Mai 1993 die Entlassung von sieben Mitarbeitern des Reisebüros im Weißen Haus wegen angeblicher Unregelmäßigkeiten initiiert zu haben, um die Stellen für eigene Gefolgsleute frei zu machen (»Travelgate«). »Gerüchte über die angebliche Drückebergerei vor dem Militärdienst in Vietnam, über Drogenkonsum, krumme Geschäfte und immer wieder über Frauengeschichten haben Clintons Werdegang von Beginn an begleitet und gefährdet. [...] Zwischen 1983 und 1985 soll sich Gouverneur Clinton von Staatspolizisten (›State Troopers‹) mit Frauen versorgen haben lassen: Wenn ihm eine gefiel, so kolportierten rechte Gazetten, zeigte er sie den zu seiner Wache eingesetzten Männern, ließ sich die Erwählte wie ein Haremsbesitzer vorführen und von ihr oral befriedigen: ›Troopergate‹.«[9] Im Auftrag des Kongresses ging ein Sonderermittler seit Anfang 1994 diesen und anderen Vorwürfen nach. Seit 5. August 1994 war das Kenneth W. Starr.

Monica Lewinsky, die beabsichtigte, ihr Studium im Herbst 1996 bis zum Master-Degree fortzusetzen, folgte dem Rat ihrer Mutter und erhielt mit Unterstützung eines über gute Beziehungen verfügenden Familienfreundes tatsächlich eine Zusage aus dem Weißen Haus. Anfang Juli 1995 verabschiedete sie sich daher von ihren Freunden in Portland, zog nach Washington, D.C., und begann am 10. Juli ihr Praktikum im Old Executive Building neben dem Weißen Haus. Es dauerte einen Monat, bis sie inmitten einer größeren Gruppe in die Nähe des US-Präsidenten kam. Weil sie annahm, er habe sie bemerkt, zog sie am nächsten Tag zu einer kleinen Party auf dem Rasen vor dem Weißen Haus dasselbe jadegrüne Kostüm an und hoffte, dass er sie wiedererkannte. Es gelang ihr tatsächlich, einen Händedruck von ihm zu bekommen. Dabei entstand das erste Foto von ihr und dem Präsidenten. Vor dem Auslaufen des Sommerpraktikums bewarb Monica Lewinsky sich um eine bezahlte Weiterbeschäftigung. Jennifer Palmieri, die Sonderbeauftragte des Stabschefs des Weißen Hauses, vermittelte ihr daraufhin eine Tätigkeit in der Abteilung für legislative Angelegenheiten. Am 13. November 1995 unterschrieb Monica Lewinsky den Vertrag. Zwei Tage später nahm sie an einer Geburtstagsfeier für Jennifer Palmieri im Weißen Haus teil. Auch Bill Clinton kam aus dem Oval Office herüber, um der Sonderbeauftragten zu gratulieren. Als der 49-Jährige an Monica Lewinsky vorbeiging, ließ sie kurz die Riemchen des Stringtangas aufblitzen, den sie unter ihrem Hosenanzug trug.[10] Es ist anzunehmen, dass sie dabei »ein bisschen mit dem Hinterteil wackelte, ihre Jacke hoch- und ihre Hose hinunterschob«[11]. Nach der kleinen Feier plauderte Clinton ein paar Minuten mit ihr in einem gerade nicht genutzten Büro und küsste sie auf den Mund. Am späten Abend traf er sich erneut mit ihr. Diesmal betastete er ihre entblößten Brüste und stimulierte mit der Hand ihre Genitalien. Die Praktikantin nahm seinen Penis in den Mund, aber er entzog sich ihr, bevor er zum Orgasmus gekommen wäre. Zwei Tage später ließ Clinton sich von ihr Pizza ins Oval Office bringen und telefonierte während der wiederum vorzeitig abgebrochenen Fellatio mit einem Abgeordneten. Er rief sie auch nachts im Apartment ihrer Mutter an und hatte Telefonsex mit ihr. »Es gab Zeiten, da gebärdete sich Bill Clinton wie ein liebeskranker Teenager.«[12]

»Monica ließ sich [...], etwas zu großspurig für eine Hospitantin, einmal die Woche vom High-Society-Friseur Bo im schicken Altstadtviertel Georgetown die Haare und die Nägel machen. Auch ihre offenherzigen Dekolletés, ihre kurzen Röcke und ihre flotten Auftritte fielen im Weißen Haus auf.«[13] Michael Schwelien, der damals als Korrespondent der *Zeit* in Washington arbeitete, hält Monica Lewinsky für »eine Frau, die trotz ihrer Jugend um vieles gerissener war als die anderen, die er [Bill Clinton] am Wegesrand aufgelesen hatte«[14], und er zitiert einen Freund ihres Vaters: »Ich bin fest überzeugt, dass sie hinterhältig ist; sie wusste, was sie tat und dass sie damit ganz groß abkassieren könnte.«[15]

Am 4. Februar 1996 waren Bill Clinton und Monica Lewinsky zum sechsten Mal intim miteinander. »Und er knöpfte mein Kleid auf und hakte meinen Büstenhalter auf und zog mir das Kleid mehr oder weniger von den Schultern und ... schob den Büstenhalter weg ... Dabei schaute er mich an und berührte mich und sagte mir, wie schön ich sei.«[16] Diesmal plauderten sie sogar längere Zeit miteinander. Das bestärkte die 22-Jährige, die sich inzwischen ernsthaft verliebt hatte, in ihrer Hoffnung, dass es Clinton um mehr als nur Sex gehen könnte. Später beteuerte Monica Lewinsky, die Beziehung mit dem Präsidenten nicht als erniedrigend empfunden zu haben. »Es war aufregend, und die Ironie ist, dass ich in dieser Beziehung meinen ersten Orgasmus hatte.«[17]

Am 19. Februar erklärte ihr Bill Clinton, er müsse Rücksicht auf seine Ehefrau und seine Tochter nehmen und die Beziehung beenden. Aber am 31. März ließ er Monica Lewinsky erneut ins Oval Office kommen. Nach dem Austausch der üblichen Zärtlichkeiten schob er eine Zigarre in ihre Vagina, nahm sie danach in den Mund und kommentierte: »Schmeckt gut.«[18]

Monica Lewinskys verhältnismäßig häufige Anwesenheit im Westflügel des Weißen Hauses – in dem sich das Oval Office befindet – blieb natürlich nicht unbemerkt. Evelyn S. Lieberman, die am 10. Januar zur Stellvertreterin des Stabschefs ernannt worden war, betrieb deshalb Monicas Versetzung. Als Clinton seine Gespielin am Ostersonntag im Watergate Building anrief, berichtete sie ihm schluchzend, dass sie ins Pentagon wechseln müsse. Daraufhin schlug er ihr vor, zu ihm zu kommen, und versprach ihr, sie zurückzuholen, sobald er die Präsidentschaftswahlen im November gewonnen habe. Während er in seinem Arbeitszimmer einen Anruf entgegennahm, forderte er sie mit Gesten auf, seinen Penis in den Mund zu nehmen. Kurz darauf hörten sie, wie jemand das Oval Office betrat und »Mr President« rief. Da flüchtete Monica Lewinsky durch einen Nebenausgang.

Zu ihrer am 16. April angetretenen Stelle im Pentagon gehörte, dass sie ihren Chef, den stellvertretenden Staatssekretär im Verteidigungsministerium, auf zahlreichen Auslandsreisen begleitete. Durch ihre Beziehungen erreichte sie, dass ihr Vater, dessen zweite Ehefrau und ihr Bruder am 13. Juni 1996 an einer Empfangszeremonie für die irische Präsidentin Mary Robinson in Fort Meyers/Virginia teilnehmen durften. Als Bill Clinton sie in der Menge hinter der Absperrung entdeckte, begrüßte er sie zur Verblüffung Bernie Lewinskys mit ihrem Vornamen. Am folgenden Tag ließ der Präsident sich nach einer Rundfunkansprache mit Monica und ihren Angehörigen im Oval Office fotografieren.

In diesem Sommer freundete sich Monica Lewinsky mit ihrer 24 Jahre älteren Kollegin Linda Tripp an. Obwohl Linda die Tochter eines Hochschulprofessors war, hatte sie sich mit dem Besuch einer Sekretärinnenschule zufriedengeben müssen. Ihre Ehe mit dem Berufssoldaten Bruce Tripp war 1992 geschieden worden. Von 1990 bis 1994 war sie im Weißen Haus angestellt gewesen, seit 1994 arbeitete sie im Pentagon. Dass sie sich im Mai 1996 mit der New Yorker Literaturagentin Lucianne Goldberg getroffen hatte, um über ein Buchprojekt mit dem Arbeitstitel *Hinter verschlossenen Türen. Was ich im Weißen Haus unter Clinton erlebte* zu sprechen, verschwieg sie ihrer neuen Freundin. Ahnungslos vertraute Monica Lewinsky ihr an, dass sie mit dem Präsidenten intim gewesen sei.

Nachdem Monica Lewinsky und ein 16 Jahre älterer Unterstaatssekretär im Oktober eine monatelange Affäre beendet hatten, stellte sie fest, dass sie schwanger war. Die im November vorgenommene Abtreibung belastete sie sehr. Mut machte ihr, dass sich Bill Clinton bei den Präsidentschaftswahlen am 5. November 1996 gegen Robert Dole durchsetzte, denn sie hoffte, nun bald wieder ins Weiße Haus zurückkehren zu können. Auf einen neuen Job im Weißen Haus wartete sie zwar vergeblich, aber Betty Currie, die Privatsekretärin des Präsidenten, lud sie zu einer Radioansprache des Präsidenten am 28. Februar 1997 ein. Monica Lewinsky trug dabei ein frisch gereinigtes marineblaues Cocktail-Kleid der Marke GAP. Clinton ließ sich im Oval Office mit ihr fotografieren. Danach waren sie erstmals seit elf Monaten wieder allein. Erregt zogen sie sich ins Bad zurück. Dort ließ sich der Präsident erstmals von Monica bis zum Orgasmus oral stimulieren. Dass dabei etwas Sperma auf ihr Kleid tropfte, bemerkten sie nicht. Am 29. März trafen sie sich erneut im Arbeitszimmer neben dem Oval Office. Monica Lewinsky zog ihren Slip aus, und zum ersten Mal berührte er ihre Vulva mit seinem Penis, penetrierte sie jedoch nicht.

Im April erhielt Monica Lewinsky, die im Dezember 1996 noch einmal mit ihrem alten Freund Andy Bleiler geschlafen hatte, einen Anruf von dessen Frau Kate. Inzwischen wusste diese, dass ihr Mann sie mit Monica und einigen anderen Frauen betrogen hatte, und sie beschuldigte ihre frühere Freundin, ihn verführt zu haben.

Nachdem Bill Clinton Hinweise auf Gerüchte über seine Affäre mit Monica Lewinsky erhalten hatte, fragte er sie Mitte Mai am Telefon, ob sie irgendjemandem von ihrer Beziehung erzählt habe. Monica beteuerte ihre Verschwiegenheit, doch in Wirklichkeit hatte sie das Geheimnis nicht nur ihrer Mutter, deren Schwester und neun weiteren Personen anvertraut, sondern darüber hinaus zwei Freundinnen Nachrichten des Präsidenten auf ihrem Anrufbeantworter vorgespielt. Bei einem weiteren Treffen am 24. Mai 1997 im Oval Office erklärte ihr Bill Clinton, dass er die Beziehung nun endgültig beenden müsse. »Er sagte ihr, er habe früher in seiner Ehe Hunderte von Affären gehabt, aber seit er 40 sei, bemühe er sich verabredungsgemäß, treu zu sein.«[19] Monica Lewinsky erzählt später in ihrer Autobiografie, sie hätten beide geweint.

Als sie Anfang Juni erfuhr, dass trotz Clintons Versprechungen nichts unternommen worden war, um sie ins Weiße Haus zurückzuholen, beschwerte sie sich schriftlich beim Präsidenten und bat um eine Unterredung, die Betty Currie für den Morgen des Unabhängigkeitstages arrangierte. Zehn Tage später bestellte die Privatsekretärin Monica Lewinsky noch einmal ins Oval Office. Bei dieser Gelegenheit fragte Clinton Monica Lewinsky, was sie über Kathleen Willey wisse. Die frühere Mitarbeiterin des Weißen Hauses behauptete, sie sei am 29. November 1993 – dem Tag, an dem ihr zweiter Ehemann sich das Leben genommen hatte – vom Präsidenten im Oval Office sexuell belästigt worden. Er habe sie umarmt, auf den Mund geküsst, ihre Brüste betastet und ihre Hand in seinen Schritt gepresst. Das hatte sie inzwischen auch Michael Isikoff erzählt, einem für *Newsweek* tätigen Journalisten, der nach Frauen suchte, die den Präsidenten sexueller Übergriffe beschuldigten. Damit wollte er Paula Jones´ Klage erhärten und glaubhaft machen, dass Clinton grundsätzlich zu sexuellem Fehlverhalten neigte. Linda Tripp, die 1993 im Weißen Haus gearbeitet hatte, hatte sich im März 1997 mit Michael Isikoff getroffen und ihm bestätigt, ihre Kollegin sei damals aufgebracht und derangiert aus dem Oval Office gekommen. Außerdem hatte sie angedeutet, von einer aktuellen Affäre des Präsidenten zu wissen. Sie verriet zwar keinen Namen, aber das war wohl nur noch eine Frage der Zeit, denn bereits im Februar hatte sie Monica Lewinsky aufgefordert, die intimen Kontakte mit dem Präsidenten aufzulisten. Am 11. August 1997 veröffentlichte Michael Isikoff in *Newsweek* dann einen Artikel über Kathleen Willeys angebliche sexuelle Belästigung durch den Präsidenten. Zwei Wochen zuvor war Kathleen Willey in der Streitsache Paula Jones gegen Bill Clinton als Zeugin vernommen worden. Die Anwälte der Klägerin hatten Anfang des Jahres einen anonymen Hinweis auf Kathleen Willeys Anschuldigungen gegen den Präsidenten bekommen. Als Absenderin verdächtigte man später Linda Tripp oder ihre Agentin Lucianne Goldberg.

Als Marcia Lewinsky im September 1997 zu ihrem Verlobten, dem 76-jährigen Medienunternehmer R. Peter Straus, nach New York zog, blieb ihre Tochter allein im Apartment in Washington zurück. Etwa zur selben Zeit erfuhr Monica Lewinsky, dass sie wohl keine Chance hatte, wieder eine Anstellung im Weißen Haus zu bekommen. Einsam und verzweifelt geriet sie noch stärker unter den Einfluss von Linda Tripp. Sie lud die vermeintliche Freundin in ihr Apartment ein und schenkte ihr sogar Kleider. Dabei zeigte sie ihr auch das marineblaue Kleid mit den

Spermaflecken, das sie seit Februar nicht mehr getragen hatte, und Linda Tripp redete ihr aus, das Kleid reinigen zu lassen. Kurz darauf, am 3. Oktober, begann Linda Tripp, die Telefongespräche mit Monica Lewinsky heimlich aufzuzeichnen. Am 6. Oktober besprach sie ihr Buchprojekt mit Michael Isikoff, Lucianne Goldberg und deren Sohn Jonah Goldberg. Die Literaturagentin meinte, dass ein *Newsweek*-Artikel über eine Affäre des Präsidenten mit einer Mitarbeiterin des Weißen Hauses eine hervorragende Werbung für das geplante Enthüllungsbuch wäre. Linda Tripp nahm diesen Hinweis zur Kenntnis, behielt den Namen jedoch vorerst noch für sich.

Ein paar Tage später rief der Präsident Monica Lewinsky um 2.30 Uhr nachts an und beschwerte sich über ihr Verhalten gegenüber seiner Privatsekretärin, die ihr keinen Termin hatte geben können. Darüber kam es zu einem heftigen Streit, aber am 11. Oktober, dem 22. Hochzeitstag von Bill und Hillary Clinton, übermittelte Betty Currie der 24-Jährigen eine Einladung des Präsidenten zu einem persönlichen Gespräch im Weißen Haus. Bei dieser Gelegenheit erwähnte Monica Lewinsky, dass sie zu ihrer Mutter nach New York ziehen wolle. Clinton versprach ihr daraufhin, seinen Berater und Golfpartner Vernon Jordan zu fragen, ob er sie bei der Jobsuche unterstützen könne. Vernon Jordan, der zufällig auch den neuen Lebensgefährten von Marcia Lewinsky gut kannte, lud Monica daher zu einem Gespräch ein.

Am 24. November sagte Linda Tripp als Zeugin im Verfahren Paula Jones gegen Bill Clinton aus. Ähnlich wie der Journalist Michael Isikoff versuchten die Anwälte der Klägerin, dem Beschuldigten ein bestimmtes Verhaltensmuster nachzuweisen. Sie setzten nun auch Monica Lewinsky, deren Name in diesem Zusammenhang gefallen war, auf ihre Zeugenliste. Der Präsident lehnte die Forderung der Prozessgegner ab, alle Namen der Frauen aufzulisten, mit denen er seit seiner Zeit als Justizminister von Arkansas außereheliche sexuelle Beziehungen gehabt hatte. Die Bundesrichterin Susan Webber Wright kam aber zu dem Schluss, Fragen nach Seitensprüngen des Präsidenten seien berechtigt: »Das Gericht stellt deshalb fest, dass die Klägerin ein Recht auf Auskünfte über jede Person hat, mit der der Präsident eine sexuelle Beziehung hatte beziehungsweise anstrebte oder der er eine solche vorschlug und die innerhalb des relevanten Zeitrahmens (fünf Jahre vor dem 8. Mai 1991 bis heute) Staats- oder Bundesangestellte war.«[20]

Am 19. Dezember, acht Tage nachdem Clinton sie vorgewarnt hatte, erhielt Monica Lewinsky eine Vorladung im Fall Paula Jones. Vernon Jordan (der ihr inzwischen drei Manager genannt hatte, bei denen sie sich bewerben sollte) vermittelte ihr einen Termin bei Rechtsanwalt Frank Carter. An Silvester – eine Woche nach ihrem letzten Arbeitstag im Pentagon – vertraute sie Vernon Jordan an, eine intime Beziehung mit Bill Clinton gehabt zu haben, und äußerte ihre Sorge darüber, dass ihre Freundin Linda Tripp vertrauliche Informationen über sie und den Präsidenten weitergeben könnte. Ein paar Tage später zeigte sie Jordan den Entwurf einer eidesstattlichen Erklärung, die Carter für sie aufgesetzt hatte. Darin hieß es: »Ich habe größten Respekt vor dem Präsidenten, der sich in meiner Gegenwart stets angemessen verhalten hat. Ich habe nie eine sexuelle Beziehung mit dem Präsidenten gehabt; er hat nicht vorgeschlagen, dass wir eine sexuelle Beziehung haben sollten, er hat mir keine Beschäftigung oder andere Vorteile als Gegenleistung für eine sexuelle Beziehung angeboten, er hat mir keine Beschäftigung oder andere Vorteile verweigert, weil ich eine sexuelle Beziehung abgelehnt habe.«[21]

Nach ihrem zweiten Vorstellungsgespräch bei MacAndrews & Forbes in New York am 8. Januar 1998 klagte sie Jordan gegenüber in einem Telefongespräch, es sei nicht gut gelaufen. Clintons Berater setzte sich daraufhin mit dem Vorstandsvorsitzenden in Verbindung, der wiederum intern nachfragte und herausfand, dass Monica Lewinsky sich unnötig Sorgen gemacht hatte: Auch ohne Fürsprache hätte sie ein Angebot für eine Tätigkeit in der PR-Abteilung des Tochterunternehmens Revlon erhalten.

Linda Tripp rief am 12. Januar im Büro des Sonderermittlers Kenneth Starr an (Office of Independent Counsel) und berichtete, der Präsident habe eine Affäre mit einer Staatsangestellten gehabt, deren Name auf der Zeugenliste im Fall Paula Jones zu finden sei. Bill Clinton und Vernon Jordan hätten der Betroffenen jedoch nahegelegt, die intime Beziehung abzustreiten. Als Beweismaterial bot sie Tonbandaufnahmen von Telefongesprächen an, insgesamt etwa 20 Stunden Material. Eine Stunde später erhielt Linda Tripp in ihrer Wohnung in Columbia/Maryland Besuch von einem FBI-Agenten und sechs Staatsanwälten. »Sie machte sich Sorgen, da sie sich mit der Aufzeichnung der Gespräche (nach geltendem Recht in Maryland) strafbar gemacht hatte. Doch Starrs Leute versprachen, Tripp zu schützen.«[22] Der wegen der Erfolglosigkeit seiner Nachforschungen im »Whitewater-Skandal« frustrierte Sonderermittler sah nun eine Chance gekommen, dem Präsidenten eine »Meineidfalle« zu stellen und mit Hilfe von Linda Tripp zu beweisen, dass dieser sein Amt missbraucht hatte. Das wäre der Fall gewesen, wenn Clinton seiner Geliebten durch die Vermittlung eines Vertrauten – dessen Name auch im Zusammenhang mit angeblichen Schmiergeldzahlungen in der »Whitewater-Affäre« gefallen war – zu einer neuen Arbeitsstelle verholfen hätte.

Über Kenneth Starrs Parteilichkeit beschwert Bill Clinton sich in seinen Memoiren: »Selbstverständlich hatte Starr nicht die geringste Absicht, sich zurückzuhalten. Seine Voreingenommenheit war ja gerade der Grund dafür, dass man ihn ausgewählt und dass er die Aufgabe auch angenommen hatte. Von nun an galt eine bizarre Definition des ›unabhängigen‹ Sonderermittlers: Er musste von mir unabhängig sein, aber es war in

Ordnung, dass er eng mit meinen politischen Feinden und Gegenparteien vor Gericht verbunden war.«[23]

»Als der Sonderermittler auf den Plan trat, erhielt Tripps Komplott eine neue Dimension. Es handelte sich nicht länger um die Geschichte eines persönlichen Verrats mit dem Ziel, eine Enthüllungsstory zu veröffentlichen. Nun ging es darum, den Präsidenten in eine Falle zu locken.«[24] Am nächsten Tag traf Linda Tripp sich mit Monica Lewinsky zum Mittagessen im Ritz Carlton Hotel in Pentagon City. Starrs Leute hörten mit, denn unter ihrer Kleidung trug sie ein Mikrofon und einen Sender.

Auf Antrag von Janet Reno, der Generalbundesanwältin der USA – übrigens der bisher einzigen Frau in dieser Position –, weitete ein Richterkollegium den Auftrag des Sonderermittlers am 16. Januar auf die Frage aus, ob der Präsident eine Affäre mit Monica Lewinsky gehabt hatte oder nicht. Am selben Tag verabredete sich Linda Tripp erneut mit Monica Lewinsky im Ritz Carlton Hotel. Diesmal hatte sie zwar kein Abhörgerät bei sich, aber sie wurde von zwei FBI-Agenten begleitet, die Monica Lewinsky aufforderten, in ein reserviertes Zimmer mitzukommen. Dort wurde die überraschte junge Frau von insgesamt vier FBI-Agenten und zwei Mitarbeitern des Sonderermittlers unter Druck gesetzt. Sie drohten ihr – so Andrew Morton in seinem Buch über Monica Lewinsky – mit bis zu 27 Jahren Haft wegen Meineids, Behinderung der Justiz und Zeugenbestechung. Straffrei könne sie nur davonkommen, wenn sie kooperiere und beispielsweise heimlich Gespräche mit Vernon Jordan und Betty Currie aufzeichne.[25] Bill Clinton berichtet in seinen Memoiren, dass die Männer Monica Lewinsky davon abrieten, ihren Anwalt anzurufen.[26] Sie wussten nämlich, dass Frank Carter dem Gericht in Little Rock/Arkansas an genau diesem Tag die eidesstattliche Erklärung seiner Mandantin schicken wollte, und weil sie den Text kannten, nahmen sie an, dass Monica Lewinsky sich damit eines Meineids schuldig machen würde und somit noch leichter erpressbar wäre. Immerhin durfte die 24-Jährige mit ihrer Mutter telefonieren. Marcia Lewinsky nahm den nächsten Zug von New York nach Washington, D.C. Unterwegs telefonierte sie mit ihrem Ex-Mann in Los Angeles, der daraufhin den mit ihm befreundeten, allerdings auf medizinische Fälle spezialisierten Rechtsanwalt William (»Bill«) H. Ginsburg um juristischen Beistand für seine Tochter bat, weil er nicht wusste, dass sie bereits von Frank Carter vertreten wurde. Spätabends traf Marcia Lewinsky im Ritz Carlton ein, und nach Mitternacht durfte Monica das Hotel dann endlich mit ihr zusammen verlassen.

Inzwischen hatte Frank Carter, der von all den Vorgängen nichts ahnte, die eidesstattliche Erklärung von Monica Lewinsky abgeschickt. Und Bill Clinton, der ebenso wenig wie der Anwalt wusste, dass die junge Frau stundenlang im Ritz Carlton Hotel unter Druck gesetzt worden war, ließ sich am folgenden Tag – dem 17. Januar 1998 – von Paula Jones' Anwälten befragen und beteuerte unter Eid, er habe keine sexuelle Beziehung mit ihr gehabt. In seinen Memoiren heißt es dazu: »Was ich mit Monica Lewinsky getan hatte, war unmoralisch und dumm. Ich schämte mich sehr dafür und wollte nicht, dass jemand davon erfuhr. In meiner Aussage versuchte ich, mich und meine Familie vor den Folgen meiner selbstsüchtigen Dummheit zu schützen.«[27]

Ein paar Stunden nach Clintons Befragung, mitten in der Nacht, berichtete Matthew Nathan (»Matt«) Drudge in seinem »zweifelhaften Internet-Nachrichtendienst«[28] *Drudge Report*, dass das Nachrichtenmagazin *Newsweek* eine Enthüllungsstory von Michael Isikoff über eine sexuelle Beziehung des US-Präsidenten mit einer Praktikantin gekippt habe. Und am nächsten Tag nannte er erstmals öffentlich den Namen Monica Lewinsky. Nachdem die Meldungen überprüft worden waren, berichtete die *Washington Post* als erste Zeitung auf der Titelseite über die Affäre, und CNN verbreitete die Neuigkeit übers Fernsehen. Bemerkenswert ist, dass der Skandal nicht durch eine Zeitung oder das Fernsehen ausgelöst wurde, sondern durch Klatsch im Internet.

Bei mehreren Gelegenheiten bestritt Bill Clinton die gegen ihn erhobenen Vorwürfe, Monica Lewinsky gedrängt zu haben, ihre Affäre mit ihm zu leugnen: »Ich bat niemanden, etwas anderes als die Wahrheit zu sagen. Es gab keine unschickliche Beziehung.«[29] »Ich hatte mit dieser Frau, Fräulein Lewinsky, keine sexuelle Beziehung. Ich trug niemandem auf, zu lügen, kein einziges Mal, nie. Diese Beschuldigungen sind falsch.«[30] Als Kathleen Willey in einer Fernsehsendung wiederholte, dass sie vom Präsidenten im Oval Office sexuell belästigt worden sei, leugnete Clinton das und erklärte, er habe sie allenfalls aus Mitleid in den Arm genommen und auf die Stirn geküsst. Hillary Clinton behauptete in einer Fernsehsendung, die Anschuldigungen gegen ihren Ehemann seien Teil einer Verschwörung politischer Gegner des Präsidenten: »Die große Story für jeden, der es aufdecken, darüber schreiben und es erklären will, ist ein groß angelegtes Komplott der politischen Rechten, die sich gegen meinen Ehemann seit dem Tag, an dem er für das Amt des Präsidenten kandidierte, verschworen hat.«[31] In seiner Autobiografie erklärt Bill Clinton dazu: »Es war mir klar, dass ich einen furchtbaren Fehler begangen hatte, aber ich war entschlossen, diesem Irrtum nicht einen noch schlimmeren hinzuzufügen, indem ich mich von Starr aus dem Amt jagen ließ.«[32] »Als Ehemann hatte ich einen Fehler begangen, für den ich um Verzeihung bitten und büßen musste. Als Präsident musste ich einen rechtlichen und politischen Kampf gegen Kräfte austragen, die das Straf- und Zivilrecht missbraucht hatten und in dem Versuch, meine Präsidentschaft zu zerstören und mich meiner politischen Handlungsfähigkeit zu berauben, unschuldigen Menschen schweren Schaden zufügten.«[33]

Der Skandal beherrschte monatelang die Schlagzeilen. Die

Medien stürzten sich darauf, verschafften sich sogar die Scheidungsunterlagen von Bernie und Marcia Lewinsky, boten 100 000 Dollar für ein Foto von Monica im Bikini, befragten ihren ersten Freund und schickten Reporter zu einer Pressekonferenz Andy Bleilers – dessen Ehe inzwischen gescheitert war. Einige Darstellungen erweckten den Eindruck, bei Monica Lewinsky handele es sich um ein sexbesessenes Flittchen mit einer Vorliebe für verheiratete Männer.

Nach einer Vernehmung Monica Lewinskys durch Beauftragte des Sonderermittlers unterzeichnete sie Ende Januar widerstrebend eine Aussage, in der sie zugab, mit dem Präsidenten Oralsex gehabt zu haben. Dafür wurde ihr Straffreiheit zugesichert. Kurz darauf erklärte das Office of Independent Counsel die Vereinbarung über die Zeugenimmunität jedoch für unverbindlich und widerrief die Zusage. Bill Ginsburg klagte im Namen seiner Mandantin dagegen, aber die Gerichte gaben der Gegenseite Recht. Monica Lewinsky flog Anfang Februar nach Los Angeles zu ihrem Vater. Vor dessen Haus im Stadtteil Brentwood wartete bereits ein Pulk von Reportern auf sie und filmte, wie die beiden sich in die Arme fielen. Am Fernsehgerät ihres Vaters verfolgte sie dann am 10. und 11. Februar 1998 die zweitägige Vernehmung ihrer Mutter vor der Grand Jury in Washington. Als Marcia gefragt wurde, ob ihr Monica etwas über die Affäre mit dem Präsidenten anvertraut habe, betonte sie, dass ihre Tochter nie den Begriff Affäre verwendet, sondern von einer Liebesbeziehung gesprochen habe.

Kenneth Starr traf sich am 23. Juli im Haus seines Beraters Sam Dash in Maryland/New Jersey mit Jake Stein und Plato Cacheris, den beiden Anwälten, die Monica Lewinsky vertraten, seit sie Bill Ginsburg das Mandat entzogen hatte. Vier Tage später befragten Sam Dash und Starrs Stellvertreter Bob Bittman Monica Lewinsky im Beisein ihrer Anwälte fünf Stunden lang in New York. Nach einer neuen Vereinbarung zwischen Monica

Lewinsky und dem Office of Independent Counsel über Kooperation und Zeugenimmunität wurde die Vernehmung am nächsten Tag fortgesetzt, und das FBI beschlagnahmte das marineblaue Cocktailkleid mit den Spermaflecken. Um die DNA mit der Clintons vergleichen zu können, nahm ihm am 3. August ein Arzt im Beisein eines FBI-Agenten und eines Mitarbeiters aus dem Büro des Sonderermittlers Blut ab. Die anschließende gentechnische Untersuchung ergab mit an Sicherheit grenzender Wahrscheinlichkeit, dass es sich bei den Flecken auf dem Kleid um eingetrocknetes Ejakulat des Präsidenten handelte.

Als erster Präsident der Vereinigten Staaten von Amerika musste sich Bill Clinton am 17. August während seiner Amtszeit in einem Strafverfahren von einer Grand Jury befragen lassen. Man gestand ihm lediglich zu, seine Aussage per Videoübertragung im Weißen Haus statt vor Gericht zu machen. Eine vierstündige Aufzeichnung wurde schließlich vom Justizausschuss des Repräsentantenhauses freigegeben und am 21. September von mehreren Fernsehsendern ausgestrahlt.

Es ging bei der Untersuchung »um einen Meineid in einer privaten Sexangelegenheit eines durch rigorose Schnüffeleien in die Enge getriebenen Präsidenten«[34]. Nicht nur bei der Erläuterung, was er unter einer sexuellen Beziehung verstehe, versuchte Bill Clinton sich mit Spitzfindigkeiten zu retten. Beispielsweise stellte er auch in Frage, was das Wort »ist« in einer an ihn gerichteten Frage bedeute (»It depends upon what the meaning of the word ›is‹ is«[35]). »Clinton treibt seine Haarspalterei sogar so weit, dass er zugibt, Lewinsky habe Sex mit ihm gehabt, er aber keinen mit ihr.«[36]

Anschließend wandte sich Clinton über das Fernsehen an die Nation und gab einen »inappropriate intimate contact« mit Monica Lewinsky zu, beteuerte aber zugleich, er sei dabei passiv geblieben. (Das erinnert an sein Geständnis von 1992, er habe Marihuana geraucht, aber nicht inhaliert.) Wieso er vor sieben

Monaten unter Eid versichert hatte, keine sexuelle Beziehung mit Monica Lewinsky gehabt zu haben, erklärte er der Nation durch sein Verständnis des Begriffs »sexual relations«. Darunter, so Clinton, verstehe er den Koitus, aber weder Petting noch Oralsex. »Es ist wahr, ich hatte eine Beziehung mit Frl. Lewinsky, die nicht schicklich war. Sie war tatsächlich falsch. Sie bedeutete ein bedenkliches Versagen meines Urteilsvermögens und ein persönliches Fehlverhalten meinerseits, für das ich allein und vollständig verantwortlich bin. Aber ich erklärte heute vor der Grand Jury, und Ihnen sage ich es jetzt, dass ich zu keiner Zeit jemanden bat, zu lügen, Indizien zu verbergen oder verschwinden zu lassen oder irgendetwas anderes Ungesetzliches zu tun.«[37] In seiner Autobiografie gibt Clinton sich zerknirscht: »Ich täuschte Hillary, Chelsea, meine Mitarbeiter und Minister, meine Freunde im Kongress, die Medien und das amerikanische Volk. Abgesehen von meinem Fehltritt bedaure ich nichts mehr als das.«[38]

Der Kolumnist Jonathan Alter unterschied in einem Artikel zwischen einem »Dr. Clinton«, der pflichtgemäß seine Aufgaben als US-Präsident erledigte, und einem »Mr Bill«, der immer wieder zum Vorschein kam – »eine zähe, armselige Ansammlung von zügellosen Wünschen und Anfällen von Unvernunft«[39].

Nach tagelangen Vernehmungen durch Beauftragte des Sonderermittlers musste Monica Lewinsky am 6. und 20. August vor der mit 23 Geschworenen besetzten Grand Jury beim Bundesgericht in Washington, D.C., aussagen. Am 26. August wurde sie noch einmal im Office of Independent Counsel vernommen. Immer wieder musste sie über Details ihrer Intimitäten mit dem Präsidenten Auskunft geben – eine ebenso peinliche wie erniedrigende Prozedur. Erschöpft flog sie am Monatsende nach New England zu ihrer Mutter und Peter Straus, die inzwischen geheiratet hatten und dort ein Ferienhaus besaßen. Aber schon nach vier Tagen rief ihr Anwalt Plato Cacheris sie wieder zurück: Im Büro des Sonderermittlers musste sie Anfang September drei

Tage lang die von Linda Tripp heimlich gemachten Tonbandaufnahmen anhören und Fragen dazu beantworten.

Am 9. September 1998 übergab Kenneth Starr dem Repräsentantenhaus seinen Bericht und 18 Kisten mit Beweismaterial, das er in vier Jahren zusammengetragen hatte. Zwei Tage später wurden 445 der 3000 Seiten des offiziellen Untersuchungsberichtes mit Zustimmung des Repräsentantenhauses ins World Wide Web gestellt. Im *Starr-Report* zeigte sich »die puritanische Hassliebe zum Sex«[40]. Wir lesen von aufgehakten beziehungsweise hochgeschobenen BHs, betasteten Brüsten und angefassten Genitalien. Es wurde detailliert protokolliert, wie und wann Monica Lewinsky den Präsidenten zur Ejakulation brachte. Für Eltern, die nicht wussten, wie sie entsprechende Fragen ihrer Kinder beantworten sollten, wurden sogar eigene Beratungsstellen eingerichtet. Einige amerikanische Medien warnten ihre Leser vor »sexually explicit language«, wenn sie über die Affäre des Präsidenten mit Monica Lewinsky berichteten, und es gab eine entschärfte Version des *Starr-Reports* für Kinder und Jugendliche. Bei der Staatsanwaltschaft München ging eine Strafanzeige gegen die Verbreitung des *Starr-Reports* mit der Begründung ein, es handele sich um Pornografie. (Ein Ermittlungsverfahren wurde jedoch nicht eingeleitet.)

Die Medien stürzten sich natürlich vor allem auf schlüpfrige Details. Fellatio einer Praktikantin mit dem Präsidenten im »Oral Office«! Und das in den USA, wo Oralsex selbst unter Ehepartnern in manchen Bundesstaaten bei Strafe verboten war! Warum sollten Sensationsreporter nach der Veröffentlichung des *Starr-Reports* noch die Privatsphäre von Personen respektieren, zumal sie sich auf das Recht der Öffentlichkeit, alles zu erfahren, berufen konnten? »Die vermeintlich seriöse Presse ist auf das Niveau der Boulevardblätter abgesackt.«[41] An der Aufweichung der Grenze zwischen Öffentlichkeit und Privatsphäre waren allerdings Politiker und andere Prominente, die

Paparazzi Tipps gaben oder Kameraleute in ihre Häuser einluden (»Homestory«), nicht ganz unschuldig.

Die Meinungen in der Bevölkerung waren unterschiedlich: Eine Gruppe vertrat die Auffassung, ein mächtiger Politiker wie Bill Clinton habe keine Privatsphäre, weil er durch jedes heimliche Fehlverhalten politisch erpressbar werden könne. Puritaner behaupteten, der Präsident sei als Repräsentant der amerikanischen Nation verpflichtet, in allen Bereichen ein vorbildliches Leben zu führen, und müsse im Fall eines Ehebruchs angeprangert werden. Eine Mehrheit der Amerikaner hielt das Sexualleben des US-Präsidenten jedoch für dessen Privatangelegenheit, die nur ihn, seine Familie und in diesem Fall Monica Lewinsky etwas anging.[42] Vertreter dieser Ansicht empfanden »die anhaltenden Ermittlungen über das Sexualleben des Präsidenten und die Veröffentlichung entsprechender Details im *Starr-Report* [...] skandalös, weil sie den Respekt vor der Privatsphäre verletzen und als moralische Schnüffelei und Überwachung des Privatlebens erscheinen. [...] Der Meineid Clintons erscheint dagegen als letztlich verzeihliche Verteidigung seiner Privatsphäre.«[43] Es gebe akzeptable Lügen und inakzeptable Lügen, meinte der frühere Bundesstaatsanwalt Lawrence Barcella, »und über Sex zu lügen ist tolerierbar«.[44]

Erschreckend ist, dass eine Clique von Juristen und fanatischen Gegnern Bill Clintons dessen sexuelle Spielereien skrupellos instrumentalisierte, um ihn in die Enge zu treiben – und dabei auf eine junge Frau wie Monica Lewinsky keinerlei Rücksicht nahm. Für die Republikaner zahlte sich die Kampagne nicht aus, im Gegenteil: Bei den Kongresswahlen am 3. November verloren sie im Repräsentantenhaus fünf Sitze an die Demokraten. Das hätte niemand erwartet, denn seit 1934 hatten die Wähler jeweils die Regierungspartei bei den Zwischenwahlen abgestraft. Die Affäre offenbarte zugleich, dass sich die Balance der Gewaltenteilung zwischen Exekutive, Legislative und Judikative (»checks and balances«) zugunsten der Justiz und des Parlaments verschoben hatte. Jürgen Neffe schrieb damals im *Spiegel:* »Der Fall Jones und erst recht der Fall Lewinsky führen den Amerikanern und der ganzen Welt die größte Gefährdung des demokratischen Gemeinwesens der USA vor Augen: Dort hat die Herrschaft der Rechtsanwälte die Herrschaft des Rechts ersetzt. Zwei Drittel aller Advokaten weltweit sind Amerikaner. Das Land wird von einem Anwalt (und seiner Frau und Kollegin) regiert,* der mittlerweile mindestens vier Millionen Dollar Schulden bei seinen eigenen Anwälten hat.«[45]

Mit Paula Jones – durch deren Klage die Sexaffäre im Weißen Haus überhaupt erst aufgedeckt worden war – einigte sich Bill Clinton im November 1998 außergerichtlich und zahlte ihr 850 000 Dollar. Kenneth Starr missfiel das, aber er konnte es nicht verhindern. Weder die Ermittlungen im »Whitewater-« noch die im »Travelgate-Skandal« halfen ihm bei seinen verbissenen Bemühungen, den Präsidenten zu Fall zu bringen. Er musste auch zugeben, dass er dem Ehepaar Clinton im Zusammenhang mit der 1993/94 erfolgten unerlaubten Anforderung von FBI-Dossiers über ehemalige Mitarbeiter des Weißen Hauses (»Filegate«) nichts nachweisen konnte. Nur das Fehlverhalten des Präsidenten in der Lewinsky-Affäre lieferte ihm Argumente für ein Impeachment. Damit überzeugte er allerdings eine Mehrheit der Abgeordneten im Repräsentantenhaus: Sie stimmten am 19. Dezember für die Einleitung eines Amtsenthebungsverfahrens wegen Meineids und Behinderung der Justiz. Das hatte es in der Geschichte der USA bis dahin erst zweimal gegeben, im Februar 1868 gegen Andrew Johnson (der im folgenden Monat freigesprochen worden war) und im Juli 1974 gegen Richard Nixon (der vor dem Abschluss der Anhörungen zurückgetreten war).

---

* Mit Barack und Michelle Obama sind der Präsident und die First Lady erneut Juristen.

Mit der Vereidigung der Senatoren als Geschworene begann am 7. Januar 1999 dann das Amtsenthebungsverfahren gegen Bill Clinton. 13 von ihnen übernahmen die Anklagevertretung. Den Vorsitz führte der Oberste Richter William H. Rehnquist. Obwohl es bei dem Impeachment nicht um die sexuellen Abenteuer ging, die sich das Office of Independent Counsel in allen Einzelheiten von Monica Lewinsky hatte schildern lassen, sondern um den Vorwurf, der Präsident habe die Affäre durch einen Meineid und die Behinderung der Justiz zu vertuschen versucht, erwirkte Kenneth Starr einen Gerichtsbeschluss, demzufolge Monica Lewinsky sich von Mitgliedern des Repräsentantenhauses an zwei Tagen Ende Januar und Anfang Februar im Hotel Mayflower in Washington, D.C., noch einmal befragen lassen musste.

Das Amtsenthebungsverfahren endete am 12. Februar mit einem Freispruch. Dass es dabei mehr um Parteipolitik als um Gerechtigkeit gegangen war, zeigte sich im Abstimmungsverhalten: Fast alle Republikaner votierten gegen Clinton und nahezu alle Parteifreunde für ihn.* »Dieses Mal wurde ein Präsident der Demokraten von republikanischen Gegnern angegriffen, aber die Regularien könnten mit der gleichen Wahrscheinlichkeit einen zukünftigen republikanischen, von seinen demokratischen Gegnern gejagten Präsidenten gefährden.«[46]

70 Millionen Amerikaner verfolgten am 3. März das Interview, das Monica Lewinsky der ABC-Moderatorin Barbara Walters gab. (Es heißt, sie habe für die internationalen Rechte eine Million Dollar bekommen.) Zwei Tage später veröffentlichte Andrew Morton das Buch *Monica Lewinsky. Ihre wahre Geschichte* – dafür soll sie 500 000 Dollar kassiert haben.

---

* Bei der Abstimmung über die beiden Anklagepunkte votierten fünf beziehungsweise zwölf von 228 Republikanern für und jeweils fünf von 206 Demokraten gegen Clinton. (Die für einen Schuldspruch erforderliche Zweidrittelmehrheit wurde also nicht erreicht.)

Andrew Morton beschreibt Monica Lewinsky als »eine Frau, die ihren Verstand besser unter Kontrolle hat als ihre Gefühle«[47]. »Während ihr Verstand völlig systematisch und logisch arbeitet, ist Monica in der Organisation des Alltags chaotisch. Ständig sucht sie nach Schlüsseln, Einkaufszetteln und anderen wichtigen Dingen des täglichen Lebens. Sie ist einer der unordentlichsten Menschen, die ich jemals getroffen habe.«[48]

Monica Lewinsky (»ich bin allseits bekannt für etwas, für das man besser nicht allseits bekannt ist«[49]) gründete im September 1999 die Firma The Real Monica, um von ihr entworfene und in ihrem Auftrag hergestellte Handtaschen übers Internet zu verkaufen. Anfang 2000 verpflichtete sie sich gegenüber dem Jenny Craig Weight Loss Program, innerhalb eines halben Jahres mindestens 18 Kilo abzunehmen, aber das Unternehmen brach die Werbekampagne vorzeitig ab und überwies ihr 300 000 Dollar statt der ursprünglich in Aussicht gestellten Million. Drei Jahre später begann Monica Lewinsky die Fernseh-Flirt-Show *Mr Personality* zu moderieren, die jedoch nach fünf Folgen abgesetzt wurde. Im Oktober 2005 immatrikulierte sich Monica Lewinsky an der renommierten London School of Economics. Gut ein Jahr später schloss sie das Studium der Sozialpsychologie mit dem Master-Degree ab.

Bei mehreren Gelegenheiten meinte Monica Lewinsky, ihre Liebesbeziehung mit Bill Clinton habe auf Gegenseitigkeit beruht. Wenn er dies inzwischen leugne, empfinde sie das als erniedrigend. »Immerhin glaubte Monica, dass sie Clinton liebte. Ältere Männer beeindrucken junge Mädchen. Ich denke, sie hatte ein Hirngespinst, eine märchenhafte Vorstellung darüber. Clinton ist ein gut aussehender Mann, und ich kann die Anziehungskraft verstehen – seine und die der Macht, die er besitzt. [...] Monica hatte ihren ultimativen Kick mit dem Mann der Welt, der die Nummer eins ist. Und offensichtlich gab es Augenblicke, in denen sie ihn beherrschte – das ist ebenfalls ein Aphrodisiakum.«[50]

Nachwort

Die in diesem Buch porträtierten verführerischen Frauen lebten nicht nur in unterschiedlichen Epochen, sondern auch unter grundverschiedenen Umständen. Gemeinsam ist ihnen, dass sie sich mit der Kraft weiblicher Intuition gegen gesellschaftliche Erwartungen stellten, um ihr Glück kämpften und bedeutende Männer betörten. In ihren Biografien spiegeln sich die Zeit, die Gesellschaftsverhältnisse und beispielsweise in den Kapiteln über Wallis Simpson, Prinzessin Diana, Camilla Parker Bowles und Monica Lewinsky auch die Veränderung der Medienwelt.

Bedanken möchte ich mich bei Katrin Boese, der Autorin der gründlich recherchierten Romanbiografie *Zelda Fitzgerald. ›So leben, dass ich frei atmen kann‹*, für wertvolle Hinweise und Kommentare, bei Caroline Kazianka für die sorgfältige Lektorierung des Manuskripts, bei Christiane Scheiber in Cincinnati/Ohio für die Beratung bei der Übersetzung englischer Texte ins Deutsche und vor allem auch bei meiner Frau Irene, die mir in jeder Phase des Projekts hilfreich zur Seite stand und mit mir zusammen am sprachlichen Schliff des Textes arbeitete.

Kelkheim am Taunus, März 2012
Dieter Wunderlich

Anmerkungen

KLEOPATRA

1 **Eckart Olshausen:** »Kleopatra«, in Kai Brodersen (Hg.): *Große Gestalten der griechischen Antike. 58 historische Portraits von Homer bis Kleopatra*, C. H. Beck, 1999, S. 465
2 **Emanuel Eckardt:** »Kleopatra. Die Traumfrau der Antike«, *Der Spiegel*, 8. Oktober 2006
3 **Manfred Clauss:** *Kleopatra*, C. H. Beck, 1995, S. 23
4 **Hans Oppermann:** *Julius Caesar in Selbstzeugnissen und Bilddokumenten*, Rowohlt Taschenbuch Verlag, 1968, S. 98
5 **Wolfgang Schuller:** *Kleopatra. Königin in drei Kulturen. Eine Biographie*, Rowohlt, 2006, S. 173
6 Marcus Annaeus Lucanus: *De bello civili*, zit. **Michael Grant:** *Kleopatra. Eine Biographie*, Übersetzung: Hans Jürgen Baron von Koskull, Gustav Lübbe, 1977, S. 91
7 Emanuel Eckardt, a. a. O.
8 zit. Wolfgang Schuller, a. a. O., S. 169
9 zit. Michael Grant, a. a. O., S. 96, vgl. Hans Oppermann, a. a. O., S. 144
10 Michael Grant, a. a. O., S. 102
11 ebd., S. 30
12 ebd., S. 103
13 Manfred Clauss, a. a. O., S. 32
14 Wolfgang Schuller, a. a. O., S. 64
15 Manfred Clauss, a. a. O., S. 34
16 **Alfred Heuss:** *Römische Geschichte*, Georg Westermann Verlag, 1976[4], S. 213
17 Michael Grant, a. a. O., S. 134
18 ebd., S. 135
19 ebd., S. 136
20 ebd., S. 159
21 Plutarch: *Antonius*, zit. Michael Grant, a. a. O., S. 159
22 Alfred Heuss, a. a. O., S. 224
23 ebd., S. 226
24 ebd., S. 229
25 Plutarch: *Antonius*, zit. Michael Grant, a. a. O., S. 163
26 Sokrates von Rhodos, zit. Wolfgang Schuller, a. a. O., S. 84, vgl.: Michael Grant, a. a. O., S. 165 f.
27 zit. Wolfgang Schuller, a. a. O., S. 85
28 ebd., S. 178
29 **Megan Gressor, Kerry Cook:** *All for Love*, Murdoch Books, 2005, S. 167, Übersetzung: der Autor
30 **Will Durant:** »Der Aufstieg Roms und das Imperium«, in Will und Ariel Durant: *Kulturgeschichte der Menschheit*, Bd. 4, Naumann & Göbel, 1985, S. 229
31 ebd., S. 229
32 Eckart Olshausen, a. a. O., S. 470
33 Plutarch, zit. Wolfgang Schuller, a. a. O., S. 103 f.
34 Wolfgang Schuller, a. a. O., S. 151
35 **Pierre Grimal:** »Von Caesar zu Augustus«, in Pierre Grimal (Hg.): *Die Mittelmeerwelt im Altertum III*, Fischer Weltgeschichte, Bd. 7, Fischer Taschenbuch Verlag, 1966, S. 227
36 ebd., S. 226 f.
37 Eckart Olshausen, a. a. O., S. 473
38 Pierre Grimal, a. a. O., S. 226 f.

39 Plutarch, zit. Wolfgang Schuller, a.a.O., S.107
40 Plutarch, zit. ebd., S.121
41 Michael Grant, a.a.O., S.307
42 ebd., S.327f.
43 Wolfgang Schuller, S.212
44 Eckart Olshausen, a.a.O., S.465
45 ebd., S.473
46 zit. Wolfgang Schuller, a.a.O., S.95
47 ebd., S.212
48 **Luisita Lopez Torregrosa:** »The Female Factor. Pop Culture Creates New Heroines«, *New York Times*, 21. Dezember 2010, Beilage in der *Süddeutschen Zeitung*, 7. Februar 2011, Übersetzung: der Autor

HELOISE

1 **Régine Pernoud:** *Heloise und Abaelard. Ein Frauenschicksal im Mittelalter*, Übersetzung: Claire Barthélemy-Höfer und Frank Höfer, Deutscher Taschenbuch Verlag, 1994, S.53
2 *Abaelardi ad Amicum Suum Consolatoria*, zit. **Eberhard Horst:** *Heloisa und Abaelard. Biographie einer Liebe*, Claassen, 2004, S.19
3 *Abaelardi ad Amicum Suum Consolatoria*, zit. Bibliothek der Erzabtei St. Ottilien, http://www.erzabtei.de/antiquariat/hica.html, 7. November 2010
4 *Abaelardi ad Amicum Suum Consolatoria*, zit. Régine Pernoud, a.a.O., S.27
5 Régine Pernoud, a.a.O., S.34
6 zit. Eberhard Horst, a.a.O., S.37
7 *Abaelardi ad Amicum Suum Consolatoria*, zit: http://www.erzabtei.de/antiquariat/hica.html
8 zit. **Ursula Niggli:** »Heloisa und Abaelard oder Heloisas Sehnsucht nach Freundschaft«, in Erich Donnert (Hg.): *Europa in der Frühen Neuzeit*, Böhlau, 2008, S.16
9 *Abaelardi ad Amicum Suum Consolatoria*, zit: http://www.erzabtei.de/antiquariat/hica.html
10 *Abaelardi ad Amicum Suum Consolatoria*, zit: Régine Pernoud, a.a.O., S.60
11 *Abaelardi ad Amicum Suum Consolatoria*, zit. ebd., S.63
12 Régine Pernoud, a.a.O., S.62
13 Peter Abaelard in seinem zweiten Antwortbrief an Heloïse, zit. Bibliothek der Erzabtei St. Ottilien, http://www.erzabtei.de/antiquariat/Briefe.html, 7. November 2010
14 *Abaelardi ad Amicum Suum Consolatoria*, zit: http://www.erzabtei.de/antiquariat/hica.html, vgl. Régine Pernoud, a.a.O., S.66, Eberhard Horst, a.a.O., S.43
15 *Abaelardi ad Amicum Suum Consolatoria*, zit. Régine Pernoud, a.a.O., S.69
16 Régine Pernoud, a.a.O., S.70
17 *Abaelardi ad Amicum Suum Consolatoria*, zit. Régine Pernoud, a.a.O., S.75
18 Heloïse in ihrem ersten Brief an Peter Abaelard, zit. http://www.erzabtei.de/antiquariat/Briefe.html
19 Heloise in ihrem ersten Brief an Peter Abaelard, zit. Régine Pernoud, a.a.O., S.83f.
20 Régine Pernoud, a.a.O., S.82
21 **Peter von Moos:** *Abaelard und Heloise. Gesammelte Studien zum Mittelalter*, Band 1, Hg.: Gert Melville, LIT Verlag, 2005, S.41
22 zit. Régine Pernoud, a.a.O., S.79, vgl. Eberhard Horst, a.a.O., S.50
23 Heloïse in ihrem zweiten Brief an Peter Abaelard, zit. http://www.erzabtei.de/antiquariat/Briefe.html, vgl. Eberhard Horst, a.a.O., S.56
24 Régine Pernoud, a.a.O., S.76f.
25 Peter Abaelard in seinem zweiten

Antwortbrief an Heloïse, zit. http://www.erzabtei.de/antiquariat/Briefe.html, vgl. Régine Pernoud, a.a.O., S. 87; Eberhard Horst, a.a.O., S. 66
26 Peter Abaelard in seinem zweiten Brief an Heloïse, zit. Régine Pernoud, a.a.O., S. 92
27 Heloïse in ihrem ersten Brief an Abaelard, zit. Eberhard Horst, a.a.O., S. 57
28 *Abaelardi ad Amicum Suum Consolatoria*, zit. Régine Pernoud, a.a.O., S. 99
29 zit. Eberhard Horst, a.a.O., S. 90 f.
30 Heloïse in ihrem ersten Brief an Peter Abaelard, zit. Régine Pernoud, a.a.O., S. 175
31 Heloise in ihrem zweiten Brief an Peter Abaelard, zit. ebd., S. 193
32 zit. Eberhard Horst, a.a.O., S. 36
33 zit. Régine Pernoud, a.a.O., S. 52
34 zit. Eberhard Horst, a.a.O., S. 181

AGNES BERNAUER

1 **Sigmund von Rietzler:** *Geschichte Baierns*, Bd. 3, 1347–1508, F. A. Perthes, 1889, S. 315
2 **Marita A. Panzer:** *Agnes Bernauer*, Verlag Friedrich Pustet, 2007, S. 18
3 Sigmund von Rietzler, a.a.O., S. 315
4 Stadtarchiv München, Kammerrechnung der Stadt München 1431/32, zit. Marita A. Panzer, a.a.O., S. 39
5 Stadtarchiv München, Kammerrechnung der Stadt München 1431/32, zit. **Claudia Märtl:** »Straubing. Die Hinrichtung der Agnes Bernauer 1435«, in Alois Schmid, Katharina Weigand (Hg.): *Schauplätze der Geschichte in Bayern*, C. H. Beck, 2003, S. 155
6 Vertrag von 1433, zit. **Gottfried Horchler:** *Agnes Bernauer in Geschichte und Dichtung*, Bd. 2, Attenkofer, 1883, S. 15
7 **Herbert Rosendorfer:** »Über die historische Bernauerin«, in *Jahresbericht des Historischen Vereins für Straubing und Umgebung*, Bd. 95, 1993, S. 434, zit. Marita A. Panzer, a.a.O., S. 93 f.
8 Marita A. Panzer, a.a.O., S. 59 f.
9 **Stefan Dicker:** *Landesbewusstsein und Zeitgeschehen. Studien zur bayerischen Chronistik des 15. Jahrhunderts*, Böhlau, 2009, S. 362
10 Marita A. Panzer, a.a.O., S. 90
11 ebd., S. 99
12 ebd., S. 68
13 ebd., S. 73
14 **Bernhard Glasauer:** *Herzog Heinrich XVI. der Reiche von Bayern-Landshut. 1393–1450. Territorialpolitik zwischen Dynastie und Reich*, Herbert Utz Verlag, 2009, S. 284
15 Andreas von Regensburg, zit. und übersetzt: **Alfons Huber:** *Agnes Bernauer im Spiegel der Quellen, Chronisten, Historiker und Literaten vom 15. bis zum 20. Jahrhundert. Ein Quellen- und Lesebuch*, Attenkofer, 1999, S. 55
16 Herbert Rosendorfer, a.a.O., S. 430, zit. Marita A. Panzer, a.a.O., S. 88
17 Marita A. Panzer, a.a.O., S. 94
18 Instruktion für den Gesandten Aichstetter vom 28. Oktober 1435, Bayerisches Hauptstaatsarchiv München, zit. **Ida Koller-Andorf, Carsten Kretschmann** (Hg.): *Zu neuer Aufklärung und Humanität*, Weidler, 2004, S. 77
19 Instruktion für den Gesandten Aichstetter, zit. Claudia Märtl, a.a.O., S. 162
20 Marita A. Panzer, a.a.O., S. 128
21 ebd., S. 133

CHARLOTTE VON STEIN, CHRISTIANE VULPIUS

1 **Doris Maurer:** *Charlotte von Stein. Eine Biografie*, Insel, 1997, S. 15
2 ebd., S. 16
3 ebd., S. 20
4 »Er ist ein leeres Geschöpf, ein Kopfhänger dabei, und sein Verstand ist in täglicher Gefahr.« Friedrich Schiller über Josias von Stein, Brief vom 5. Juli 1788 an Christian Gottfried Körner, zit. *Schillers Briefwechsel mit Körner. Von 1784 bis zum Tode Schillers*, Erster Teil, 1784–1788, Veit und Comp., 1847, S. 319
5 Doris Maurer, a. a. O., S. 24
6 **Astrid Seele:** *Frauen um Goethe*, Rowohlt Taschenbuch Verlag, 1997, S. 60
7 Johann Georg von Zimmermann in einem Brief vom 12. Dezember 1774 an Johann Kaspar Lavater, zit. Doris Maurer, a. a. O., S. 28
8 zit. **Sabine Appel:** *Johann Wolfgang von Goethe. Ein Porträt*, Böhlau, 2009, S. 104
9 Doris Maurer, a. a. O., S. 45
10 Goethe in einem Brief vom 14. Februar 1776 an Johanna Fahlmer, zit. **Ernst Lautenbach** (Hg.): *Lexikon Goethe Zitate. Auslese für das 21. Jahrhundert aus Werk und Leben*, Judicium Verlag, 2004, S. 918
11 Charlotte von Stein im März 1776, zit. **Josef Rattner:** *Goethe. Leben – Werk – Wirkung*, Königshausen & Neumann, 1999, S. 105
12 ebd., S. 105
13 ebd., S. 106
14 ebd., S. 106
15 **Sigrid Damm:** *Christiane und Goethe. Eine Recherche*, Spiegel-Edition, 2006, S. 112
16 Doris Maurer, a. a. O., S. 18
17 **Richard Faber:** *Der Tasso-Mythos. Eine Goethe-Kritik*, Königshausen & Neumann, 1999, S. 324
18 Doris Maurer, a. a. O., S. 45
19 **Herbert Reinoß:** »Goethes Leben«, in *Johann Wolfgang von Goethe: Werke in vier Bänden*, Bd. 4, Hg.: Herbert Reinoß, Harenberg Kommunikation, 1982, S. 466
20 Astrid Seele, a. a. O., S. 65
21 Josef Rattner, a. a. O., S. 106
22 2. Akt, 1. Auftritt
23 Doris Maurer, a. a. O., S. 104.
24 Goethe am 18. Mai 1776 an Auguste Gräfin zu Stolberg, zit. Doris Maurer, a. a. O., S. 55 f.; vgl. Ernst Lautenbach, a. a. O., S. 918
25 Carl Ludwig von Knebel in einem Brief an seine Schwester, zit. Richard Faber, a. a. O., S. 323 f.
26 Doris Maurer, a. a. O., S. 75
27 Astrid Seele, a. a. O., S. 135
28 Doris Maurer, a. a. O., S. 85
29 Goethe, Brief vom 12./13. März 1781, zit. Ernst Lautenbach, a. a. O., S. 921
30 Goethe, Brief vom 3. Februar 1782, zit. Doris Maurer, a. a. O., S. 109
31 Goethe in einem Brief vom 21. Februar 1787, zit. **Johann Wolfgang von Goethe:** *Italienische Reise*, kommentiert von Herbert von Einem, C. H. Beck, 2006, S. 563
32 Doris Maurer, a. a. O., S. 183
33 **Theo Buck:** *»Der Poet, der sich vollendet«. Goethes Lehr- und Wanderjahre*, Böhlau, 2008, S. 263
34 **Roberto Zapperi:** *Das Inkognito. Goethes ganz andere Existenz in Rom*, Übersetzung: Ingeborg Walter, C. H. Beck, 1999
35 Friedrich Schiller in einem Brief vom 12. August 1787 an Christian Gottfried Körner, zit. **Ingrid Löhr:** *Anker und Segel. Frauen in Goethes Leben*, LIT Verlag, 1999, S. 40
36 Henriette von Egloffstein bzw. Beaulieu-Marconnay in ihren 1884 posthum von einem Neffen

veröffentlichten Lebenserinnerungen, zit. **Renate Grumach** (Hg.): *Johann Wolfgang von Goethe. Begegnungen und Gespräche, Bd. 3, 1786–1792*, Walter de Gruyter, 1977, S. 290

37 Doris Maurer, a.a.O., S. 170
38 Karoline Herder im Februar 1789 an Johann Gottfried von Herder, zit. Sigrid Damm, a.a.O., S. 127
39 Doris Maurer, a.a.O., S. 148
40 zit. Astrid Seele, a.a.O., S. 76
41 Sigrid Damm, a.a.O., S. 14
42 ebd., S. 136 f.
43 zit. Doris Maurer, a.a.O., S. 179 f.
44 Charlotte von Stein in einem Brief vom 29. April 1791 an Charlotte Schiller, zit. ebd., S. 166
45 Charlotte von Stein, zit. **Nicholas Boyle:** *Goethe. Der Dichter in seiner Zeit, Bd. II, 1791–1803*, Übersetzung: Holger Fliessbach, C. H. Beck, 1999, S. 556
46 Charlotte von Stein, zit. ebd., S. 557
47 Goethe in einem Brief vom 10. September 1792 aus einem Lager bei Verdun an Christiane Vulpius, zit. ebd., S. 158
48 Sigrid Damm, a.a.O., S. 219
49 zit. **Hartmut Fröschle:** *Goethes Verhältnis zur Romantik*, Königshausen & Neumann, 2002, Fußnote auf S. 103
50 Wilhelm von Humboldt in einem Brief vom 7. Dezember 1808 an seine Frau, zit. **Renate Grumach** (Hg.): *Johann Wolfgang von Goethe. Begegnungen und Gespräche, Bd. 6, 1806–1808*, Walter de Gruyter, 1999, S. 601

51 Die Äußerung Charlotte von Steins bezieht sich auf eine Teegesellschaft bei Christiane von Goethe am 20. Dezember 1808, zit. Astrid Seele, a.a.O., S. 76
52 Christiane von Goethe in einem Brief vom 5. Oktober 1799 an ihren Mann, zit. **Marianne Reissinger:** *»Zwei Seelen, ach, in meiner Brust«. Goethe ganz privat*, Langen Müller, 2003, S. 73
53 **Margarete Susman:** *Deutung einer großen Liebe. Goethe und Charlotte von Stein*, Artemis, 1951, S. 205
54 Brief vom 17. April 1807, zit. Josef Rattner, a.a.O., S. 124
55 Sigrid Damm, a.a.O., S. 214
56 ebd., S. 351
57 Goethe 1808, zit. ebd., S. 465
58 Astrid Seele, a.a.O., S. 86
59 Goethe in einem Brief vom 7. Juli 1803 an Christiane, zit. Ernst Lautenbach, a.a.O., S. 1029
60 Sigrid Damm, a.a.O., S. 15 f.
61 Charlotte von Stein am 31. Oktober 1805, zit. Doris Maurer, a.a.O., S. 223
62 Charlotte von Stein am 8. Juli 1811, zit. ebd., S. 250
63 Elisa von der Recke in einem Brief vom 3. Juli 1816 an Johanna Schopenhauer, zit. Doris Maurer, a.a.O., S. 265, vgl. Sigrid Damm, a.a.O., S. 394

FRIEDA VON RICHTHOFEN

1 **Robert Lucas:** *Frieda von Richthofen. Ihr Leben mit D. H. Lawrence*, Kindler, 1974, S. 22
2 ebd., S. 20 f.
3 **Michael Squires, Lynn K. Talbot:** *Living at the Edge. A Biography of D. H. Lawrence and Frieda von Richthofen*, University of Wisconsin Press, 2002, S. 36 f. Übersetzung: der Autor
4 Robert Lucas, a.a.O., S. 36
5 Frieda Lawrence: *The Memoirs and Correspondence*, Hg.: E. W. Tedlock, Heinemann, 1961, zit. Robert Lucas, a.a.O., S. 39
6 Frieda Lawrence: *The Memoirs and Correspondence*, zit. ebd., S. 40 f.
7 Robert Lucas, a.a.O., S. 42
8 Michael Squires, Lynn K. Talbot,

a.a.O., S. 43 f., Übersetzung: der Autor
9 Robert Lucas, a.a.O., S. 39
10 Frieda Lawrence: *The Memoirs and Correspondence*, Heinemann, 1961, S. 350, Übersetzung: der Autor
11 Robert Lucas, a.a.O., S. 46
12 ebd., S. 47
13 **Frieda Lawrence:** *The Memoirs and Correspondence*, zit. Robert Lucas, a.a.O., S. 46
14 Robert Lucas, a.a.O., S. 51
15 **Gerhard Michael Dienes:** »Der Mann Moses oder die Folter der Maschine«, in Gerhard M. Dienes und Ralf Rother (Hg.): *Die Gesetze des Vaters. Hans Gross, Otto Gross, Sigmund Freud, Franz Kafka*, Böhlau, 2003, S. 1882
16 **Martin Green:** *Else und Frieda, die Richthofen-Schwestern*, Übersetzung: Edwin Ortmann, Deutscher Taschenbuch Verlag, 1980, S. 287
17 Michael Squires, Lynn K. Talbot, a.a.O., S. 49, Übersetzung: der Autor
18 zit. Robert Lucas, a.a.O., S. 54
19 Frieda Lawrence: *The Memoirs and Correspondence*, zit. Robert Lucas, a.a.O., S. 57
20 zit. Robert Lucas, a.a.O., S. 98
21 Michael Squires, Lynn K. Talbot, a.a.O., S. 53, Übersetzung: der Autor
22 Robert Lucas, a.a.O., S. 98 f.
23 Richard Arlington: *D.H. Lawrence*, Rowohlt Taschenbuch Verlag, 1961, S. 17
24 zit. ebd., S. 20
25 David Chambers, zit. Robert Lucas, a.a.O., S. 67
26 Violet Hunt, zit. ebd., S. 86
27 Robert Lucas, a.a.O, S. 92. – Robert Lucas behauptet, D.H. Lawrence habe 1911 seine ersten sexuellen Erfahrungen mit einer verheirateten Frau namens Alice Dax gesammelt (S. 74 f.).
28 **Frieda Lawrence:** *Not I, but the wind ...*, Granada Publishing, 1983, S. 1
29 Robert Lucas, a.a.O., S. 101 f., Übersetzung: der Autor
30 Cecily Lambert Minchin: *Erinnerungen*, zit. Robert Lucas, a.a.O., S. 197
31 Martin Green, a.a.O., S. 207
32 Frieda Lawrence, zit. Michael Squires, Lynn K. Talbot, a.a.O., S. 60, Übersetzung: der Autor
33 Robert Lucas, a.a.O., S. 121
34 John Middleton Murry in *The Times Literary Supplement*, zit. Martin Green, a.a.O., S. 330
35 zit. Robert Lucas, a.a.O., S. 136
36 Aldous Huxley, 1932, zit. Richard Arlington, a.a.O., S. 159
37 Richard Arlington, a.a.O., S. 56
38 Martin Green, a.a.O., S. 89
39 Robert Lucas, a.a.O., S. 142
40 Ottoline Morrell, zit. Michael Squires, Lynn K. Talbot, a.a.O., S. 127
41 zit. Robert Lucas, a.a.O., S. 163
42 D.H. Lawrence: *Kangaroo* (1923), zit. Richard Arlington, a.a.O., S. 117
43 D.H. Lawrence in einem Brief vom 17. Januar 1913, zit. Robert Lucas, a.a.O., S. 163
44 Robert Lucas, a.a.O., S. 118
45 **Linde Salber:** *Anaïs Nin*, Rowohlt Taschenbuch Verlag, 1992, S. 36
46 Michael Squires, Lynn K. Talbot, a.a.O., S. 57, Übersetzung: der Autor
47 **Simone de Beauvoir:** *Das andere Geschlecht. Sitte und Sexus der Frau*, Übersetzung: Eva Rechel-Mertens, Rowohlt Taschenbuch Verlag, 1968, S. 219
48 Robert Lucas, a.a.O., S. 70
49 D.H. Lawrence in einem Brief an Katherine Mansfield, vermutlich vom 11. November 1918, zit. Robert Lucas, a.a.O., S. 181
50 Robert Lucas, a.a.O., S. 125
51 Katherine Carlswell: *The savage pilgrimage. A narrative of D.H. Lawrence*, zit. Robert Lucas, a.a.O., S. 145
52 Katherine Mansfield in einem Brief aus dem Jahr 1916, zit. Richard Arlington, a.a.O., S. 19 f.

53 Richard Aldington, zit. *Der Spiegel*, 29. Juli 1959
54 **Frieda Lawrence:** *Nur der Wind ...* (1936), zit. Harenbergs Lexikon der Weltliteratur, Bd. 3, Harenberg Lexikon-Verlag, 1989, S. 1746
55 Mabel Luhan, zit. Martin Green, a. a. O., S. 289
56 Richard Arlington, a. a. O., S. 131
57 Aldous Huxley in einem Brief vom 21. November 1957 an die Schauspielerin Nancy Kelly, die in seinem Stück *Das Genie und die Göttin* die von Frieda Lawrence inspirierte weibliche Hauptrolle spielte, zit. Robert Lucas, a. a. O., S. 254
58 Robert Lucas, a. a. O., S. 261
59 zit. ebd., S. 265
60 Martin Green, a. a. O., S. 243
61 Robert Lucas, a. a. O., S. 312
62 Aldous Huxley in einem Brief vom 24. September 1959 an E. W. Tedlock, zit. Robert Lucas, a. a. O., S. 314
63 Frieda Lawrence: *Not I, But the Wind ...* (1934)
64 John Middleton Murry: *Son of Woman. The Story of D. H. Lawrence* (1931); Mabel Dodge Luhan: *Lorenzo in Taos. D. H. Lawrence und Mabel Dodge Luhan* (1932); Catherine Carswell: *The savage pilgrimage. A narrative of D. H. Lawrence* (1932); Dorothy Brett: *Lawrence and Brett. A friendship* (1933).

WALLIS SIMPSON

1 zit. **Alain Decaux:** *Eduard VIII. und Wallis Simpson. Triumph der Liebe über die Politik? Eine Windsor-Biografie*, Übersetzung: Peter Stein, Deutscher Taschenbuch Verlag, 1999, S. 75
2 **Avalon French:** *Agony and Ecstasy. The Dramatic Life of Wallis Simpson*, pdf-Dokument, S. 2, Übersetzung: der Autor
3 zit. **Charles Higham:** *Mrs Simpson*, Pan Books, 2005, S. 7, Übersetzung: der Autor
4 **Michael Bloch:** *Wallis and Edward. Letters 1931–1937. The Intimate Correspondence of the Duke and Duchess of Windsor*, Harpercollins, 1988, S. 4, Übersetzung: der Autor
5 Alain Decaux, a. a. O., S. 64
6 Brief vom 15. Juli 1928, zit. Alain Decaux, a. a. O., S. 62 f.
7 zit. ebd., S. 64
8 ebd., S. 67
9 ebd., S. 76
10 ebd., S. 67
11 **Wallis Windsor:** *The heart has its reasons. The memoirs of the Duchess of Windsor*, D. McKay, 1956, S. 131 f., Übersetzung: der Autor
12 Alain Decaux, a. a. O., S. 17
13 **Gyles Brandreth:** *Charles & Camilla. Die Geschichte einer großen Liebe*, Krüger, 2006, S. 232
14 **Andrew Walker:** Profile. Edward VIII, BBC, 29. Januar 2003, http://news.bbc.co.uk/2/hi/uk_news/2701965.stm, Übersetzung: der Autor
15 zit. Alain Decaux, a. a. O., S. 104 f.
16 zit. ebd., S. 112 f.
17 zit. ebd., S. 115
18 **Ed Wright:** *History's greatest scandals. The salacious stories of powerful people*, Murdoch Books, 2006, S. 44, Übersetzung: der Autor
19 **Philip Ziegler:** *King Edward VIII. A Biography*, Knopf, 1991, S. 205, Übersetzung: der Autor
20 Michael Bloch, a. a. O., S. 130, Übersetzung: der Autor
21 **Tom Levine:** *Die Windsors. Glanz und Tragik einer fast normalen Familie*, Campus, 2005, S. 126 f.
22 zit. Gyles Brandreth, a. a. O., S. 112
23 Alain Decaux, a. a. O., S. 148

24 Brief vom 8. März 1936, zit. ebd., S. 161 f.
25 Brief vom 4. Mai 1936 an Bessie Merryman, zit. **Susan Williams:** *The people's king. The true story of the abdication*, Palgrave Macmillan, 2004, S. 64 f., Übersetzung: der Autor
26 Brief vom 5. Mai 1936 an Bessie Merryman, zit.: Alain Decaux, a. a. O., S. 169
27 Susan Williams, a. a. O., S. 52, Übersetzung: der Autor
28 zit. Alain Decaux, a. a. O., S. 203 f.
29 Tom Levine, a. a. O., S. 135
30 Susan Williams, a. a. O., S. 70, Übersetzung: der Autor
31 Ed Wright, a. a. O., S. 40, Übersetzung: der Autor
32 zit. Tom Levine, a. a. O., S. 140
33 Ed Wright, a. a. O., S. 41, Übersetzung: der Autor
34 Tom Levine, a. a. O., S. 140
35 ebd., S. 142
36 zit.: Alain Decaux, a. a. O., S. 336
37 zit.: ebd., S. 367; Video: YouTube
38 ebd., S. 379
39 zit. **Charles Higham:** *Wallis. Secret lives of the Duchess of Windsor*, Sidgwick & Jackson, 1988, S. 210, Übersetzung: der Autor
40 »It would be a tragic thing for the world if Hitler was overthrown.« (Edward VIII. in einem Interview mit Fulton Dursler für das *Liberty Magazine*; zit. Andrew Walker, a. a. O.)
41 zit. **Thom Burnett** (Hg.): *Conspiracy encyclopedia*, Franz Steiner Verlag, 2006, S. 271, Übersetzung: der Autor
42 *Eines Königs Geschichte. Die Memoiren des Herzogs von Windsor*, Übersetzung: Walter Schürenberg, Blanvalet, 1951
43 *Mein Herz hatte Recht. Die Memoiren der Herzogin von Windsor*, Übersetzung: Helene Scheu-Riesz, Forum Verlag, o. J.
44 zit. Gyles Brandreth, a. a. O., S. 115 f.

ZELDA FITZGERALD

1 **Kyra Stromberg:** *Zelda und F. Scott Fitzgerald. Ein amerikanischer Traum*, Rowohlt, 1997, S. 36
2 ebd., S. 35
3 ebd., S. 35
4 ebd., S. 39
5 Zelda Fitzgerald, zit. **Matthew Joseph Bruccoli, Scottie Fitzgerald Smith:** *Some sort of epic grandeur. The life of F. Scott Fitzgerald*, University of South Carolina Press, 2002, S. 87, Übersetzung: der Autor
6 **Kendal Taylor:** *Sometimes madness is wisdom. Zelda and Scott Fitzgerald. A marriage*, Ballantine Books, 2001, S. 28, Übersetzung: der Autor
7 **Arthur Mizener:** *The far side of paradise. A biography of F. Scott Fitzgerald*, Houghton Mifflin, 1965, S. 79, Übersetzung: der Autor
8 ebd., S. 81, Übersetzung: der Autor
9 Brief vom 22. August 1917, zit. Matthew Joseph Bruccoli, Scottie Fitzgerald Smith, a. a. O., S. 74, Übersetzung: der Autor. – Einige Jahre später soll F. Scott Fitzgerald beim Anblick einer katholischen Kirche gemurmelt haben: »God damn the Catholic Church, God damn God.« (**Sara Mayfield:** *Exiles from Paradise. Zelda and Scott Fitzgerald*, Delacorte Press, 1971, S. 74)
10 zit. Arthur Mizener, a. a. O., S. 83, Übersetzung: der Autor
11 Kyra Stromberg, a. a. O., S. 61
12 Arthur Mizener, a. a. O., S. 83, Übersetzung: der Autor
13 Zelda Sayre in einem Brief vom Oktober 1919, zit. Kendall Taylor, a. a. O., S. 61, Übersetzung: der Autor

14 Alexander McKaig: Tagebucheintrag vom 11. April 1920, zit. Kyra Stromberg, a. a. O., S. 78
15 Alexander McKaig: Tagebucheintrag vom 15. September 1920, zit. ebd., S. 78
16 F. Scott Fitzgerald in einem Interview, 1921; zit. ebd., S. 10
17 ebd., S. 10
18 Arthur Mizener, a. a. O., S. 126, Übersetzung: der Autor
19 **Kelly Boyer Sagert:** *Flappers. A guide to an American subculture,* ABC-CLIO, 2010, S. 23, Übersetzung: der Autor
20 Kyra Stromberg, a. a. O., S. 82
21 ebd., S. 49
22 ebd., S. 8 f.
23 Arthur Mizener, a. a. O., S. 1
24 Alexander McKaig: Tagebucheintrag vom April 1921, zit. **Scott Donaldson:** *Fool for Love. F. Scott Fitzgerald,* Congdon & Weed, 1983, S. 68, Übersetzung: der Autor
25 Arthur Mizener, a. a. O., S. 127, Übersetzung: der Autor
26 Kyra Stromberg, a. a. O., S. 77
27 ebd., S. 80
28 Zelda Fitzgerald: »Friend Husband's Latest«, *New York Tribune,* 2. April 1922, zit. **Mary Jo Tate:** *Critical companion to F. Scott Fitzgerald. A literary reference to his life and work,* Infobase Publishing, 2007, S. 303, Übersetzung: der Autor, vgl. Matthew Joseph Bruccoli, Scottie Fitzgerald Smith, a. a. O., S. 161 f.
29 **Sheilah Graham:** *The real F. Scott Fitzgerald thirty-five years later,* Grosset & Dunlap, 1976, S. 11, Übersetzung: der Autor
30 zit. Kyra Stromberg, a. a. O., S. 155 f.
31 F. Scott Fitzgerald, 1933, zit. Scott Donaldson, a. a. O., S. 86, Übersetzung: der Autor
32 Zelda Fitzgerald, zit. Sara Mayfield, a. a. O., S. 127, Übersetzung: der Autor
33 Kyra Stromberg, a. a. O., S. 170
34 **Katrin Boese:** Persönliche Mitteilung vom Mai 2011

Wichtige Quellen sind außerdem der sorgfältig recherchierte Tatsachenroman *Zelda Fitzgerald. »So leben, dass ich frei atmen kann«* von **Katrin Boese** (AvivA Verlag, 2010) und ausführliche Kommentare der Autorin in E-Mails aus dem Jahr 2011.

CHRISTINE KEELER

1 **Christine Keeler mit Douglas Thompson:** *The truth at last. My story,* Pan Books, 2002, S. 19, Übersetzung: der Autor
2 ebd., S. 19, Übersetzung: der Autor
3 ebd., S. 90, Übersetzung: der Autor
4 ebd., S. 27, Übersetzung: der Autor
5 ebd., S. 47, Übersetzung: der Autor
6 ebd., S. 45, Übersetzung: der Autor
7 ebd., S. 52, Übersetzung: der Autor
8 ebd., S. 63, Übersetzung: der Autor
9 ebd., S. 65
10 ebd., S. 68, Übersetzung: der Autor
11 ebd., S. 79, Übersetzung: der Autor
12 ebd., S. 110 , Übersetzung: der Autor
13 ebd., S. 102 f., Übersetzung: der Autor
14 Mandy Rice-Davies, zit.: *Der Spiegel,* 12. und 19. Juni 1963
15 zit.: Christine Keeler, a. a. O., S. 114, Übersetzung: der Autor
16 Christine Keeler, a. a. O., S. 123
17 *Manchester Guardian,* 10. April 2001
18 zit. **Ed Wright:** *History's greatest scandals. The salacious stories of powerful people,* Murdoch Books, 2006, S. 63, Übersetzung: der Autor
19 zit. **Phillip Knightley, Caroline Kennedy:** *An affair of state. The Profumo case and the framing of Stephen Ward,* Atheneum, 1987, S. 6, Übersetzung: der Autor
20 zit. **Peter Stanford:** *Bronwen Astor.*

Her life and times, HarperCollins, 2000, S. 246, Übersetzung: der Autor
21 zit.: **John Brookshire Thompson:** *Political scandal. Power and visibility in the media age*, Wiley-Blackwell, 2000, S. 134, Übersetzung: der Autor
22 **Mark Jarvis:** *Conservative governments, morality and social change in affluent Britain, 1957 – 64*, Manchester University Press, 2005, S. 102, Übersetzung: der Autor
23 *Der Spiegel*, 19. Juni 1963
24 *Daily Mirror*, 6. Juni 1963, Übersetzung: der Autor
25 Christine Keeler, a. a. O., S. 218, Übersetzung: der Autor
26 **Stephen Gundle:** *Glamour. A history*, Oxford University Press, 2008, S. 420; Mark Jarvis, a. a. O., S. 102
27 Christine Keeler, a. a. O., S. 218, Übersetzung: der Autor
28 ***Denning Report***, § 341, Übersetzung: der Autor
29 Mark Jarvis, a. a. O., S. 102, Übersetzung: der Autor
30 Christine Keeler, a. a. O., S. 243, Übersetzung: der Autor
31 Regie: Michael Caton-Jones, Drehbuch: Michael Thomas, mit Joanne Whalley-Kilmer als Christine Keeler, John Hurt als Stephen Ward, Ian McKellen als John Profumo und Bridget Fonda als Mandy Rice-Davies – Für den Kinofilm *The Keeler Affair* von Robert Spafford mit Yvonne Buckingham als Christine Keeler, John Drew Barrymore als Stephen Ward und Alicia Brandet als Mandy Rice-Davies (Premiere am 13. Dezember 1963 in Kopenhagen) hatten sich kaum Verleiher gefunden.
32 Christine Keeler, a. a. O., S. 152, Übersetzung: der Autor
33 ebd., S. 153, Übersetzung: der Autor
34 ebd., S. 152, Übersetzung: der Autor
35 ebd., S. 154, Übersetzung: der Autor

PETRA KELLY

1 **Alice Schwarzer:** *Eine tödliche Liebe. Petra Kelly und Gert Bastian*, Kiepenheuer & Witsch, 1993, S. 81
2 Alice Schwarzer, a. a. O., S. 87
3 **Saskia Richter:** *Die Aktivistin. Das Leben der Petra Kelly*, Deutsche Verlags-Anstalt, 2010, S. 37
4 **Karin Feuerstein-Praßer:** »*Ich gehe immer aufs Ganze*«. *10 Frauenporträts*, Verlag Friedrich Pustet, 2002, S. 226
5 ebd., S. 229
6 ebd., S. 230
7 Saskia Richter, a. a. O., S. 350
8 ebd., S. 57
9 **Antje Vollmer:** »Durch die Felsen geflogen«, *Der Spiegel*, 26. Oktober 1992
10 Saskia Richter, a. a. O., S. 225 f.
11 Karin Feuerstein-Praßer, a. a. O., S. 235
12 Alice Schwarzer, a. a. O., S. 127, vgl. S. 137
13 Karin Feuerstein-Praßer, a. a. O., S. 225
14 Saskia Richter, a. a. O., S. 182
15 ebd., S. 189
16 ebd., S. 14
17 ebd., S. 143
18 ebd., S. 143 f.
19 ebd., S. 15 f.
20 Interview mit Hans-Dieter Degler und Jörg R. Mettke, *Der Spiegel*, 14. Juni 1982
21 *Bild*, 10. April 1983
22 Walter Wolf: »Petra Kelly. Verlieren hat sie nicht gelernt«, *Hamburger Morgenpost*, 14. Juli 1984, zit. Saskia Richter, a. a. O., S. 344
23 Saskia Richter, a. a. O., S. 219
24 ebd., S. 233 f.
25 ebd., S. 223
26 ebd., S. 245
27 Karin Feuerstein-Praßer, a. a. O., S. 245 f.

28 Alice Schwarzer, a.a.O., S.27
29 ebd., S.150
30 ebd., S.138
31 ebd., S.111
32 ebd., S.147
33 ebd., S.145 f.
34 zit. Alice Schwarzer, a.a.O., S.155; vgl. Marina Friedt: *Mord in Bonn* (unveröffentlichtes Manuskript, 1993), S.9, zit. Saskia Richter, a.a.O., S.321
35 Saskia Richter, a.a.O., S.309
36 zit. **Alice Schwarzer:** »Chaos in den Seelen«, *Der Spiegel*, 28. Juni 1993
37 Alice Schwarzer: *Eine tödliche Liebe*, a.a.O., S.43, vgl. S.25
38 ebd., S.173
39 ebd., S.170
40 **Till Bastian:** »Ein Buch der zu schnellen Antworten«, *Die Zeit*, 10. September 1993

PRINZESSIN DIANA, CAMILLA MOUNTBATTEN-WINDSOR

1 **Prinzessin Diana im Interview mit Martin Bashir**, BBC-Sendung *Panorama*, aufgenommen am 5. November, gesendet am 20. November 1995, Übersetzung: der Autor
2 Simone Simmons, Autorin der Bücher *Diana. The last word* und *Diana. The secret years*, zit. *Münchner Merkur*, 28. August 2006
3 **Tina Brown:** *Diana. Die Biographie*, Droemer, 2007, S.80
4 Tina Brown, a.a.O., S.82
5 Prinzessin Diana, zit. **Andrew Morton:** *Diana 196–1997. Ihre wahre Geschichte in ihren eigenen Worten*, Übersetzung: Dr. Henning Thies, Dr. Michael Schmidt, Dr. Bernhard Kleinschmidt, Gordon H. Price, Peter Werner, Alexandra Messerer, Sabine Schwald, Droemersche Verlagsanstalt Th. Knaur Nachf., 1997, S.30
6 Lady Hayat Palumbo am 18. November 2005 gegenüber Tina Brown, zit. Tina Brown, a.a.O., S.527
7 Andrew Morton, a.a.O., S.31
8 **Tatjana Gräfin Dönhoff:** *Camilla*, Diana Verlag, 2006, S.181
9 **Hans Leyendecker:** »Insel der Menschenjäger«, *Süddeutsche Zeitung*, 11. Juli 2011
10 Charles' seltsame Äußerung wird zumeist falsch zitiert (ohne das »in«): »Whatever love means.« Video des entsprechenden Interview-Ausschnitts: http://www.youtube.com/watch?v=eUtF034h41Q
11 St. Martin's Press, 2005
12 Andrew Morton, a.a.O., S.141
13 Prinzessin Diana im Interview mit Martin Bashir, a.a.O. – »Ich nehme an, du wirst später alles erbrechen und das ganze Essen wieder mal verschwenden.«
14 Prinzessin Diana, zit. Andrew Morton, a.a.O., S.43
15 **Gyles Brandreth:** *Charles & Camilla. Die Geschichte einer großen Liebe*, Übersetzung: Sabine Herting, Charlotte Lyne, Krüger Verlag, 2006, S.130
16 Gyles Brandreth, a.a.O., S.137
17 Tatjana Gräfin Dönhoff, a.a.O., S.92
18 Brief vom Februar 1964, zit. **Tom Levine:** *Die Windsors. Glanz und Tragik einer fast normalen Familie*, Campus, 2005, S.227
19 Tom Levine, a.a.O., S.228 – Am 31. März 2005 hörten Reporter im Skiort Klosters, wie Prinz Charles sie gegenüber seinen Söhnen als »verdammtes Pack« beschimpfte.
20 Camilla Parker Bowles, zit. Tatjana Gräfin Dönhoff, a.a.O., S.54
21 Gyles Brandreth, a.a.O., S.124
22 Tatjana Gräfin Dönhoff, a.a.O., S.53
23 zit. ebd., a.a.O., S.56

24 Twinkle (eigentlich: Lynn Ripley), zit. Gyles Brandreth, a.a.O., S.127
25 Gyles Brandreth, a.a.O., S.127f.
26 Carolyn Benson (Mitschülerin), zit. Gyles Brandreth, a.a.O., S.164
27 zit. Tatjana Gräfin Dönhoff, a.a.O., S.65
28 Rebecca Tyrrel, Kolumnistin des *Sunday Telegraph*, zit.: Gyles Brandreth, a.a.O., S.175
29 Tatjana Gräfin Dönhoff, a.a.O., S.62
30 zit. ebd., S.59
31 zit. ebd., S.59f.
32 zit. ebd., S.72f.
33 ebd., S.75
34 ebd., S.69f.
35 ebd., S.122
36 Tom Levine, a.a.O., S.229
37 zit. Tatjana Gräfin Dönhoff, a.a.O., S.123
38 Brief vom Februar 1974, zit. Gyles Brandreth, a.a.O., S.201
39 Tina Brown, a.a.O., S.393
40 zit. Tatjana Gräfin Dönhoff, a.a.O., S.154
41 Tina Brown (a.a.O., S.174) bezieht sich auf ein vertrauliches Interview
42 zit. Gyles Brandreth, a.a.O., S.282
43 Rosa Monckton im Gespräch mit Gyles Brandreth, 2005, zit.: Gyles Brandreth, a.a.O., S.281f.
44 Tina Brown, a.a.O., S.261
45 Prinzessin Diana, zit. Andrew Morton, a.a.O., S.40
46 Prinzessin Diana im Interview mit Martin Bashir 1995, a.a.O., Übersetzung: der Autor
47 Tina Brown, a.a.O., S.399
48 **Matthias Matussek:** »Die gejagte Jägerin«, *Der Spiegel*, 8. September 1997
49 Andrew Morton, a.a.O., S.170
50 Prinzessin Diana im Interview mit Martin Bashir 1995, a.a.O., Übersetzung: der Autor
51 Prinz Charles in einem Brief an David Checkett, zit. Tatjana Gräfin Dönhoff, a.a.O., S.101
52 zit. Tina Brown, a.a.O., S.329
53 Prinzessin Diana, zit. Andrew Morton, a.a.O., S.47
54 Edwina Mountbatten, Countess Mountbatten of Burma, zit. Gyles Brandreth, a.a.O., S.302
55 Rosa Monckton 2005, zit. Gyles Brandreth, a.a.O., S.293
56 zit. ebd., S.144
57 zit. ebd., S.297
58 ebd., S.299
59 Tina Brown, a.a.O., S.260
60 James Colthurst sagte Tina Brown, Prinzessin Diana habe ihm gegenüber zugegeben, eine Affäre mit Barry Mannakee gehabt zu haben (Tina Brown, a.a.O., S.378)
61 Tatjana Gräfin Dönhoff, a.a.O., S.249
62 **Elke Schmitter:** »Vom Erfolg eines Scheiterns«, *Die Zeit*, 5. September 1997
63 **James Whitaker:** *Diana v. Charles*, Signet, 1993, S.29f., Übersetzung: der Autor
64 Gyles Brandreth, a.a.O., S.11
65 ebd., S.99
66 *Sunday Times*, 26. Mai 1991, zit. Tatjana Gräfin Dönhoff, a.a.O., S.283
67 **Mary H.J. Farrell, Terry Smith, Janine Di Giovannis, Elena Bowes, Susie Pearson und Rosemary Thorpe-Tracey:** »Princess with a purpose«, *Time*, 16.Juli 1990, Übersetzung: der Autor
68 Tina Brown, a.a.O., S.486
69 Weidenfeld & Nicolson, 1993
70 Michael O'Mara Books, 1992
71 »Diese Biografie der Prinzessin von Wales ist insofern einzigartig, als die auf den folgenden Seiten enthaltene Geschichte niemals erschienen wäre, wenn nicht Diana, Prinzessin von Wales, rückhaltlos und engagiert daran mitgearbeitet hätte. Die Darstellung basiert auf langen Tonbandinterviews mit Diana, ergänzt durch Aussagen aus dem Kreis ihrer Familie und Freunde.« (Andrew Morton, a.a.O., S.7)

72 »devoted old bag«, zit. **Megan Gressor, Kerry Cook:** *All for love*, Murdoch Books, 2005, S. 106
73 Tina Brown, a. a. O., S. 482
74 Richard Scott, damals Chefredakteur des *Daily Mirror*, zit. Tina Brown, a. a. O., S. 502
75 Tina Brown, a. a. O., S. 433
76 *Daily Mirror*, 21. August 1992, Übersetzung: der Autor
77 Elke Schmitter, a. a. O.
78 Andrew Morton, a. a. O., S. 194
79 Bodo Harenberg (Hg.): *Chronik 1992*, Chronik Verlag, 1992, S. 116
80 zit. Gyles Brandreth, a. a. O., S. 331 ff.
81 ebd., Fußnote auf S. 324
82 zit. **Sally Bedell Smith:** *Diana in search of herself: Portrait of a troubled princess*, Signet, 2000, S. 317, Übersetzung: der Autor
83 Megan Gressor, Kerry Cook, a. a. O., S. 105
84 Gyles Brandreth, a. a. O., S. 138
85 »Agonie im Hause Windsor«, *Der Spiegel*, 24. Oktober 1994
86 zit. Gyles Brandreth, a. a. O., S. 365
87 **Miriam Meckel:** *Medien-Mythos? Die Inszenierung von Prominenz und Schicksal am Beispiel von Diana Spencer*, Westdeutscher Verlag, 1999, S. 36
88 Prinzessin Diana im Interview mit Martin Bashir, a. a. O. Übersetzung: der Autor
89 zit. Tatjana Gräfin Dönhoff, a. a. O., S. S. 373
90 Tina Brown, a. a. O., S. 683
91 **Brian MacArthur:** *Requiem. Diana, Princess of Wales 1961–1997. Memories and tributes*, Arcade Publishing, 1998, S. 33, Übersetzung: der Autor
92 **Larry Jordan** und **Lisa Campbell:** »Remembering Princess Diana's visit to the heartland«, *Midwest Today*, 1997, Übersetzung: der Autor
93 Matthias Matussek, a. a. O.
94 **Tobias Kniebe,** *Süddeutsche Zeitung*, 29. Juni 2007
95 zit. *NBC Bulletin News*, 31. August 1997, hier Tina Brown, a. a. O., S. 646
96 zit. **Jeremy Paxman:** *On royalty*, Viking, 2006, S. 323, Übersetzung: der Autor
97 Tony Blair, Rede am 31. August 1997, Video: Youtube, Übersetzung: der Autor
98 Tatjana Gräfin Dönhoff, a. a. O., S. 9
99 Brian MacArthur, a. a. O., S. 33 ff., Übersetzung: der Autor
100 **Deborah Cameron:** *Working with spoken discourse*, SAGE publications, 2001, S. 133 f.
101 Gyles Brandreth, a. a. O., S. 387, Übersetzung: der Autor
102 ebd., S. 408

MONICA LEWINSKY

1 **Immanuel Geiss:** *Geschichte griffbereit*, Bd. 4, Rowohlt Taschenbuch Verlag, 1983, S. 707
2 **David Maraniss:** *First in his class. The biography of Bill Clinton*, Simon and Schuster, 1996, S. 218 Übersetzung: der Autor
3 Bill Clinton am 29. März 1992 bei CNN, zit. nach Gwen Ifill, *The New York Times*, 30. März 1992, bzw. **Joseph R. Blaney, William L. Benoit:** *The Clinton scandals and the politics of image restoration*, Greenwood, 2001, S. 60, Übersetzung: der Autor
4 Debra Finerman, zit. **Andrew Morton:** *Monica Lewinsky. Ihre wahre Geschichte*, Ullstein, 1999, S. 30
5 **Jeff Leen:** »Role Puts Spotlight on Lewinsky's Mother«, *Washington Post*, 4. Februar 1998, Übersetzung: der Autor

6 Monica Lewinsky, zit.: Andrew Morton, a. a. O., S. 55
7 Marcia Lewis, zit.: ebd., S. 60
8 **Bill Clinton:** *Mein Leben*, Econ, 2004, S. 587
9 **Jürgen Neffe:** »Sein letzter Kampf«, *Der Spiegel*, 28. Dezember 1998; dazu auch: **Michael Schwelien:** *Die voyeuristische Gesellschaft oder Bill Clinton und die Selbstzerstörung der amerikanischen Demokratie*, Rowohlt, 1999, S. 186 ff.
10 Das wurde offiziell im *Starr-Report* festgehalten: »In the course of flirting with him, she raised her jacket in the back and showed him the straps of her thong underwear, which extended above her pants.« (Narrative II C)
11 Michael Schwelien, a. a. O., S. 65
12 Andrew Morton, a. a. O., S. 91
13 Michael Schwelien, a. a. O., S. 71
14 ebd., S. 61
15 ebd., S. 68
16 Monica Lewinsky, zit.: *Starr Report* (Narrative III C), Übersetzung: der Autor
17 Monica Lewinsky, zit: Andrew Morton, a. a. O., S. 82
18 *Starr Report* (Narrative III F), Übersetzung: der Autor
19 *Starr Report* (Narrative VII B), Übersetzung: der Autor
20 zit. **David P. Schippers, Alan P. Henry:** *Sellout. The inside story of president Clinton's impeachment*, Regnery Publishing, 2001, S. 242, Übersetzung: der Autor
21 zit.: Andrew Morton, a. a. O., S. 212
22 Bill Clinton, a. a. O., S. 1172
23 ebd., S. 933
24 Andrew Morton, a. a. O., S. 217
25 »Kenneth Starr selbst log unter Eid, als er sagte, er habe nicht versucht, Monica Lewinsky zur geheimen Aufzeichnung von Gesprächen mit mehreren Personen zu bewegen.« (Bill Clinton, a. a. O., S. 1267)
26 ebd., S. 1172
27 ebd., S. 1171
28 **Peter Gruber:** USA. Präsident in der Dauerfalle, *Focus*, 26. Januar 1998
29 Bill Clinton am 21. Januar 1998 in einem Fernsehinterview mit Jim Lehrer, zit. Joseph R. Blaney, William L. Benoit, a. a. O., S. 85, Übersetzung: der Autor
30 Bill Clinton am 26. Januar 1998 während einer im Fernsehen übertragenen Pressekonferenz im Weißen Haus, zit.: **Robert E. Denton jr.:** *Images, scandal, and communication strategies of the Clinton presidency*, Greenwood Publishing Group, 2003, S. 309, Übersetzung: der Autor
31 Hillary Clinton am 27. Januar 1998 in *Today*, zit. **Bob Woodward:** *Shadow. Five presidents and the legacy of Watergate*, Simon and Schuster, 1999, S. 395, Übersetzung: der Autor
32 Bill Clinton, a. a. O., S. 1173
33 ebd., S. 1175
34 **Hartwig Hummel:** »Monicagate. Die Clinton-Lewinsky-Affäre und das politische System der USA«, Vortrag an der Universität Trier, 7. Januar 1999
35 Bill Clinton am 17. August 1998; zit. **Trevor A. Harley:** *Talking the talk. Language, psychology and Science*, Pychology Press, 2010, S. 119; Video: YouTube
36 Jürgen Neffe, a. a. O.
37 Bill Clinton, 17. August 1988, zit. **Ralph Weiss, Jo Groebel:** *Privatheit im öffentlichen Raum. Medienhandeln zwischen Individualisierung und Entgrenzung*, VS Verlag, 2002, S. 182, Übersetzung: der Autor
38 Bill Clinton, a. a. O., S. 1173
39 **Jonathan Alter:** »The two Mr. Clintons«, *Newsweek*, 24. August 1998, Übersetzung: der Autor
40 Michael Schwelien, a. a. O., S. 203
41 ebd., S. 188
42 »Selbst wenn klar wäre, dass Clinton unter Eid gelogen hat, wären nach einer Untersuchung von CNN und

der Tageszeitung *USA Today* 50 Prozent der Amerikaner dagegen, den Präsidenten anzuklagen. 63 Prozent meinen, Starr solle seine Arbeit sofort einstellen; was der Präsident privat treibe, sei allein seine Sache und die seiner Frau.« (**Clemens Höges:** »Das Ding muss vom Tisch«, *Der Spiegel*, 3. August 1998)

43 Hartwig Hummel, a. a. O., S. 15
44 zit.: Clemens Höges, a. a. O.
45 Jürgen Neffe, a. a. O.
46 **Thomas A. Kazee:** »The Congress. The Politics of Impeachment«, in: Mark J. Rozell, Clyde Wilcox (Hg.): *The Clinton scandal and the future of American government*, Georgetown University Press, 2000, S. 36, Übersetzung: der Autor
47 Andrew Morton, a. a. O., S. 11 (ähnlich: S. 36)
48 Andrew Morton, a. a. O., S. 11
49 zit.: *Time Magazine*, Übersetzung: der Autor
50 **Christine Keeler und Douglas Thompson:** *The truth at last. My story*, Pan Books, 2002, S. 152, Übersetzung: der Autor

Liebesbriefe berühmter Frauen
Herausgegeben von Petra Müller und Rainer Wieland. 224 Seiten mit 11 Abbildungen.
Piper Taschenbuch

Jeder Sex-and-the-City-Fan kennt die Szene, in der Carrie ihrem Mr. Big aus dem Buch »Liebesbriefe großer Männer, Band 1« vorliest. Doch nicht nur Männer waren große Briefeschreiber, auch die bedeutenden Frauen der Geschichte wussten ihre Gefühle in zauberhafte Worte zu fassen. Dieser Band stellt 50 Liebesbriefe großer Frauen vor und erzählt die Geschichten hinter den Briefen. Die ergreifendsten, eindringlichsten, leidenschaftlichsten und auch humorvollsten Zeugnisse der Liebe – für alle, die sich nach großen Gefühlen sehnen.

Dieter Wunderlich
EigenSinnige Frauen
Zehn Porträts. 256 Seiten mit 10 Abbildungen.
Piper Taschenbuch

Johanna von Orléans und Madame Pompadour, Coco Chanel, Frida Kahlo und Simone de Beauvoir – einen großen Bogen spannt Dieter Wunderlich in seinen zehn Porträts. Er erzählt von Frauen aus verschiedenen Epochen und Lebensbereichen, die nicht bereit waren, sich den gesellschaftlichen Erwartungen widerstandslos zu unterwerfen, sondern ihre ganz persönlichen Ziele verfolgten und dabei gegen heftige Widerstände kämpften.

»Was diese Frauen gemeinsam hatten, waren ihr Eigensinn und ihr Streben, Ideen und Lebensentwürfe auch gegen Konventionen zu verwirklichen. Daß der Autor nebenbei und auf leichte, aber nicht leichtfertige Art Geschichtsunterricht erteilt, ist ein weiterer Vorzug des Buchs.«
Berliner Morgenpost